全国教育科学规划基金项目：
新型城镇化进程中职业教育促进社会流动的机理研究（BJA170094）

新型城镇化背景下职业教育促进社会流动的机制研究

王奕俊 著

同济大学出版社
TONGJI UNIVERSITY PRESS
·上海·

内容提要

本书在对具有职业教育背景从业群体社会地位与社会流动状况评析的基础上，基于中国家庭追踪调查的定量分析，探究职业教育对该群体社会流动影响的路径、关键因素和影响程度，在全国范围内选取代表性样本，开展深度调研访谈，通过研究进一步厘清职业教育影响社会流动的内在机理，在职业教育相关政策国际比较的基础上，提出提升职业教育接受者的社会地位、促进其社会流动的政策建议。

本书适合职业教育领域的学者及研究生阅读，也适用于教育经济学、教育社会学的研究人员作为参考用书。

图书在版编目(CIP)数据

新型城镇化背景下职业教育促进社会流动的机制研究 / 王奕俊著. -- 上海：同济大学出版社，2021.11

ISBN 978-7-5608-9633-5

Ⅰ.①新… Ⅱ.①王… Ⅲ.①职业教育—影响—社会流动—研究—中国 Ⅳ.①C912.8 ②G719.2

中国版本图书馆 CIP 数据核字(2021)第 251308 号

新型城镇化背景下职业教育促进社会流动的机制研究

王奕俊 **著**

责任编辑 陈佳蔚 **责任校对** 徐逢乔 **封面设计** 陈益平

出版发行 同济大学出版社 www.tongjipress.com.cn
(地址：上海市四平路 1239 号 邮编：200092 电话：021-65985622)

经 销 全国各地新华书店
制 作 南京月叶图文制作有限公司
印 刷 江苏凤凰数码印务有限公司
开 本 710 mm×1000 mm 1/16
印 张 13.5
字 数 270 000
版 次 2021 年 11 月第 1 版
印 次 2021 年 11 月第 1 次印刷
书 号 ISBN 978-7-5608-9633-5

定 价 56.00 元

前 言

作为一种重要的教育类型，职业教育帮助受教育者掌握一技之长，使其满足从事相应职业所必备的素质与能力要求，获得稳定的工作与收入，从而在社会中立足和发展。相比其他教育，职业教育有利于保护弱势社会群体，对个体及家庭的社会地位与社会流动有着重要影响。

近年来，随着我国工业化和城镇化的快速发展，大量农业转移人口进入城市务工，成为新的城市阶层。中国存在的以下现实问题是本书研究的逻辑起点：①伴随新型城镇化的进程产生了大量农业转移人口，这个群体的学历普遍较低，高中以下学历者占多数，他们由于缺乏必要的生存技能，难以融入城市，社会阶层存在固化的风险；②大部分接受职业教育者来自底层弱势群体，普遍缺乏来自父辈的先赋性优势，新型城镇化背景下职业教育为其提供了生存的基础与向上一级社会流动发展的可能性。遗憾的是，关于职业教育影响农业转移人口社会流动的研究未受到充分重视，因此这种影响的机理至今仍未被揭示。

因此，在新型城镇化进程中探究职业教育促进社会流动的机理，对于推进底层群体社会流动、改善其社会地位、维护社会的公平正义与社会经济的可持续发展至关重要。同时，也需充分重视职业教育可能带来的社会分层及阶层固化问题，找出其中的关键因素，制定相应策略，缓解乃至消除职业教育对社会流动造成的不利影响。

本书从内涵解析、效应测度、机理探究、对策研究四个方面展开研究，探讨教育、职业与社会地位的内在关联性，解析职业教育影响社会流动的路径与逻辑；从外在职业价值、教育及培训的收益率、社会经济地位、社会地位获得等方面衡量职业教育对社会流动的影响;从量化和实质性两条路径探究职业教育影响社会流动的机理;探讨职业教育影响社会流动的政策逻辑,提出优化建议。

关于职业价值的研究显示:教育是新型城镇化进程中农业转移人口获得职业价值的重要因素,并且具有跨越户籍鸿沟、减小差距的功效,能有效地促进社会流动、提升社会地位。

关于接受教育获得收益的分析发现:接受中等职业教育的收益并不弱于接受普通高中教育,表明职业教育能为个体提供坚实的"安全"保障,促进一定程度向上一级社会的流动,尤其是对于西部地区、农村地区的家庭及女性等弱势群体具有更显著的促进作用。除了学历职业教育,职业技能培训也能有效增加农业转移人口的收入。但接受职业教育获得的收益与普通高等教育相比,存在明显的劣势。

结构方程模型分析揭示:接受职业教育的群体具有较好的初职社会地位,职业教育作为重要的自致性因素,在很大程度上缓解了其给弱势家庭带来的不利影响。但职业教育对于受教育者的现职社会地位缺乏可持续的支撑。

基于访谈研究的结果进一步表明:职业教育可实现个体的身份转换,促进个体向上一级社会的流动;提供有效的技能和人力资本形成机制,帮助个体获取稳定的职业地位;一定程度上弥补弱势家庭先赋性因素的不足。然而,职业教育对个体社会经济地位的发展存在较强的制约作用。

研究表明,职业教育是一种促进社会流动的有效机制,为更好地发挥其功效,要确立职业教育的地位;进一步发挥其"安全网"功能,抑制"分流器"效应,重点关注新型城镇化进程中农业转移人口的职业教育与培训,加强对不同弱势群体的扶持,优化职业教育可持续发展的制度环境与舆论环境;改进职业教育治理,提升人力资本质量;促进职业教育职前培养与职后培训相结合,职业教育职业资格与学历融通互换;以县级职教中心建设为核心,推进职业教育与乡村振兴战略有序衔接。

本书具有以下两个特点。

1. 研究视角和内容的独特性

采取多学科交叉复合的视角开展研究，围绕职业教育鲜明的跨界属性，致力于从经济、社会的视角审视教育结果公平问题——职业教育对社会流动的影响，及其影响路径和关键因素，并提出促进该群体社会流动的政策建议。

(1) 对职业教育相对收益率进行了精确测度，揭示了职业教育对个体经济地位的影响。

针对现有大多数关于职业教育收益率的研究存在较大分歧以及在研究设计中可能存在的样本代表性、遗漏变量等问题，本书采用中国家庭追踪调查(China Family Panel Studies, CFPS)数据，分析了中等职业教育相对于普通高中教育和高等教育的收益率，并比较不同阶段职业教育收益率，考察其随时间变动的趋势，比较精准地刻画了职业教育收益率，从而更系统、全面地揭示了职业教育对个体经济地位的影响及对教育选择的影响。

(2) 从多维度对职业教育影响社会地位与社会流动进行了研究，验证了职业教育同时具有"安全网"与"分流器"的功能。

针对现有多数研究仅从某一个维度分析职业教育群体的社会地位及社会流动状况、多视角的系统分析较少的问题，本书从职业教育在社会流动中具有的"安全网"与"分流器"两类互斥的功能出发，对职业教育群体进行了全面"画像"，并且综合代际和代内两个视角，从不同维度对其社会地位与社会流动状况进行刻画：相较于父代的代际变化，考察职业教育是否具有代际"安全网"功能，有利于防止社会阶层的绝对固化；相较于背景相近的初中教育群体，就职业教育是否存在社会地位与社会流动的优势，考察职业教育的"安全网"功能；相较于高等教育群体，就职业教育群体在社会地位上存在的差距，以及差距是否有扩大的趋势，考察职业教育的"分流器"效应。此外，分析职业教育群体社会地位随时间变化的趋势。

2. 研究方法的创新

职业教育领域的研究长期以来以思辨研究为主，但对于某些特定问题，传统研究方法效果不佳。本书积极探索量化实证研究方法在职业教育领域的应用，将教育经济学理论和方法与职业教育有机地结合，基于全国性数据库，在地位获得理论模型基础上，构建了职业教育影响个体社会地位的结构方程模型，揭开职业教育影响社会地位的内在机理，揭示职业教育领域的问题，为制定相应政策提供坚实的客观依据。

衷心感谢同济大学教育学科各位同仁的支持，以及北京大学、南京大学等同行专家提出的宝贵意见和建议。本书得到全国教育科学规划基金项目“新型城镇化进程中职业教育促进社会流动的机理研究（BJA170094）”的支持。希望本书的研究成果能为新型城镇化进程中职业教育更好地促进社会流动和社会的公平正义提供有益的实证依据和决策参考，为职业教育领域的相关问题提供新的视角，并充实、丰富职业教育的相关理论研究。

王奕俊

2021年11月

目 录

第一章

导　论

一、研究背景、研究思路方法和内容结构

(一) 研究背景

近年来，随着我国工业化和城镇化的快速发展，大量农业转移人口进入城市务工，成为新的城市阶层。《国家新型城镇化规划(2014—2020年)》明确提出“以人的城镇化为核心，有序推进农业转移人口市民化”，“促进人的全面发展和社会公平正义”。2017年我国农民工阶层已达2.87亿人，①但是该群体普遍存在受教育程度低、文化水平和综合素质落后、缺乏职业转换的素质和能力等问题。大量农业转移人口难以融入城市社会，市民化进程滞后，给经济社会发展带来诸多风险隐患。

社会地位(social status)反映了个体与社会整体的关系及在与社会整体互动关系中的社会身份。社会流动(social mobility)则指个人或群体社会地位的变动，即从某一社会阶层到另一社会阶层的变化，是衡量社会开放程度和进步的重要指标，合理的社会流动对于促进社会公平至关重要。

自致性因素和先赋性因素是影响社会地位与社会流动的两类关键因素，前者指包括教育在内的个体因素，后者主要指家庭背景条件。教育是国之大计，也是民之根本，对于促进社会的合理流动具有积极的意义，尤其为处于社会中下层的民众提供了通过自身努力实现社会地位提升的有效路径。职业教育是我国教育体系的重要组成部分，作为一种重要的类型教育，与社会生产生活的关系尤为密切，被视为与劳动力市场有效衔接的教育渠道。职业教育为受教育者传授与具体职业相关的实用技能，使其获得稳定的就业和收入，并取得相应的社会地位。2019年，我国中等职业教育招生规模达600万人，在校生超过1 500万人，毕业生近500万人。高等职业教育得益于扩招政策，近年来招生人数迅速增加，

① 国家统计局.中国统计年鉴[R].北京:中国统计出版社,2018.

2019 年招生近 500 万人，在校生 1 280 万人。① 教育部提出中等职业教育要面向人人、面向社会招生，高等职业教育要扩大招生计划，扩招对象包括退役军人、下岗失业人员、农民工、新型职业农民等群体。

总体而言，接受职业教育者大多来自弱势群体家庭，经济资本、社会资本和文化资本比较贫乏，职业教育则为其提供了通过自身努力实现社会地位提升的可能路径，从而突破不利社会地位的代际传递，实现向上的流动发展。探究职业教育影响社会流动的机理，对于新型城镇化进程中，有效发挥职业教育促进社会流动与社会经济可持续发展的作用至关重要。

（二）研究思路和研究意义

1. 研究思路

（1）基本思路。本书在对职业教育背景从业群体社会地位与社会流动状况评析的基础上，通过量化分析与质性研究相结合的实证研究，探索在新型城镇化背景下，职业教育对农业转移人口社会流动影响的路径、关键因素和影响程度，并提出通过职业教育促进该群体社会流动的政策建议。

（2）主要目标。一是全方位评析新型城镇化进程中具有职业教育背景从业群体的社会流动状况；二是厘清职业教育影响农业转移人口社会流动的内在机理，揭示关键性影响因素与影响路径；三是提出关于职业教育促进农业转移人口社会流动的教育政策及配套公共服务政策。

（3）研究对象。本书以职业教育对社会流动的影响为研究对象，分析接受职业教育对于新型城镇化进程中农业转移人口社会流动的现状和变化趋势的影响，探究职业教育影响社会流动的关键因素和作用机理。

考虑到目前农业转移人口群体的总体学历水平较低，接受高中及以上学历的比例不高，因此本书主要探究中等职业教育对社会流动的影响；考虑到职业教育体系的覆盖面和对于个体可持续发展的作用，本书也适度分析高等职业教育和职业技能培训对社会流动的影响。

2. 研究意义

（1）学术价值。第一，采用实证研究方法，揭示职业教育影响特定群体社会流动与社会地位的内在机理；第二，将社会流动相关理论与中国实践有机结合，检验并完善相关理论，拓展职业教育的研究视野，丰富职业教育学、教育社会学

① 中华人民共和国教育部.2019 年全国教育事业发展统计公报[J]，中国地质教育，2020，29(4)：5.

领域的研究成果。

（2）应用价值。第一，厘清影响职业教育背景从业群体社会流动的关键路径与要素，为政策制定提供依据，有利于该群体向上的社会流动与可持续发展；第二，对新型城镇化进程中处于社会中下层农业转移人口群体社会地位的提升具有借鉴意义，有利于防范阶层固化，促进我国整体社会的公平正义与和谐发展。

（三）研究方法和研究特色

1. 研究方法

本书以社会流动相关理论为基础，主要采取基于 CFPS 数据库的定量研究与基于实地调研的质性研究相结合的实证研究方法。

（1）定量研究。本书是基于 CFPS 数据库进行的量化研究。CFPS 是全国性的、大规模、多学科的社会项目跟踪调查，覆盖 25 个省/直辖市/自治区，目标样本 16 000 户，调查范围包括家庭中所有的家庭成员，自 2010 年开始，每 2 年进行追访更新。从 CFPS 数据库筛选职业教育背景从业群体样本，通过描述性分析和时间、群体维度的比较分析，全方位刻画该群体的社会流动状况与发展趋势；采用 CFPS 截面数据和跨期数据，通过微观计量分析，测量职业教育对个体社会经济地位与社会流动的影响与时间趋势；借鉴地位获得模型，构建职业教育影响社会流动的结构方程模型，以不同教育类型群体的社会经济地位指数为测量指标，探究职业教育影响社会流动的关键路径，并比较职业教育群体内部的异质性及不同教育类型间的差异。

（2）质性研究。在定量分析基础上，通过对职业教育从业群体的深度访谈，从信息广度和时间长度上挖掘更加充分的信息，围绕社会流动的相关理论，探寻先赋性因素、自致性因素对教育、职业和社会经济地位的影响，深入挖掘职业教育影响社会流动的内在机理。考虑性别、年龄、职业等方面的代表性，在不同地区抽取接受职业教育的从业人员样本 50 人，设计结构化访谈问卷，对其所接受的教育以及对其社会流动的影响进行深入调研，尤其考察教育随时间对个体社会流动的动态影响，进一步验证职业教育影响社会流动的内在机理，厘清促进与阻碍该群体社会流动的关键因素。

2. 研究特色

（1）研究视角和研究内容的特色。本书采取多学科交叉复合的视角开展研究，围绕职业教育鲜明的跨界属性，致力于从经济、社会的视角审视教育结果公平问题——职业教育对社会流动的影响，及其影响路径和关键因素，并提出促进该群体社会流动的政策建议。

① 对职业教育相对收益率进行了精确测度，揭示了职业教育对个体经济地位的影响。针对现有大多数关于职业教育收益率的研究存在较大分歧以及在研究设计中可能存在的样本代表性、遗漏变量等问题，本书采用 CFPS 的全国抽样调查数据，分析了中等职业教育相对于普通高中教育和高等教育的收益率，并比较不同阶段职业教育收益率，考察其随时间变动的趋势，比较精准地刻画了职业教育收益率，从而更系统全面地揭示了职业教育对个体经济地位的影响及对教育选择的影响。

② 从多维度对职业教育影响社会地位与社会流动进行研究，验证了职业教育同时具有“安全网”与“分流器”功能。针对现有多数研究仅从某一个维度分析职业教育群体的社会地位及社会流动状况、多视角的系统分析较少的问题，本书从职业教育在社会流动中具有的“安全网”与“分流器”两类互斥的功能出发，对职业教育群体进行了全面“画像”，从不同角度对其社会地位与社会流动状况进行刻画：相较于父代的代际变化，考察职业教育是否具有代际“安全网”功能，有利于防止社会阶层的绝对固化；相较于背景相近的初中教育群体，职业教育是否存在社会地位与社会流动的优势，考察职业教育的“安全网”功能；相较于高等教育群体，职业教育群体在社会地位上存在的差距，以及差距是否有扩大的趋势，考察职业教育的“分流器”效应。此外，分析职业教育群体社会地位随时间变化的趋势。

本书综合代际和代内两个视角，分析接受职业教育对社会地位及社会流动的影响。结果表明职业教育能为个体提供坚实的“安全网”保障，但同时“分流器”效应显著，需进一步发挥其“安全网”功能，抑制“分流器”效应。

③ 探究了教育对于农业转移人口外在职业价值的影响，揭示教育是提升该群体职业价值、城市融入的有效途径。衡量职业价值的常用方法是通过聚合性、简化性以及表面化处理综合形成单一指标，这种方法存在不全面和不准确的缺陷。本书基于职业价值理论，构建了包括职业生存价值、职业质量价值、职业地位价值、职业发展价值四个维度在内的分析框架。基于 CFPS 的实证研究，揭示了教育水平对农业转移人口外在职业价值具有显著影响，进一步提出了通过“教育-职业价值”促进农业转移人口城市融入的路径。

(2) 研究方法的特色。职业教育领域的研究长期以来以思辨研究为主，但对于某些特定问题，传统的研究方法效果不佳。本书积极探索量化实证研究方法在职业教育领域的应用，将教育经济学理论和方法与职业教育有机地结合，基于全国性数据库，在地位获得理论模型基础上，构建职业教育影响社会地位的结构方程模型，揭开职业教育影响社会地位的内在机理，揭示职业教育领域的问题，为制定相应政策提供坚实的客观依据。

(四) 全书结构

本书从内涵解析、效应测度、机理探究、对策研究四个方面展开研究，探讨教育、职业与社会地位的内在关联性，解析职业教育影响社会流动的路径与逻辑；从外在职业价值、职业教育收益率、职业教育对社会流动的影响等方面量化测度；从量化研究和质性研究两条路径探究职业教育影响社会流动的机理；结合职业教育影响社会流动的国际比较，提出提升职业教育接受者社会地位、促进其社会流动的政策建议。各部分内容如下。

第一部分：内涵解析。主要厘清重要概念间的关系。在新型城镇化进程中农业转移人口融入的背景下，分析职业教育对社会流动的影响。进一步探讨教育、职业与社会地位的内在关联性，梳理教育—职业地位—社会流动的影响路径。基于职业教育的类型属性及跨界属性，提出分析职业教育影响社会流动的分析思路，从技术逻辑、经济逻辑和社会逻辑等不同但又相互关联的维度解析职业教育的影响。

第二部分：效应测度。包含教育的外在职业价值、职业教育收益率、职业教育对社会流动的影响三个方面的量化实证分析。

(1) 教育的外在职业价值。职业在很大程度上表征了劳动者个体的经济地位和社会地位，所蕴含的价值是度量其在城市中生存能力和发展能力的重要指标。通过构建外在职业价值分析框架，包括职业生存价值、职业质量价值、职业地位价值、职业发展价值四个维度，更全面和准确地评价职业赋予农业转移人口的价值。

(2) 职业教育收益率。职业教育收益率既承载着劳动力供求信息，也承载着教育的个人边际收益信息。本书基于明瑟收益方程，通过剖析中职教育相对于普通高中与高等教育的收益率水平及变化趋势，评价职业教育对个体社会经济地位的影响。同时，对已完成学历教育的外来务工人员，尤其是新型城镇化中的农业转移人口，分析职业技能培训的收入效应。

(3) 职业教育对社会流动的影响。“安全网”和“分流器”的分析框架为研究职业教育影响个体的社会流动提供了较全面而客观的视角。本书综合代际和代内两个视角，选取经济收入、社会经济地位指数、职业流动率等指标，分析接受职业教育对社会地位及社会流动的影响。①采用社会经济地位指数 SEI，对职业教育背景从业群体进入劳动力市场后的社会地位总体状况进行分析；②相较于父代的代际社会流动状况分析，考察职业教育是否为子代提供了"安全网"功能，或者是否存在社会阶层的绝对固化；③相较于其他教育背景从业群体的社会流动状况分析，考察职业教育是否存在阶层的相对固化；④从户籍、年龄段、区域等不同维度剖析该群体内部的社会地位分化状况等；⑤分析职业教育群体社会地位随时间的动态变化状况。

第三部分：机理探究。从量化研究和质性研究两条路径探究职业教育影响社会流动的机理。

(1) 基于地位获得模型的量化研究（图 1-1）。构建职业教育影响社会地位与社会流动的结构方程模型，探究职业教育对社会流动的影响程度与影响路径。①引入地位获得模型，根据研究目的对该模型进行适当改造：将教育变量由教育水平修改为教育类型，借以系统、全面地考察包括教育在内的"先赋性"因素和"自致性"因素对社会经济地位的影响，判断社会流动的可能性；②构建结构方程模型，实证比较自致性因素与先赋性因素对个体社会经济地位的影响，分析职业教育影响社会经济地位的直接效应与间接效应，确定职业教育影响社会流动的关键路径和关键因素；③分析职业教育群体内部的异质性如不同性别与户籍的差异，比较职业教育与其他教育类型间的差异。

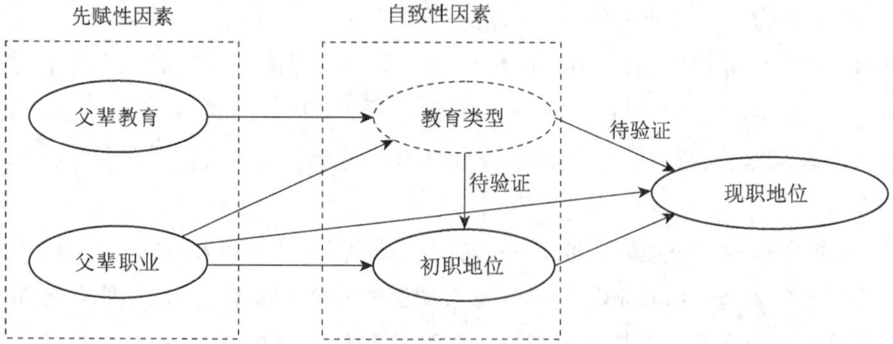

图 1-1 基于地位获得模型的职业教育影响社会流动模型描绘

(2) 基于访谈调研的质性研究。在定量分析基础上，通过访谈调研深入探讨职业教育影响社会流动的内在机理。对受访者所接受的教育以及教育对其社会流动的影响进行深入调研，从信息的广度和时间长度两方面挖掘更多的信息，包括：家庭条件环境对个体教育的影响，职业教育对个人成长的影响，职业教育对经济地位和职业地位的影响，与不同教育背景同学的比较，受访者的主观评价，未来的职业规划。形成多个与个体相关的、较完整的"画像"，重点考察职业教育随时间变化对个体社会流动的动态影响，进一步验证职业教育影响社会流动的内在机理，厘清促进与阻碍该群体社会流动的关键因素。

第四部分：政策研究。进行职业教育影响社会流动的政策分析，提出优化建议。比较分析发达国家和我国职业教育相关政策和影响职业教育背景从业群体社会流动的效果，基于职业教育影响社会流动机理分析的结果，探讨相关的政策建议，使职业教育充分发挥"安全网"功能，并探讨职业教育促进新型城镇化进程中流动人口社会地位与社会流动的相关政策。

本书研究总体框架如图 1-2 所示。

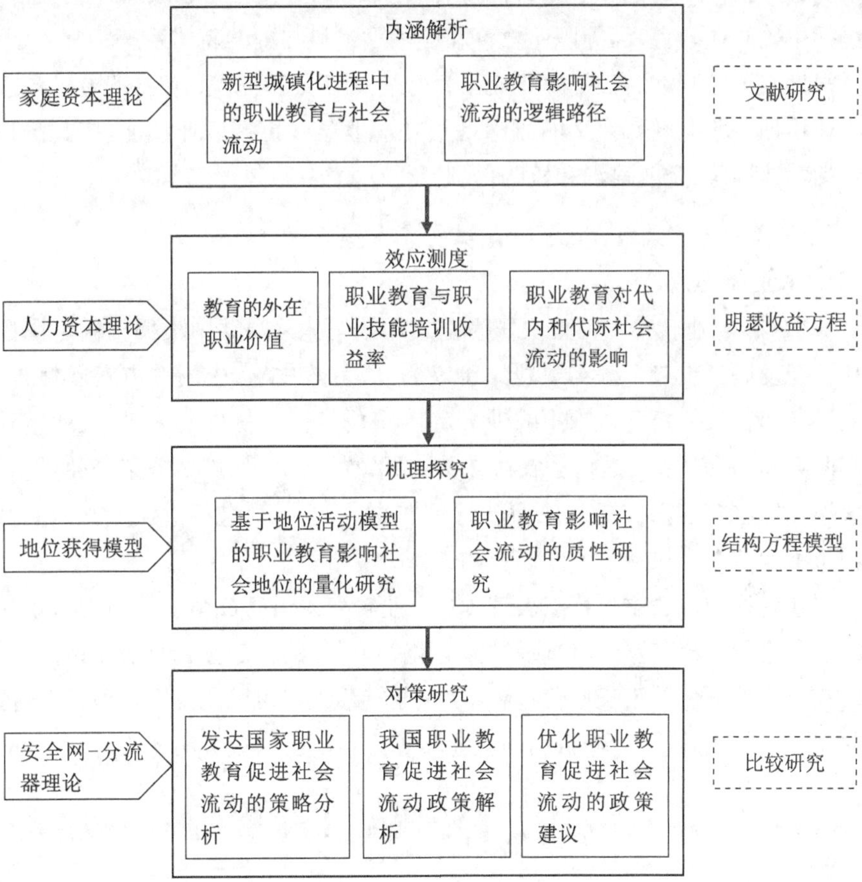

图 1-2 本书研究总体框架

二、相关概念

(一) 职业教育

联合国教科文组织(United Nations Educational, Scientific and Cultural Organization, UNESCO)对职业教育的定义是：教育过程中——在普通教育之外——涉及技术和相关科学的学习的方面，以及与经济和社会生活各部分的职位相关的社会实践技能、态度、理解和知识的获取。在国际教育标准分类(ISCED)中，职业教育是指“使学习者获取某种职业或行业或数种职业或行业特定的知识、技艺和能力的教育”。①

《现代职业教育体系建设规划(2014—2020年)》中关于职业教育的层级结构明确提出，职业学校教育分为初等、中等、高等职业教育，而在《国家职业教育改革实施方案》中，国家职业教育制度体系关于职业教育的层级总体上提升，涵盖包括中等职业教育、高等职业教育和应用型本科在内的新体系。

根据我国《职业教育法》，“职业教育”是一个广义的概念，包括职业学校教育与职业培训。职业教育狭义的概念是指在职业学校传授职业技能，广义的概念还包括学徒训练、企业培训和机构培训。

(二) 农业转移人口、农民工、进城务工人员

1. 农业转移人口

2010年，农业转移人口首次作为正式用语写入《中共中央关于制定国民经济和社会发展第十二个五年规划的建议》。城市蓝皮书《中国城市发展报告》分别从广义和狭义的角度讨论了农业转移人口的内涵。从广义来看，农业转移人口有两方面的含义：一是指从农村转移到城镇的人口，如进城务工经商人员、随迁家属、失地农民等；二是从农业转移到非农业的人口，包括进城务工经商及进入城镇就业和在农村从事非农产业的人。②

农业转移人口的主要特点表现为：农业转移人口已成为支撑中国城镇化发展的主要力量；农业转移人口流动“家庭化”和居住的稳定性趋势明显；农业转移人口在流入地居住趋于长期化；新生代农业转移人口市民化意愿强烈，随着国家公共服务均等化政策的实施，面向农业转移人口的公共服务明显改善。

---

① 中国教育发展战略学会新型城镇化与教育发展课题组.新型城镇化与职业教育供给侧改革蓝皮书[M].上海：同济大学出版社，2018：10.

② 潘家华，魏后凯.中国城市发展报告[M].北京：社会科学文献出版社，2013：1-43.

2. 农民工

由于户籍制度的存在，农业转移人口又被称为“流动人口”“农民工”和“进城务工人员”。

农民工是指有着农民身份的工人，他们不占有生产资料，以从事工业生产所获得的工资为主要收入来源。农民工是我国社会转型期出现的新产业工人，①农民工持有农村户口，离开农村外出务工，是实现了职业上转换的劳动群体，主要依靠城镇第二、第三产业中的相关职业来获得维持生计的收入，农民工既不是真正意义上的农民也不是市民。农民工表面上看起来只是一种职业，实际上更是一种制度性身份，对农民工在城市的生存和发展、向上一级社会流动产生消极影响。②

第一代农民工离土不离乡，在农村和城市之间、务工与务农之间转换，其工人性质具有“兼业性”。第二代农民工也被称为“新生代农民工”，即离土又离乡的新产业工人。

2006 年《国务院关于解决“农民工”问题的若干意见》第一次把“农民工”概念写入中央政府具有行政法规作用的文件。从狭义来看，“农业转移人口”是对“农民工”概念的替代。由于“农民工”称谓具有明显的身份歧视意味，党的十八大报告用“农业转移人口”代替“农民工”。③ 因此，本书后续关于“农业转移人口”或“农民工”的论述，指向同一群体。

3. 进城务工人员

进城务工人员是指本县（市）境内，户籍地在乡村，进入城区从事非农产业劳动 6 个月及以上，常住地在城区，以非农业收入为主要收入的劳动者；或外县（市）进入本县（市）城区，从事非农产业劳动 6 个月及以上，常住地在城区，以非农业收入为主要收入的劳动者。进城务工人员的主体是乡村籍工人。

2016 年 2 月 29 日，国家统计局发布 2015 年国民经济和社会发展统计公报。数据显示，2015 年全国进城务工人员有 27 747 万人，比上年增长 1.3%。

（三）社会流动

美国社会学家 P.A.索罗金于 1927 年出版的《社会流动》一书，提出社会流动

① 张富良.农民工：中国的新产业工人[J].重庆社会科学，2003(6)：30.

② 李丁.跳出农门：农民子女的职业非农化与身份市民化[M].北京：社会科学文献出版社，2017：16-17.

③ 孙友然.我国农业转移人口市民化研究综述[J].西北农林科技大学学报（社会科学版），2016，12(2)：61-67.

的概念，是指社会成员在社会关系的空间中从一个社会位置向另一个位置的移动，既表现为个人社会地位的变动，也表现为个人社会角色的转换。社会流动有两种基本形式：水平流动（horizonal mobility）和垂直流动（vertical mobility）。水平流动只是变换活动或工作场所或地理位置，并不改变社会地位；垂直流动则指个体社会地位的变动。根据不同参照基点，可分为代内流动和代际流动。

社会流动与社会地位关联密切：社会地位反映了个体与社会整体的关系及在与社会整体互动关系中的社会身份，而社会流动则指个人或群体社会地位的变动。

社会流动是衡量社会开放程度和进步的重要指标，合理的社会流动对于促进社会公平至关重要。社会流动会引起社会结构的变化，大多数人流动的方向和频率反映着社会变迁的方向。因此，社会流动被人们看作社会变迁的“指示器”，是社会选择的一种途径。一个社会能够创造更多的向上流动的机会，是社会充满活力的象征，是社会进步的表现。

与社会流动关联密切的另一概念是社会分层（social stratification）。社会分层形态呈现的是社会流动的静态结果，即个人或群体在社会分层系统中的位置，体现的是结果不平等程度；而社会流动和地位获得反映了社会分层的动态过程，即个人或群体是如何或受哪些因素影响，被分配到不同的社会地位，体现的是机会不平等程度。

第二章

新型城镇化进程中的职业教育与社会流动

一、新型城镇化与农业转移人口

（一）新型城镇化的关键——人的城镇化

城镇化是伴随工业化发展、非农产业在城镇集聚、农村人口向城镇集中的自然历史过程。城镇化水平持续提高，有助于产业的转型升级和社会经济的发展，也有利于广大农业转移人口通过转移就业提高收入，通过转为市民共享现代文明成果，有利于促进人的全面发展和社会的和谐进步。

进入21世纪，我国的城镇化速度和规模空前发展，从人口的空间转移中获得了巨大的经济增长红利：人口从低效率产业向高效率产业，从低工资就业岗位向更高工资就业岗位转移，微观上增进了抚养家庭的能力，宏观上促进了经济的增长和社会财富的积累。如图2-1所示，截至2018年年末，我国常住人口城镇化率为59.58%，户籍人口城镇化率为43.37%，已基本达到发展中国家60%的平均水平。①

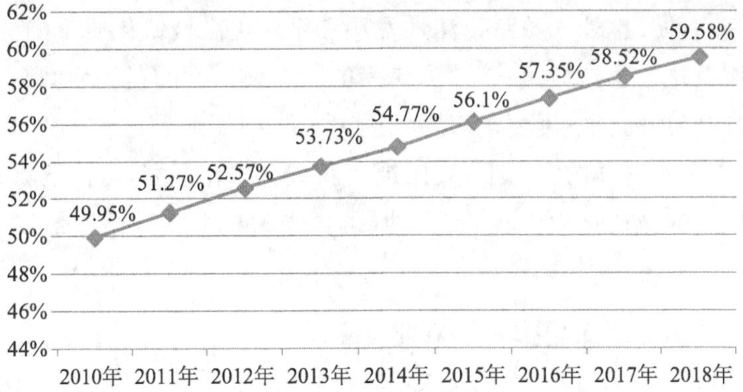

图2-1　中国城镇化率2010—2018年

（数据来源：国家统计局）

① 国家卫生健康委员会.中国流动人口发展报告2018[R].北京：国家卫生健康委员会，2018.

我国的城镇化虽然取得了快速的推进，但也存在着不同维度发展不平衡的问题，包含城乡之间、区域之间、城镇常住居民和流动人口之间的不平衡。究其原因，传统的城镇化较多关注城镇和产业的发展，但对于人的诉求关注不够。产业、人才和城市是现代城市发展的三个基本要素，三者相互促进、互为条件。① 在城镇化进程中，城市是产业和人口的载体，但没有产业和人的支撑为基础的造城无助于城镇化。现代城市的发展必然要求各类要素合理配置、相互协调。产业是实现城镇化的基本驱动力，而人的流动和发展是城镇化发展的另一个驱动力，同时也是产业发展的关键要素，因此人应作为城镇和产业发展的核心能动要素。② 但现实情况不容乐观，被统计为城镇人口的 2 亿多农民工及其随迁子女，难以融入城市社会，市民化进程滞后，从而带来一些复杂的经济社会问题。

新型城镇化必须着力解决城镇化进程与产业发展不同步、人的城镇化滞后于土地城镇化的问题。与传统城镇化相比，新型城镇化应具有新的内涵和特征：更加关注人的主体性发展和现代化进程；更加关注缩小城乡差距，推进城乡一体化发展；更加关注经济、社会、人口、资源、生态环境、文化传承等整体性发展。

迈克尔·波特将技能性劳动者与资本和基础设施作为对产业发展同等重要的"条件因素"。那些具有充足技能性人才的国家，能够为产业发展提供可靠的高技能劳动力保障，使产业链中的企业能开展专业化生产，推动城镇化发展，并最终增强国家的竞争优势。我国正处于经济转型升级、加快推进社会主义现代化的重要时期，也处于城镇化深入发展和全面提高城镇化质量的关键时期。以"物的城镇化""土地城镇化"等为代表的"重物轻人"的粗放型城镇化模式已明显不适应经济社会发展要求，城镇化必须进入以提升质量为主的转型发展新阶段。正是在这样的背景下，我国提出新型城镇化规划，对传统城镇化进行纠偏，将以人的城镇化为核心的新型城镇化作为着力实现高质量发展的城镇化模式。

（二）人的城镇化的主体——农业转移人口

在新型城镇化进程中，大量从农村转移到城市的剩余劳动力进入城市，形成

① 中国教育发展战略学会新型城镇化与教育发展课题组.新型城镇化与职业教育供给侧改革蓝皮书（上册）[M].上海：同济大学出版社，2018：3.

② 中国教育发展战略学会新型城镇化与教育发展课题组.新型城镇化与职业教育供给侧改革蓝皮书（下册）[M].上海：同济大学出版社，2018：45-63.

了规模庞大的农业转移人口群体，并且近年来保持小幅稳定增长。根据《2018年农民工监测调查报告》，当年农民工总量为2.88亿人（图2-2），到乡外就业的外出农民工1.72亿人，其中进城农民工1.35亿人。中西部地区的外出农民工规模要高于东部地区，半数以上为跨省流动（表2-1）。因此，人的城镇化的主体是数以亿计的农业转移人口。但是，以农业转移人口为主体的城镇外来人口表面上与“城里人”无明显差异，实际在经济收入、社会保障、文化适应、身份认同等方面明显低于“城里人”。

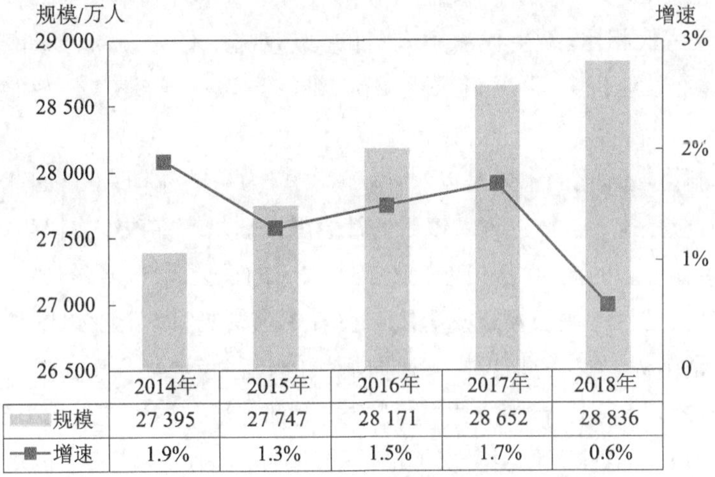

图2-2　2014—2018年农民工规模及增量情况

（数据来源：《2018年农民工监测调查报告》）

表2-1　2018年外出农民工地区分布及构成

按输出地分	外出农民工总量/万人			构成		
	外出农民工	其中		外出农民工	其中	
		跨省流动	省内流动		跨省流动	省内流动
合计	17 266	7 594	9 672	100.0%	44.0%	56.0%
东部地区	4 718	812	3 906	100.0%	17.2%	82.8%
中部地区	6 418	3 889	2 529	100.0%	60.6%	39.4%
西部地区	5 502	2 727	2 775	100.0%	49.6%	50.4%
东北地区	628	166	462	100.0%	26.4%	73.6%

数据来源：《2018年农民工监测调查报告》。

总体而言,农业转移人口主观上有着较强的融入城市的意愿。根据《中国流动人口发展报告 2015》:流动人口在现居住地居住的平均时间超过 3 年,表明流动人口稳定性增强,且随着居住时间的增长,流动人口打算今后在流入地长期居住的意愿增强。

在规模庞大的流动人口中,新生代流动人口成为主体,融入愿望更加迫切。在 2017 年流动人口中,1980 年以后出生的新生代流动人口占比为 65.1%,其中近一半为跨省流动,超过半数"10 后"出生在流入地。新生代流动人口中 97.3% 喜欢现在居住的城市,95.3% 关注现在居住城市的变化,93.3% 愿意融入流入地。① 与上一代相比,新生代流动人口的思想观念、行为方式与城市居民更接近,注重体面就业机会,利益诉求更明确,维权意识更强,渴望公平的生存发展机会。

由于新型城镇化的主体是以农业转移人口为主的流动人口,因此人的城镇化的核心,应是这一群体进入城镇后的社会融入。城市在改变农民生产形态、生活形态、生存形态的同时,从根本上改变了农民的社会属性、身份规定、利益结构和社会结构。但是,关于人的城镇化存在着一个常见的误区:以常住人口城镇化率为衡量指标,关注的是农村人口向城镇的转移和聚集程度。然而农业转移人口由于在思想意识、行为方式、生活方式上都与城市居民有较大差异,农村人口流向城镇并不意味着他们实现了市民化的转化,因此不能将人的城镇化简单地等同于人口城镇化。

"人的城镇化"是一个比较复杂的概念,不仅关注人的转移和聚集,更关注农业转移人口进入城镇之后的社会融入、公平正义、社会权益和幸福生活,是作为人的生产生活方式、思想价值观念与行为习惯等由"乡"到"城"的转变以及城乡文明程度提升的重要表征。从这个意义上看,人的城镇化应该是"人格的城镇化",也就是"从心理上认同城市社会,对城市有着归属感"。② 人的城镇化包含最重要的四个方面——作为城镇化主体的人自身的生产方式、生活方式、文明素质和社会权益所发生的重大变化③,是一个实现经济立足、社会互动、文化交融和心理认同的过程。在逐渐融入城市生活的过程中,农业转移人口要完成自身在身份、地位、价值观念及工作方式、生活方式等方面的再社会化。

---

① 国家卫生健康委员会.中国流动人口发展报告 2018[R].北京:国家卫生健康委员会,2018.

② 尹才祥.提升流动人口社会融合水平:实现城市化高质量发展[J].唯实,2018(10):68-71.

③ 李强,王昊.什么是人的城镇化?[J].南京农业大学学报,2017,17(2):1-7.

2013年中央"一号文件"正式使用"市民化"(citizenization)一词,指出要"有序推进农业转移人口市民化"。2015年,习近平总书记指出,"要加强对农业转移人口市民化的战略研究,统筹推进土地、财政、教育、就业、医疗、养老、住房保障等领域配套改革"。习近平总书记在党的十九大报告中进一步提出,"以城市群为主体构建大中小城市和小城镇协调发展的城镇格局,加快农业转移人口市民化"。关于新型城镇化工作,习近平总书记指出,"以人的城镇化为核心","更加注重提升人民群众获得感和幸福感"。因此,要着力改变传统城镇化"见物不见人"的弊端,有序推进农业转移人口市民化。这是破解新时代主要矛盾,即"人民日益增长的美好生活需要和不平衡不充分发展之间的矛盾"的重要抓手,也是解决"三农"问题,顺应城乡融合发展趋势,重塑城乡关系,促进乡村振兴的重要途径。

(三) 农业转移人口城镇化的挑战——家庭资本贫乏

农业转移人口群体与城镇人口群体在所占有资源的数量或种类上存在着显著的差距,这些资源可以看成是家庭资本形式,对应着家庭经济文化社会背景。法国社会学家布迪厄把家庭资本分为经济资本、文化资本和社会资本三种形式。三类资本可以相互转化,并共同制约了个体在社会中的地位与空间。家庭资本不仅能够为个人的行动提供各种有用的资源,而且能够为个体提供一种可以随时调用而引入职业活动中的资源。农业转移人口拥有的家庭资本在很大程度上决定和影响着该群体的城市融入。作为占全国总人口18%的流动人口群体,农业转移人口一直是城市常住人口中的弱势群体,该群体普遍面临的挑战是家庭资本的贫乏,在市民化进程中,存在着经济融合、身份融合、心理融合等三重挑战。①

1. 经济资本短缺

经济资本的存量直接影响社会资本、文化资本的积累速度与水平。在城市务工的非农收入是其经济资本的主体部分,受城乡分割的户籍制度影响,城乡之间存在显著的收入差距。根据国家统计局公布的数据,按常住人口统计,2019年上半年,全国居民人均可支配收入15 294元,其中城镇居民人均可支配收入21 342元,实际增长5.7%;农村居民人均可支配收入7 778元,实际增长6.6%。虽然农村居民收入增幅超过城镇居民,但城乡居民人均可支配收入比值仍高达

---

① 管小青.农民工城镇化视角下职业教育精准扶贫的逻辑[J].职业技术教育,2018,22(39):61-66.

2.74。而进城务工的农民工与城镇居民之间同样存在较大的收入差异，根据《中国职工状况研究报告(2017)》，从中国职工收入分配状况指数看，2015 年，中国职工群体内部收入分配方面的差距变化较大：城镇单位职工的年平均工资为 62 029元，分别是私营企业职工和外出农民工的 1.57 倍和 1.54 倍。总体而言，农业转移人口群体的经济资本与城镇居民相比处于劣势。

与经济资本关联密切的是个体的就业状况。农民工所从事的主要为服务业、制造业等社会声望较低的职业(表 2-2)。外出务工农民工月均收入及其增速高于本地农民工。新生代流动人口同样存在就业层次低的问题，他们不仅首次外出流动的时间早，而且相当大一部分在离开学校后立即开始流动；他们在没有社会经验和工作技能的情形下开始流动务工，而且基本没有务农的经历。①

表 2-2　农民工从事行业分布

产业分布	占比
第一产业	0.4%
第二产业	49.1%
其中：制造业	27.9%
建筑业	18.6%
第三产业	50.5%
其中：批发和零售业	12.1%
交通运输、仓储和邮政业	6.6%
住宿和餐饮业	6.7%
居民服务、修理和其他服务业	12.2%
公共管理、社会保障和社会组织	3.5%
其他	9.4%

数据来源：《2018 年农民工监测调查报告》。

就业质量虽然不直接影响农业转移人口的收入，却是市民化质量的重要评价标准。就业质量的概念源于国际劳工大会提出的“体面工作”理念，即劳动力在自由、公平、安全和有尊严条件下获得体面和有成效的工作。由于长期实行以低劳动力成本为核心的经济发展战略，我国农业转移人口在“体面工作”上存在

① 王宗萍.新生代流动人口的现状、困境及对策[J].人民论坛，2015(12)：21-24.

很大不足，大多数只能在次级劳动力市场获得工作机会，从事底层职业，薪资待遇较低，工作稳定性差，工作环境较恶劣，从农业内卷化重新进入打工内卷化的循环中。①

2. 文化资本不足

文化资本主要包括通过教育获得的知识、技能与教养等。文化资本的积累能够提升经济收入，实现向上的社会流动，是个体获得社会地位的重要保障。农业转移人口的家庭文化影响及自身教育程度普遍较低，受教育水平仍以初中文化程度为主，绝大多数没有接受任何形式的技能培训（表 2-3）。2018 年，在全部农民工中，未上过学占 1.2%，小学文化程度占 15.5%，初中文化程度占55.8%，高中文化程度占 16.6%，大专及以上文化程度占 10.9%。在外出农民工中，大专及以上文化程度占 13.8%。② 在 2.8 亿农民工中，初中及以下文化程度占 70% 以上，高中及以上文化程度仅有不足 30%。系统接受过非农职业技能培训仅占 30%左右。③ 新生代农民工受教育情况虽然比老一代农民工有所改善，但同样不乐观，2011 年，新生代流动人口的平均受教育年限为 10.4 年，比老一代流动人口高 1.6 年。虽然高中和大专及以上文化程度的比例接近 40%，但初中文化程度者仍超过一半，初中以及以下文化程度占 60%。

表 2-3 农民工文化程度构成

受教育程度	农民工合计		外出农民工		本地农民工	
	2016 年	2017 年	2016 年	2017 年	2016 年	2017 年
未上过学	1.0%	1.0%	0.7%	0.7%	1.3%	1.3%
小学	13.2%	13.0%	10.0%	9.7%	16.2%	16.0%
初中	59.4%	58.6%	60.2%	58.8%	58.6%	58.5%
高中	17.0%	17.1%	17.2%	17.3%	16.8%	16.8%
大专及以上	9.4%	10.3%	11.9%	13.5%	7.1%	7.4%

数据来源：《2017 年农民工监测调查报告》。

农民工人力资本存量较低不仅体现在学历水平上，也体现在技能水平上，与工业化、信息化对新兴产业工人要求之间存在矛盾，这可能导致流动人口就业困

① 郑云.中国农业转移人口市民化研究新进展[J].福建论坛，2019(11)：55-63.

② 国家卫生健康委员会.中国流动人口发展报告 2018[R].北京：国家卫生健康委员会，2018.

③ 管小青.农民工城镇化视角下职业教育精准扶贫的逻辑[J].职业技术教育，2018，22(39)：61-66.

难,并对流动人口的劳动就业区隔、职业阶梯和职业技能培训等方面造成不利影响。

3. 社会资本匮乏

社会资本是个体所拥有的社会网络体系中各种显性和隐性资源的总和。农村转移人口所处的社会关系网络总体上是一种依赖于地缘、血缘、亲缘的本土性网络,而非依赖于业缘关系的非本土性网络。这种本土化社会关系的依赖性,加之农民工先赋性社会资本质量欠佳,投资和维护新型社会资本的时间与精力欠缺,使得他们拥有的社会资本出现内卷化和单一化倾向,社会交往的同质性原则也决定了农民工的社会资本处于不利地位①,并会进一步削弱他们的经济资本和文化资本,降低他们对城市身份的认同。在进城农民工中,仅有38%认为自己是居住城镇的"本地人",农民工对城市的认同度和归属感较低。

社会资本成为维持和固化不平等的重要微观机制。即使在国家新型城镇化规划实施后,农民工的职业声望发生了一些变化,但总体来说,在城市的社会分层体系中,他们仍停留于生存适应的较低层次。

要真正实现人的城镇化,必须着力提高农业转移人口的家庭资本价值,实现经济、社会、文化和身份的融入。

(1) 经济融入——经济资本。农业转移人口的经济融入是城市融入的首要条件,也是影响其他方面融入的重要因素。农业转移人口主要依靠进入城镇从事非农职业获取稳定收入,收入水平达到或接近城镇居民平均水平,从而在经济资本上的积累达到普通市民的标准,实现经济融入。

(2) 社会融入——社会资本。农业转移人口要实现社会融入,必须改变原有的社会网络关系,通过与城镇居民交往与联系,重构在城镇背景中的社会网络关系,提升自身的社会资本。

(3) 文化融入和身份融入——文化资本。农业转移人口要认同城市文化,实现文化融入,必须依靠文化资本的积累与提升,缩小与城镇居民在教育水平上的差距,最终实现身份的转化、认同和心理的融入。

(四) 农业转移人口城镇化的关键——促进社会流动

城镇化的可持续发展需要构建在和谐稳定的社会结构基础上,理想的社会

① 程诚.社会资本与不平等的再生产:以农民工与城市职工的收入差距为例[J].社会.2014,34(4):67-90.

结构应该是两头小、中间大的“橄榄型”结构，形成中等收入占多数的社会结构。正如党的十九大报告提出：破除妨碍劳动力、人才社会性流动的体制机制弊端，使人人都有通过辛勤劳动实现自我发展的机会。因而提高城镇化质量、实现“人的城镇化”的一个必要条件是农业转移人口社会地位的合理提升，在当前农业转移人口总体社会地位较低的现实情况下，必须设法促进该群体向上的社会流动。

由于新生代农业转移劳动力的父母从事的是最底层的工作，因此其下一代无论在受教育程度还是从事的职业上，向上流动的可能性更大。在城乡劳动力市场日益发展的条件下，农民工已在更大的地域范围进行横向流动，总体方向是从中西部农村流向沿海城市，横向流动显著地缩小了地区间的工资差距。然而，更重要的社会流动是指通过横向流动的扩大，使处于社会分层不同位置的个人和家庭有更多机会沿着分层结构阶梯实现社会纵向流动。

社会流动率的高低是一个社会开放与否的重要衡量标志之一，合理的社会流动对于促进社会公平和社会的稳定发展至关重要，向上的社会流动是一种“政治安全阀”，对社会和政治稳定起到重要作用，它为下层群体提供了一种靠个人努力来改变其不利地位的途径，从而弱化了下层群体的“内固”程度。[①] 反之，低社会流动乃至社会阶层固化将导致社会不公。因此，本书主要讨论垂直方向的社会流动。

二、 职业教育与社会流动

（一）教育对社会流动的影响

个体可通过不同的途径实现社会流动，总体而言，可分为依靠家庭和依靠自身两类，与此相对应的是先赋性因素和自致性因素。先赋性因素是指与生俱来或自然获得的条件，如家庭出身、种族、容貌等，往往是个体无法改变的；自致性因素是指个体后天通过努力获得条件，如学历、技术、知识等。

工业化理论认为在市场经济条件下效率优先决定了以能力和学历给予劳动报酬的原则，一个社会的开放程度与自致性因素在社会流动中的作用大小成正比。随着中国改革开放向纵深推进，由自身努力形成的自致性因素会对社会地位获得产生日益重要的影响，家庭出身等先赋性因素的作用随之减弱，社会机会结构将愈加开放。

① 朱丽.农民工子女阶层再生产的抵制：教育的功能及其限度[J].基础教育，2015，12(5)：11-16.

在对个体经济社会地位产生影响的诸多自致性因素中，受教育程度与方式仍是最重要的，教育对社会阶层的形成以及流动会产生直接影响已成为现代社会的一个重要特征。综合来看，教育在社会流动、社会分化中具有筛选器的功能；同时又具有稳定器、平衡器的功能，被视为实现社会平等的“最伟大的工具”。教育进步主义者认为，教育作为一个中立而自主的系统，是促进社会底层向上流动的最主要机制，也是改变阶层分化的有效体制。通过教育手段实现社会的合理流动，会给社会带来生机和活力，形成一种积极向上、奋发进取的局面，从而有利于社会的稳定与和谐发展。①

受教育程度是个体取得社会地位的首要途径。日本教育学家天野郁夫在《社会选拔与教育》中指出：学历和其他社会资源的分配具有高度相关性，学历本身是一种稀缺资源，获得学历是获得其他社会资本的一种手段。接受高学历可以从事高声望职业，从而获得更高的收入和更大的权力。②

同时，教育对个体的影响是多方面的。杜威认为教育至少有三种重要职能：将青年人“整合”到社会及各种成人角色中的社会化职能；促进个人心理和道德生长的发展功能；促进社会平等的职能。教育的这三种职能集中体现在人的城镇化过程中：首先，教育对劳动力具有集聚效应，为农业转移人口生产方式的转变和充分就业提供支撑，将农业转移人口从乡村整合到现代化城镇中，并且农村剩余劳动力向城镇转移的倾向与其受教育水平存在相关关系。美国乡村地区，受教育程度提高10%，将多诱导6%～7%的农民迁出农业。随着受教育年限的延长，城镇对农村剩余劳动力，特别是青年劳动力的吸引力增强，他们的非农化倾向和向城市转移的意愿也表现得愈加迫切。其次，教育对个体具有塑造作用，促进了农业转移人口及随迁子女市民素养的养成，也促进了该群体素质的持续提升。最后，教育引领农业转移人口思想观念的转变，促进了城镇内部新老市民间的交流融合，客观上促进了社会的平等。

对于农业转移人口而言，由于家庭资本贫乏，难以凭借先赋性因素实现社会流动，只能通过自致性因素实现向上的社会流动，从而改变自身不利的社会地位。

---

① 周潇.反学校文化与阶级再生产：“小子”与“子弟”之比较[J].社会，2011(5)：70-92.

② 天野郁夫.社会选拔与教育[M]//张人杰.国外教育社会学基本文选.上海：华东师范大学出版社，2009：128-133.

(二) 职业教育对新型城镇化中社会流动的影响

1. 我国职业教育的基本定位和概况

我国职业教育承担着培养“职业人”与“社会人”的双重职能，长期以来的就业导向成为职业教育发展定位的重要标识。2014 年，习近平总书记在对职业教育工作的重要批示中指出，“职业教育是国民教育体系和人力资源开发的重要组成部分，是广大青年打开通往成功成才大门的重要途径，肩负着培养多样化人才、传承技术技能、促进就业创业的重要职责”。2014 年国务院发布的《关于加快发展现代职业教育的决定》提出，要统筹发展各级各类职业教育，坚持学校教育和职业培训并举，实现终身教育。职业教育明确了从关注服务经济社会发展到关注个体全面发展的重要价值导向转换。

我国的职业教育经过多年发展，形成了规模较大、数量稳定、与普通教育具有同等重要地位并相互支撑的发展格局(图 2-3)。2018 年，全国有职业院校 1.17万所，其中，中职学校 1.03 万所，高职院校 1 418 所。年招生 928.24 万人，其中，中职生 559.4 万人，高职生 368.8 万人。在校生 2 685.54 万人，其中，中职生 1 551.8 万人，高职生 1 133.7 万人。

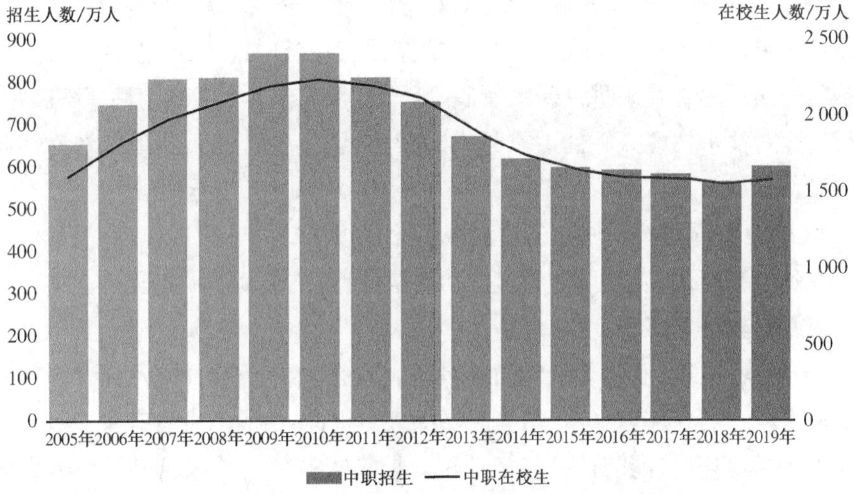

图 2-3 2005—2019 年我国中等职业教育招生数量及在校生数量发展趋势

(数据来源：国家统计局)

根据教育部《中国中等职业教育质量年度报告 2018》统计，2017 年，全国高中阶段招生职普比为 42.1∶57.9，在校生职普比为 40.1∶59.9，超过四成的高中阶段学生在中等职业学校学习。2017年全国中等职业学校毕业生为406.4万人(不含技工学校),毕业生就业率连续10年保持在95%以上,近8成毕业生获得了职业资格证书,有效地保障了新生劳动力供给。其中,为现代农业产业培养毕业生17万人,为中国制造业打造新生代工匠51万人,为现代服务业培养急需人才246万人。在先进制造业与现代服务业中,新增从业人员70%以上来自职业院校,表明职业教育为社会经济的发展提供了重要的人才支撑。此外,面向社会开展职业资格证书培训173.07万人,岗位证书培训154.76万人;全年承担各类社会培训特别是企业员工培训463.99万人,为提升一线产业工人的技能水平做出了贡献。2017年全国劳动年龄人口平均受教育年限为10.5年,中等职业教育在改善劳动力素质结构、提升劳动力人口学历层次、提高国民整体素质、增强国家综合竞争力等方面发挥了重要作用。

职业教育与社会生产的关系非常紧密,在对农业转移人口开展职业技能培训的同时,职业教育也传授其城市生活的基本知识、社会规范和价值观念,因而职业教育是提高农业转移人口生存能力、就业层次和就业质量的重要途径,也是促进农业转移人口积极内化和再社会化、促进市民化进程、扩大社会公平的有效途径。①

《国家职业教育改革实施方案》明确指出,改革开放以来,职业教育为我国社会经济发展提供了有力的人才和智力支撑,服务经济社会发展能力和社会吸引力不断增强。随着我国进入新的发展阶段,产业升级和经济结构调整不断加快,各行各业对技术技能人才的需求越来越紧迫,职业教育的重要地位和作用越来越凸显。

2. 职业教育与新型城镇化进程中农业转移人口的匹配性

在整个教育体系中,职业教育的功能属性,使之与新型城镇化进程中农业转移人口有着较好的匹配度。

首先,现阶段农业转移人口尚不具备普遍接受高等教育的条件。高等教育处于教育体系的顶端,定位于培养高层次人力资源,使受教育者有机会进入主要劳动力市场,享有较高的社会经济地位。但高等教育投资大,回收期长,回报率不确定,对经济不宽裕的农业转移人口家庭是一个较重的负担。尤其是伴随着高校的扩招,教育规模扩大虽然增加了民众接受高等教育的机会,但同时也加剧

① 中国教育发展战略学会新型城镇化与教育发展课题组.新型城镇化与职业教育供给侧改革蓝皮书(上册)[M].上海:同济大学出版社,2018:45-63.

了高等教育体系的分层，优质的高等教育资源进一步向拥有经济资本、社会资本和文化资本优势、处于社会中上层地位的家庭倾斜，而农业转移人口由于家庭资本的劣势，其子女难以进入精英大学，即便能进入普通高校学习，也同样面临“毕业即失业”的就业困境，这也造成不少学生初中毕业即过早放弃学业直接进入劳动力市场就业。同时，农业转移人口在城市参加中考和高考存在较高的门槛限制。教育部等四部委联合发布的《随迁子女升学考试意见》，要求各地根据进城务工人员是否具有合法稳定职业、合法稳定住所、参加社会保险年限以及子女在当地连续就学年限等情况，确定随迁适龄子女在当地参加升学考试的具体条件。从各地的实际方案看，多数地区设定了较高的标准，包括年纪轻、经济条件好、高学历或高技能等。这种以随迁子女家长背景与家庭综合实力为基准的筛选条件，把大部分农业转移人口排除在外。

其次，职业教育是适合当前农业转移人口需要的现实选择。与普通教育相比，职业教育作为技能导向型教育，在国家的“奖助贷补”政策体系支持下，受教育者的个人教育投入成本低，获得职业技能耗费的时间短，人力资本提升见效快，能明显减轻贫困家庭子女接受教育的负担。从这个意义上讲，职业教育精准扶贫是阻断贫困代际传递的最佳途径之一。

职业教育有助于缓解长期以来存在的“技工荒”和“就业难”的矛盾，适应实现人的全面发展和新型城镇化发展的需要，因而各地在制定面向外来务工人员家庭接受中等职业教育和高等职业教育的政策时，门槛要低得多，甚至采取补贴和学费减免等措施吸引其就读职业院校，并且提供了从中等职业教育、高等职业教育到专升本持续教育的上升通道。从职业院校实际生源的情况看，外来务工人员随迁子女占据了相当比例。

三、 新型城镇化背景下职业教育的服务对象

在新型城镇化背景下，职业教育可为较广泛的群体提供服务，包括新生代农业转移劳动力、随迁子女、异地接受职业教育的贫困人口等，另外，规模庞大的非学龄外来务工群体也存在着职业技能培训的需求。

（一）新生代农业转移劳动力

新生代农业转移劳动力主要指“80后”“90后”农村新一代劳动力，这一群体在规模上已超过上一代，并已成为农村转移劳动力的主体和城镇化进程中的主力军（图2-4）。与父代相比，农村新生代转移劳动力教育水平普遍更高，在就业

选择方面更趋多样化。新生代农村转移人口倾向于现代服务业，即使在农民工比较集中的制造业和建筑业，他们与父辈主要在劳动密集型工厂流水线做操作工完全不同，不少已是汽车制造企业这样的技术密集型企业的现代工人。在就业选择上，收入是新生代农业转移人口重点考虑因素，同时，他们对工作条件、行业发展前景和社会地位等也比较关注。此外，新生代农业转移人口有更高的城市融入的期待值，对作为城市一员分享城镇化发展成果的诉求也更强烈。① 新生代农业转移劳动力更希望通过自身努力和职业技能培训增加幸福感，实现经济融合、身份融合和心理融合，最终融入城市和共享城市发展成果。②

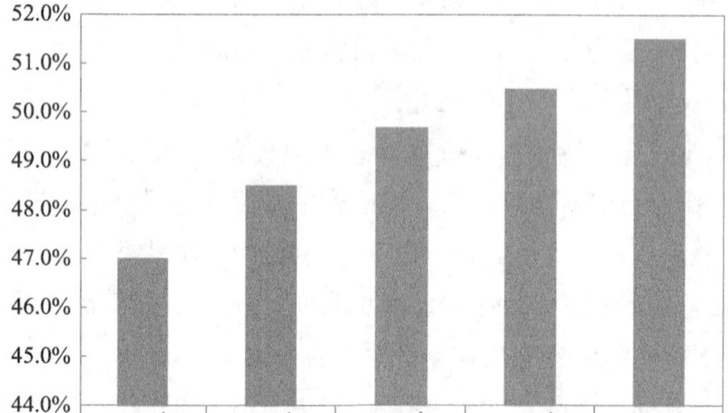

	2014年	2015年	2016年	2017年	2018年
■占比	47.0%	48.5%	49.7%	50.5%	51.5%

图 2-4　新生代农民工占农民工总量的比重

（数据来源：《2018 年农民工监测调查报告》）

产业的转型升级对一线员工的技能提出了更高的要求，企业对高技能人才的需求也大幅度增加。2018 年第四季度，各技术等级或者专业技术职称的岗位空缺与求职人数的比率均大于 1.7，农业转移人口正面临着由劳动力的数量优势向不断提升的人力资本优势转变的过程。同时，技能偏向型技术变迁为新生代农业转移劳动力提供了通过人力资本投资获得职业技能，从而实现人力资本增值的机会和渠道。

① 李友得，范晓莉.新生代农民工市民化可行能力提升路径研究——基于职业教育“精准扶贫”的视角[J].职教论坛，2019(1)：34-41.

② 朱德全.职业教育精准扶贫的逻辑框架——基于农民工城镇化的视角[J].西南大学学报(社会科学版)，2018，44(1)：70-76.

实际上，不少新生代农业转移人口正是通过在职业院校接受教育掌握职业技能而顺利进入现代化企业中从事先进制造业或现代服务业。例如，在富士康、北汽、中铁工盾构机组装、海尔智能空调、大连光洋数控机床等企业的一线生产操作中，70%以上员工来自职业院校的农民工；在东方汽轮机精焊大师工作室，60%的技师也是新生代农民工。而在农民工占 80%的建筑业，赴海外施工的农民工中，技工、技师占 80%以上。可见，职业教育和职业技能对于农业转移人口提升自身的就业层次和收入、促进向上的社会流动起到了关键作用。

对于新生代农业转移劳动力，接受职业教育的最佳时机是其在向城镇流动进入劳动力市场之前。袁贵仁曾指出：积极稳妥地推进城镇化进程，迫切需要通过职业教育使农村劳动力带着技能有序转移到城镇就业，顺利成为新产业工人和新市民。如果已进入劳动力市场，则应尽早进行相应的劳动预备制培训，使其掌握一技之长，帮助其顺利度过融入城镇的适应期，为其职业的起步和发展打下良好基础。

（二）随迁子女

随迁子女是指户籍登记在外省（区、市）、本省外县（区）的乡村，随务工父母到输入地的城区、镇区（同住）并接受义务教育的适龄儿童少年。新生代流动人口多在城市出生或者很小就随父母迁入城镇。2011 年流动人口动态监测数据显示，在 16 岁以下流动人口中，户籍在农村但在流入地城市出生或者其生命历程中一半以上时间都在流入地城市度过的占 57%，而且这一比例会越来越大。①

由于从小在城市生活和成长，随迁子女从心理和文化上较自然地融入城市社会。2018 年，全国义务教育阶段在校生中进城务工人员随迁子女共 1 424.04 万人。其中，在小学就读 1 048.39 万人，在初中就读 375.65 万人（同期中等职业教育招生 557.05 万人，占高中阶段教育招生总数的 41.27%）。

随着城镇化进程的深入，社会经济对劳动力的教育水平提出更高的要求。大多数随迁子女家庭处于城市下层，且农业户口占多数。父母大多从事一些苦、脏、累的低层次职业，职业社会声望较低。以上海市为例，大部分随迁子女父母从事农贸市场、制造加工业、批发零售业、仓储快递业、环卫和家政服务业、建筑业、个体户、流动商贩等技术含量较低的工作。② 如果仅完成初中教育即进入劳

① 王宗萍.新生代流动人口的现状、困境及对策[J].人民论坛，2015(12)：21-24.

② 黄颖.异地升学考试政策的演进轨迹与实施效果——以上海市为例[J].青少年研究与实践，2018(4)：5-19.

动力市场的职业选择非常有限，往往仅能获得低技能工作机会，处于职业地位的底层。无论是随迁子女自身还是其父母，都期望他们能享受优质的城市教育资源，接受良好的教育。接受高中阶段教育尤其是职业教育能帮助随迁子女获得在城镇立足的人力资本，实现经济上的自立。从目前大部分省份向随迁子女开放中职教育的政策来看，随迁子女就读中等职业学校的潜在需求规模比较庞大，而从政策的执行情况看，随迁子女对职业教育具有较高的认可度。

(三) 异地接受职业教育的贫困人口

在各种类型教育中，职业教育与精准扶贫在目标定位、实施对象、内容方式等诸多方面具有天然的耦合性，在阻断代际贫困传递、预防返贫中能够发挥巨大功效。职业教育能够有效地将“输血式”的物资扶贫转化为“造血式”的智力扶贫，是我国实现全面脱贫的重要力量。

为更好发挥职业教育助力脱贫攻坚的重要作用，近年来教育部出台职业教育东西协作行动计划，支持西部地区贫困家庭子女、主要是建档立卡贫困家庭的适龄子女赴省外经济较发达地区接受中等职业教育，帮助这些学生完成学业，实现就业。学生享受免学费、国家助学金及相应奖(补)政策。按照中央确定的东西部扶贫协作关系，东西部地区省(区、市)开展对口协作。以其中的滇西行动方案(2017—2020)为例，由东部四省(江、浙、沪、津)对滇西进行职业教育援助，招生规模每年总计不少于 6 000 人。通过接受教育，贫困人口获得知识和技能，就业能力明显增强，职业教育对贫困家庭子女就业能力的提升作用尤为明显。

在脱贫攻坚目标任务完成后的后扶贫时代，职业教育在巩固拓展脱贫攻坚成果、与乡村振兴战略有机衔接中将发挥更大的作用。

(四) 非学龄外来务工人员

较早进入城镇务工的农业转移人口，学历水平普遍较低，主要集中在劳动密集型制造业、建筑业以及传统服务业就业，收入不高，职业地位较低，就业选择范围有限。随着城镇化发展对人力资源素质要求的不断提升，以及这一群体年龄的逐渐增大，他们的生存和发展面临越来越大的挑战。

对这一群体而言，有针对性的职业技能培训是帮助其提升城镇生存和发展能力的必要和有效措施。在当前外来务工人员中，接受各类职业技能培训的比例相对较低(表 2-4)，可以拓展的空间很大。以现代服务业为例，城镇化发展中存在大量的生产性服务业和生活性服务业需求，相应的职业技能培训难度不大，培训周期较短，比较适合学历不高、年龄偏大的农业转移人口，这样既满足了城镇化发展的需要，也为其在城镇就业提供了有力的保障。

表 2-4　接受技能培训的农民工比重

本地/外出农民工	接受农业技能培训		接受非农职业技能培训		接受农业或非农职业技能培训	
	2016 年	2017 年	2016 年	2017 年	2016 年	2017 年
合计	8.7%	9.5%	30.7%	30.6%	32.9%	32.9%
本地农民工	10.0%	10.9%	27.8%	27.6%	30.4%	30.6%
外出农民工	7.4%	8.0%	33.8%	33.7%	35.6%	35.5%

数据来源：《2017 年农民工监测调查报告》。

正是在这样的情况下，国务院提出建立覆盖城乡全体劳动者的众生职业技能培训制度，并出台针对农民工职业技能的“春潮行动”，提高其就业质量。

第三章

职业教育影响社会流动的逻辑路径与正反作用

一、教育影响社会流动的路径

(一) 职业与社会地位

日本学者天野郁夫在《社会选拔与教育》中指出：社会地位一般以职业地位为代表。职业类别是一种最基本的社会性区分，不同的职业代表了不同的社会地位。职业是人们在社会中所从事的作为主要社会生活来源的谋生手段。个人的权力、地位、收入、声望等都与职业密切相关。

涂尔干(1893)提出了职业共同体的概念，他认为职业是最重要的社会分层指标，个人拥有何种职业决定了其所能获取的社会资源的数量与质量。职业深刻地影响着人们的生活方式，使从事不同职业的人们在生活经历、价值观念和道德规范等方面的同质性减弱；反之，从事相同职业的人们生活方式的同质性增强。职业作为共同体，内化了具有实质性的社会互动，因此职业分类是划分社会阶层的基础。人们通过对某种职业所对应的经济收入、权力地位和社会声望进行评价，可以对多种职业进行排序。著名社会学家陆学艺带领的课题组把当代中国人划分为十大社会阶层，即国家与社会管理阶层，经理阶层，私营企业主阶层，专业技术人员阶层，办事人员阶层，个体工商户阶层，商业服务人员阶层，产业工人阶层，农业劳动者阶层，城市无业、失业和半失业人员阶层。

社会分层一般有两种模式：循环和再生产。前者指阶层之间的更替和重组，表现为社会的流动，即个体或群体在不同阶层之间的流动；后者则是指阶层的延续和继承，表现为社会的封闭，即不同阶层之间难以自由流动，阶层逐渐固化。

西方功能主义分层理论认为，与教育和收入水平高度相关的职业声望是现代工业化社会分层的基础，市场机制是影响社会流动的主要因素，市场化和工业化提升了社会流动率和社会开放度，造就了一个相对稳定的等级分层社会结构，但同时再分配分层机制(包括单位所有制、户籍和政治资本等)仍然对流动机会和地位发挥着作用。

相对而言,农业转移人口家庭比城镇居民家庭具有更高的代际职业流动性,主要体现为从务农到较为低端的非农职业的向上流动。① 相对稳定的就业是推动农业转移人口向上流动的重要因素,农业转移人口群体需实现城镇充分就业,成为产业工人阶层的一员,不断缩小与城镇人口的差距。这是农业转移人口实现市民化、逐渐融入城镇的基础,也是城镇化发展的重要支撑。在新型城镇化进程中,农业转移人口要通过就业融入城镇,实现向上流动,必须具备以下基本条件:首先,在城市中找到相对稳定的职业;其次,这种职业带来的经济收入及社会地位能够形成一种与当地人接近的生活方式,从而使其具备与当地人展开社会交往,并参与当地社会生活的条件;最后,由于这种生活方式的影响和与当地社会的接触,使他可能接受并形成新的、与当地人相同的价值观。

(二) 教育对职业地位与社会流动的影响路径

教育作为一种重要的地位获得机制,在个体发展中所起的作用是非常重要的。新韦伯主义者柯林斯指出,教育的资本是被候选者用来角逐社会和经济有利地位的一种稀缺资源,最终具有社会分层的功能。布劳-邓肯的经典社会流动模型,揭示了教育对于初职地位的获得有着重要影响。教育作为自致因素代表着人力资本水平,衡量人们在劳动力市场上的竞争能力,进而影响其职业地位的获得,而且作用超过先赋性因素,说明代际地位的继承性可以通过教育这个中介在相当程度上传递给子代。

后续的许多研究同样表明,教育对于社会再生产和社会流动起着关键作用,而职业层级是受教育水平促进社会阶层代际流动的重要作用机制,受教育水平会通过影响个体的职业阶层地位获得,进而产生突破代际社会阶层继承、促成代际流动的作用。② 需要指出的是,以教育为代表的自致性因素固然有促进社会流动的作用,但自致性因素与先赋性因素是无法完全分离的,因为教育与社会分层是一个双向互动的过程:其所接受的教育会影响到其社会流动的可能性,而个体所属的社会阶层又会影响到其教育机会的获得。

农业转移人口的个体特征,如人力资本、年龄、性别、婚姻状况等是影响其社会融入的重要因素,其中受教育程度显著影响农业转移人口的职业地位,具有较

① 杨沫.城镇化进程中农业转移人口家庭的代际职业流动性研究[J].经济科学,2019(2):117-128.
② 陈爱丽.教育能促进社会阶层代际流动吗?——基于中国综合社会调查(CGSS)的经验证据[J].教育与经济,2019,35(6):27-34.

高人力资本的外来人口往往更容易融入城市，进而影响其向上社会流动的空间。更重要的是，教育对社会流动具有双重影响：既能有效遏制代际职业向下流动，又能促进代际职业更大跨度地向上流动。①

然而，目前农业转移人口群体的人力资本总体状况并不乐观，主要体现在文化素质低、就业技能缺失、技能结构不合理等人力资本障碍。人力资本存量低和积累不足已成为制约农业转移人口市民化进程的重要障碍。② 第一代农民工受教育程度有限，融入城市困难较大，而新生代农民工文化程度相对较高，但即便如此，由于产业经济结构对新生代流动人口产生影响，工作需要更多的技能和知识，新生代农民工仍然难以胜任专业技能较高的岗位，缺乏途径获得高质量教育的二代移民则将失去向上流动的途径。与第一代农民工相比，他们面临更严峻的社会融入问题。由于既难以融入农村又难以融入城市，形成"双重脱嵌"。③

综上分析，衡量个体社会经济地位与社会分层的重要因素是职业地位，而教育与职业的内在关联性，很大程度上决定了受教育者的职业地位，从而形成了教育—职业地位—社会流动的路径链条。新型城镇化的重点任务是培养作为城镇化主体对象的农村转移劳动力适应城镇化所需的素质，即要将农村转移劳动力变成产业工人，让其有能力在城镇稳定就业，同时使其能够嵌入城市社会关系网络，实现向上的社会流动，这也是当前新型城镇化的重要战略核心。

二、 职业教育影响社会流动的逻辑

职业教育与普通教育相比，是一种与其平行但不同的教育类型，是在社会、经济与个体发展中具有独特功能的一种教育，具有鲜明的跨界属性。因此可以从不同的维度看待和分析职业教育，包括职业逻辑、技术逻辑和社会逻辑等三类不同而又相互关联的逻辑。

(一) 职业逻辑——生存教育

我国职业教育的先驱黄炎培早在 20 世纪 20 年代就提出了职业教育"要使无业者有业，有业者乐业"的著名论断。职业教育从一出现就与那些从事生产、管理和服务的人的命运紧紧地连在一起，对社会弱势阶层来讲意义非凡。

---

① 陈春.新生代农业转移人口垂直流动的影响因素及提升策略[J].城市发展研究，2018，25(1)：48-54.

② 孙友然.我国农业转移人口市民化研究综述[J].西北农林科技大学学报(社会科学版)，2016，12(2)：61-67.

③ 宁越敏，杨传开.新型城镇化背景下城市外来人口的社会融合[J].地理研究，2019，38(1)：23-32.

职业教育是一种生存教育，走的是教育平民化的道路，它是社会地位低下者的生存权得到保障的基本路径，受教育群体主要以农村户籍、城镇农民工子女、下岗无业人员子女等社会弱势群体为主，[①]他们的经济资本、社会资本和文化资本比较贫乏，向上社会流动的途径有限。职业教育是为了职业、关于职业、基于职业的教育，以职业为导向，以形成职业能力为培养目标，目的是使学生具备相应的职业能力和资格，毕业后能够获得满意的职业。[②]

要全面实现人的城镇化，首要问题是大量农业转移人口的非农就业问题。城镇化的进程伴随着工业化进程，以劳动密集型生产方式为主要特征的经济发展方式逐步被以技术技能密集型生产方式为主要特征的经济发展方式取代，提升产业工人素质符合新时期经济社会发展的要求。产业转型升级带来了对掌握一定职业技能的产业工人与现代服务业从业人员的旺盛需求，创造了大量的非农就业岗位。职业教育"以就业为导向"，为区域经济发展培养合格的技术技能人才，反映了职业教育的职业性功能，进而体现出其工具理性，为实现劳动力市场供需两端的对接提供了必要的人力资本准备手段。因此，职业教育能够帮助农业转移人口实现稳定的就业，支撑其及家庭在城镇立足，为实现农业转移人口的城市融入提供可靠的保障。

(二) 技术逻辑——发展教育

职业教育不仅是通过传授技能帮助受教育者获得谋生的手段，同时也为其职业生涯的发展提供了可能性。人力资本具有增值性，职业教育向从业者提供了"硬技能"和"软技能"两个人力资本提升的渠道。

首先体现在硬技能上。根据 H. W. French 提出的职业带理论（occupational spectrum），职业教育主要是培养技术工人的"技能教育"，偏重于机器、工具和操作程序、工艺流程、技术标准等方法和手段。随着科技的进步和技术的日益复杂化，企业对技术工人的需求增加，产业工人阶层逐渐分化为不同群体，其中的高技术工人越来越多地与工程师和白领阶层相融合。在中产阶级和工人阶级之间存在着一个社会文化缓冲带，由大量底层白领职业群体构成，而专业资格、技术证书是工人向上流动、成为中下层白领工人和中产阶层的关键。[③] 在西方发达国家，从收入标准来衡量，工人阶级的上层——技术工人已经进入中产阶层行

① 徐桂庭.从教育扶贫看职业教育与贫困阶层的代际传递[J].职教论坛，2019(9)：14-18.

② 刘斌，邹吉权，刘晓梅.职业教育产教融合的逻辑起点与应然之态[J].中国高教研究，2017(11)：5.

③ 严霄云.符应理论视角：职业教育与中国新产业工人的生产[D].上海：上海大学，2013.

列，数量庞大的工人群体进入中产阶层成为社会的稳定器，具有极其重要的社会意义，因此职业教育应促进社会弱势阶层成为中产阶层的一部分。①

掌握一门硬技能能帮助受教育者形成了某一领域的技术应用能力，具备从事某一岗位职业的基本资质。工作情境中的实践和经验的积累，有助于进一步提升其职业技能和技术素养，从而推动其人力资本的增值和职业生涯的发展。更重要的是，随着劳动力市场开始跨越刘易斯拐点，资本和劳动的相对价格发生变化，传统的低技能劳动不再具有比较优势，诱发技能偏向型技术进步（skill-biased technology change），即劳动力市场会更加依赖于技能水平较高的劳动者，对技能型职业技术人才的需求将大幅度增加。② 有关研究表明，近年来中国技术进步朝偏向于技能劳动方向日益迅猛发展，诱发技能溢价。作为与产业经济联系最密切的一种教育类型，职业教育始终紧跟技术前沿，物联网、3D 打印、智能制造、机器人、人工智能等专业如雨后春笋快速涌现。同时，职业教育为适应技术变革和产业转型升级的需要，也经历逐步升级的过程，中高贯通、职业本科的发展就是例证，这为职业教育培养高技能人才提供了有利条件，并使之受益于技能偏向型技术进步，实现人力资本的提升和职业生涯的发展。

其次是软技能。交流沟通、团队合作等技能，以及实施硬技能过程中所体现的价值观念、制度文化和伦理精神等素养，是个体综合素质和职业素养的重要组成部分。“软技能”不仅为“硬技能”的充分发挥提供保障，其重要性也不断提升，尤其是在技术加速迭代演变的环境下，软技能日益成为个体乃至企业竞争力的决定性因素。因此职业教育需要将硬技能和软技能有机整合，在传授实用技能的同时，也应提供相应的理论课程以及价值观、职业道德的培养和灌输，为受教育者的后续发展奠定基础，并在现代化企业的工作实践中不断强化、提升。

对农业转移人口来说，职业教育不仅提供了其在城镇化进程中立足的基础，从长期来看，也为个体提供了可持续发展的动力。中国当前正处于由中等收入国家向高收入国家发展的关键时期，2019 年我国人均 GDP 首次达到 1 万美元。纵观世界各国的发展历程，有些长期徘徊不前，成为中等收入国家，有些则跻身发达国家行列。以新加坡为例，在跨入中等偏上收入国家行列之后，受人力成本

① 杜连森.阶层视角下的职业教育现代化：基于教育再生产的分析[J].教育发展研究，2018，38(23)：7.

② 中国教育发展战略学会新型城镇化与教育发展课题组.新型城镇化与职业教育供给侧改革蓝皮书（上册）[M].上海：同济大学出版社，2018：45-63.

上升的影响，产业面临转型需求，新加坡确立了“职业教育配合经济”的发展理念，将提高技术工人素质作为国家发展战略的先导性基础部分，职业教育在促进新加坡顺利跨入发达国家的过程中起了重要的助推作用，同时也进一步提升了接受职业教育个体的社会经济地位。正如新加坡总理吴作栋所言：“如果我们要享受世界级的生活水平，就必须有世界级的工人队伍。”中国产业经济的发展历程与新加坡等新兴工业国有相似之处，如果能更有效地发挥职业教育对经济社会的促进作用，从长远来看，既有利于总体社会经济的持续发展，也有助于个体经济社会地位的进一步发展和提升。①

（三）社会逻辑——分层教育

随着工业社会分工体系的成熟，产业工人的地位相对稳固。在由计划经济向市场经济转型的过程中，产业工人的队伍构成主体经历了由城镇居民向农村居民转变的过程，即由传统产业工人向新产业工人转变。工业社会的学校教育体系与社会结构相对应，个体在现代社会的分工体系中的地位需要经过教育过程的筛选。

职业化是个体社会化的重要手段，与其他教育类型相比，职业教育与社会生产生活的关系更为密切，其社会化要求更高。正如黄炎培先生所说，职业教育首先须“为大多数平民谋幸福”，“宜从平民社会入手”。办职业教育必须接触社会、适应社会，职业学校的灵魂“从其本质说来，就是社会性；从其作用说来，就是社会化”。职业教育使受教育者掌握职业技能，完成从自然人到职业人的转变，通过从事专门的职业，在特定的社会生活环境中与其他社会成员相互关联、相互服务，从而实现人的社会化。

职业教育具有职业规范及社会规范培养的功能，职业学校教育的社会关系与工厂劳动的社会关系之间存在着对应性，即“符应原则”，职业学校的教育将潜在劳动力统合到社会经济结构中。② 职业教育承担为工业化提供产业工人的功能，并通过规范内化的训导，塑造企业所需要的产业工人。从教育领域映射到劳动力市场，职业教育对应的是现代化工业和服务业，其基本特征是分工合作基础上的大规模协作生产，形成以企业为核心的社会群体。接受职业教育使农业转移人口进入现代化企业，形成以工作为纽带的社会关系，从根本上改变了农业生

① 罗丹.职业教育如何应对“中等收入陷阱”——新加坡的经验与启示[J].中国高教研究，2015(1)：5.
② 严霄云.符应理论视角：职业教育与中国新产业工人的生产[D].上海：上海大学，2013.

产中以个体为单位的生产方式。职业技术工人主要分布在生产一线岗位,从事现代制造业和服务业,形成以职业为特征的产业工人阶层。在企业等级制职业分工体系中,工业社会将产业工人转变成具有权利与义务的工业社会公民。更重要的是,劳动力市场中人力资源是自由流动的,产业工人能够获得在不同地区和不同企业间的空间流动机会以及职业生涯的向上流动机会。其中的一部分经过时间磨砺成为技术骨干和基层管理者。

三、 职业教育影响社会流动的双向作用

(一) 职业教育影响社会流动的正向作用

我国正处于工业化和城镇化的中后期,对技能职业技术人才的需求出现增强的趋势。在新型城镇化进程中,职业教育促进产业发展与人口就业、人口流动与市民化、城市和农村发展有效衔接,在推动人口素质提升、适应产业转型升级、实现社会融合稳定中发挥着关键作用。

1. 职业教育提供稳定的就业

职业教育是与经济社会联系最直接、最密切的教育类型之一,兼具教育属性和经济属性,是培养劳动力专业技能最合适的教育方式。在需求方面,工业化和城镇化发展激发了对技能型劳动力的大量需求,因而对职业教育的诉求增强;在供给方面,职业教育通过向农业转移劳动力提供技能的培养和培训,使其成为符合企业需求的产业工人,同时也为其提供了在城镇稳定就业与生存生活的能力,弥合其在身份转化过程中的"技能缺口",促进其在城镇"稳得住、留得下",实现更加充分、更有质量的就业。

刘万霞基于全国农民工的调查数据,从学历教育和技能培训两个方面研究了职业教育对农民工就业的影响,发现是否接受中等职业教育和技术培训,对农民工就业单位性质和职业类型有重要影响;当过学徒工、自费参加过技能培训对农民工成为技术工人具有显著的促进作用。同时,企业组织的培训带有激励和约束机制,提高了农民工的就业稳定性和工作满意度。①

李俊通过问卷调查分析了职业培训对新生代农民工职业发展的影响。结果表明,是否参加过职业培训与有无职业资格证书是影响该群体职业发展的重要

① 刘万霞.职业教育对农民工就业的影响——基于对全国农民工调查的实证分析[J].管理世界,2013(5):64-72.

因素。参加职业培训越积极的农民工,往往其工作的稳定性越高。①

2. 职业教育促进合理的社会流动

职业教育的对象主要来自社会中下层的弱势家庭成员,职业教育通过技能传授,使其获得谋生的手段,得以在社会立足和发展。首先,职业教育在消除教育不平等、促进社会和谐公正方面具有独特的价值,是国家对弱势群体进行教育补偿和有效救助的重要形式和有效方式之一,是改变处境不利人群的状况和促进贫困地区脱贫最为有效的途径和手段,体现了教育的社会正义性。同时,职业教育已逐渐成为保证社会下层民众在职业高度分化的时代具有就业能力的一种重要手段,尽管在实践层面职业教育目前依然无法被大多数社会公众真正认可,不能成为他们主动的教育选择,但职业教育事实上在承担着社会分层的角色,对于淡化教育的社会分层、阻断贫困的代际传递、促进社会公正意义重大。②

2016 年,在我国 1.3 亿新生代农民工群体中,约 80%选择异地就业。大多数新生代农民工希望通过流动和职业技能提升来改变生活方式,专业技能高的农民工市民化主观意愿更强,希望通过职业技能培训融入城市。③

在新型城镇化进程中,职业教育为农业转移人口的支撑体现在:提升人力资本,缩小经济差距;扩充社会关系网络,增加社会资本;提升城市文化认同感,促进心理融入。职业教育是实现农业转移人口合理社会流动的重要机制,能够促进社会分层与流动,提供更多向上流动的机会。④

(二) 职业教育影响社会流动的负面作用

以布迪厄为代表的再生产论者认为,学校不过是"一个生产与再生产文化不平等的主要场域",学校迎合的不是"公平"的诉求而是"资本"的要求,而底层群体由于所拥有的"资本"过少,在向上流动的过程中处于不利地位。同时,受教育类型成为职业分化的重要影响因素,以理论知识和科学技术传授为中心的"普通教育"对应的是"优势职业"和"中间职业",以技能训练和生产技术培训为核心的"职业教育"则对应基础职业,不属于精英教育,且具有先天的边缘化特质。

学校形态的现代职业教育最早出现在英国等欧洲发达国家,自诞生起便与

---

① 李俊.职业培训与新生代农民工的职业发展[J].中国青年研究,2014(12):52-58.

② 徐桂庭.从教育扶贫看职业教育与贫困阶层的代际传递[J].职教论坛,2019(9):14-18.

③ 李佑静.新型城镇化进程中的农民工市民化意愿[J].重庆社会科学,2016(8):41-47.

④ 曾阳,黄崴.扩大"中间阶层":近十年我国职业教育与社会流动研究述评[J].现代教育管理,2015(1):104-108.

产业工人阶层紧密相连。在中国，职业教育与产业工人的生产同样具有密不可分的关系。改革开放前，当产业工人阶层地位较高时，接受职业教育是一个富有吸引力的选择；改革开放以后，职业教育则开始向生存教育回归，职业教育的声誉下降，变为社会弱势阶层的无奈选择。随着职业教育由"地位教育"变为"生存教育"，社会中上层家庭不再轻易把子女送到职业学校，而底层家庭由于家庭资本相对匮乏，难以为子女提供良好的受教育机会，在当前普通教育和职业教育分流的筛选机制下，农民工家庭处于教育竞争的劣势地位，职业教育更多地成为这些底层家庭的选择。

事实上，接受职业教育者多数来自农村弱势家庭，文化程度和经济收入均不高。根据麦可思《2009 年中国大学生就业报告》，农民工子女就读高职院校的比例显著高于就读 211 院校的比例，他们就读职业教育被视为无奈之举。接受职业教育的毕业生很难进入主要劳动力市场，大多数进入次要劳动力市场。"标签效应"或"符号效应"显著，受"信号作用"影响，接受职业教育的不利影响在劳动力市场被不断放大。由于就业岗位缺乏"专属性"的职业地位，缺乏向上社会流动的机会和空间以及收入普遍较低等原因，接受职业教育的毕业生通过后天努力实现社会流动显得"后劲不足"，仍然处于社会分层的底部，社会地位并未得到提升，甚至充当了"社会资源不平等分配合法化的工具"。① 由此，职业教育可能会在农村底层家庭孩子的生命历程中扮演底层阶级再生产的角色，接受职业教育可能会导致阶层固化，而难以成为阶层上升的通道。

总体而言，学校教育成为再生产社会不平等的机构，家庭背景的差异是导致教育不平等的主要原因，拥有较多家庭文化资本、社会资本和经济资本的人在教育机会的竞争中有更多优势，中上阶层的学生通过高等教育成为精英，而底层家庭学生通过职业教育更可能成为技术工人。

因此，尽管职业教育一直被教育管理者、教育学术界强调是一种类型教育，但在现实中依然被社会上多数人认定为是一种层次教育。社会中上阶层由于掌握着较丰富的社会、经济和文化资本，有能力为子女获取优势的教育资源。接受职业教育群体多数来自中下层弱势家庭，家庭资本的不足加之职业教育在教育体系中的地位，使受教育者面临社会流动的困境。由此，职业教育现代化的方向应是由阶层再生产转变为促进社会弱势阶层的向上流动。

① 曾阳，黄崴.扩大"中间阶层"：近十年我国职业教育与社会流动研究述评[J].现代教育管理，2015(1)：104-108.

第四章

教育对农业转移人口外在职业价值影响的实证分析

职业在很大程度上表征了劳动者个体的经济地位和社会地位，其所蕴含的价值是度量其在城市中生存能力和发展能力的重要指标，是衡量流动人口经济融入的主要指标之一，这对于进入城市务工谋生的农业转移人口尤为重要。衡量个体及家庭职业社会地位最常用的方法是采取社会经济地位指数、职业声望及职业分类框架等。这些测量或分类框架都试图将各个群体（特别是职业群体）归入某种等级序列，从而反映社会地位（更确切地说是职业地位）之间的不平等。但这种通过聚合性、简化性以及表面化处理综合形成的指标存在一定的局限性：指标的各组成要素对个体的影响不尽相同，且相互之间不可替代；这些测量本质上是某类职业所对应社会地位的均值，忽略了不同个体的差异；社会经济地位指数假定每个家庭的社会经济地位指数具有恒久不变的特征，但事实上，家庭社会经济地位的各组成要素是起伏波动的。因而这种将各组成部分综合成一个指数的做法是危险的。[①] 更重要的是，这些测量仅包含职业类型与职业收入等职业信息，其他与劳动者个体及家庭息息相关的职业信息并未纳入考虑。上述因素导致单一指标方法对职业价值衡量的不全面和不准确。

职业选择是一个理性的过程，它受职业价值的影响——工作的不同性质对于个体的重要性，以及个体寻求从工作中获取的回报，个体总是努力最大化其认可的职业价值。当个体缺乏足够的经济资源时，往往会将收入及工作带来的外部收益作为首要考虑因素，即职业价值中的外在价值（extrinsic value）。职业价值包含多个维度，能提供丰富的信息，有助于较全面地评价个体的职业地位状况。

---

① DUNCAN G J，MAGNUSON K. Moving Beyond Correlations in Assessing the Consequences of Poverty [J]. Annual Review of Psychology，2017，68：413-434.

由于大多数农业转移人口来自经济社会相对落后地区，其父辈的先赋性资源不足，必须依靠自身的努力争取较好的职业，进而改善自身的社会经济地位。而教育作为最重要的自致性因素，是影响个体职业获得与提升其职业价值的关键途径。在新型城镇化进程中探究教育对于农业转移人口职业价值的影响，对于促进该群体城市融入、改善其社会地位、维护社会的公平正义与社会经济的可持续发展至关重要。鉴于此，本章以农业转移人口为研究对象，基于职业价值理论构建外在职业价值的分析框架，借助 CFPS 数据库，分析不同教育水平农业转移人口在外在职业价值各维度上的差异。进一步构建多元线性回归方程，探究包括教育、户籍、性别、年龄等各类因素对农业转移人口外在职业价值的影响，进而提出通过教育改善农业转移人口外在职业价值、提升其城市融入能力的建议。

一、 外在职业价值与教育的影响

(一) 职业价值的分类

职业价值(occupational values，又称 work values)被定义为人们通过工作期望获得的成果，及令个人达成满意的工作特定构成要素，它影响个体的职业选择、工作满意度和工作绩效。国内外众多学者分别从不同的研究视角，提出了对职业价值的操作定义，包括需求满足、工作结果、终极状态和信念、工作目标和报酬等。

不同学者对职业价值有着不同的分类：二分法把职业价值分为内在职业价值和外在职业价值；三分法包括两种，一种把职业价值划分为内在职业价值、外在职业价值和外在报酬三类，另一种则分为外在职业价值、与人相关的价值、内在职业价值三类；四维度分类把职业价值划分为内在价值、外在价值、社会价值和威望价值等；五因素分类抽取了五个因素：进取心、生活方式、工作安定性、声望、工作调节理论(theory of work adjustment)；还有人提出了职业价值的要素，即成就感、独立性、认可度、利他性、社会性、安全性、舒适性。O * NET(Occupation Information Network)是美国劳工部组织发起开发的职位分析系统。

(二) 外在职业价值的内涵构成

尽管存在职业价值的不同分类，两分法占据主导地位。外在职业价值可以归纳为：源自工作但与工作本身性质无关的回报，包括经济回报、晋升、声誉、职业的安全性等。从外在职业价值的不同定义看，它同时包含了主观性与客观性，前者指个体对外在工作价值的评价或者外在工作价值对个体的重要性(更接近于“价值观”),后者指工作给个体带来的收入、安全性等外在价值。外在职业价值具有较强的工具性特征,而内在职业价值(与职业本身性质有关的一些因素,如职业的创造性、独立性、挑战性、兴趣等)具有较强的认知性特征,二者均是职业价值的重要组成部分。① 不同个体所重视的职业价值表现出一定的差异性,高学历背景群体更追求自我提升、自我实现和个人成长,而低收入群体期望更多的收入以满足其物质需求。关于对 32 个中国城市的研究表明,蓝领工人相对于收入与晋升,更重视工作安全性和稳定性;白领人员更关心工作带来的成就感及工作所蕴含的声望。德国、芬兰两国对外在职业价值的衡量均采用了收入、晋升机会、安全健康的工作条件等指标,结果外在职业价值显示出高度的连续性和稳定性。

根据马斯洛需求层次理论,低层次的需求满足后,个体才会追求高层次的需求。职业地位较低的群体,如蓝领工人更重视外在职业价值,而农业转移人口社会经济地位普遍较低,因而外在职业价值对其融入城市社会至关重要。现有关于外在职业价值的分析聚焦于职业的社会地位与经济收益,却忽略了职业中蕴含的职业保障、职业稳定性、职业发展、职业属性、职业环境、工作条件等众多因素,而这些因素对于职业价值的度量乃至劳动力个体的生存与发展具有重要意义。

在新型城镇化进程中进入城市务工的广大农业转移人口,首先需要解决的是在城市中的生存问题,稳定的职业收入为其提供生存的保障。由于新型城镇化的一个关键特征是可持续发展能力,这必然包括人的可持续发展能力。对于农业转移人口而言,就是要保证该群体“乐业”、合理的社会地位、实现适当的向上社会流动——不仅需要有稳定收入的就业,而且需要有质量、受尊重的就业,同时具有可持续的职业生涯发展路径。

借鉴职业价值的不同分类方法,本章将外在职业价值分为四个维度进行度量:职业生存价值、职业质量价值、职业地位价值、职业发展价值,力图更加全面、客观地刻画职业对劳动者个体的工具性价值。

1. 职业生存价值

职业生存价值表征职业给予劳动者的生存保障能力,包含职业收入、职业保

① DUFFY R D, SEDLACEK W E. What is most important to students' long-term career choices[J]. Journal of Career Development, 2017, 34(2): 149-163.

障、职业稳定性等指标。

2. 职业质量价值

职业质量价值表征职业给予劳动者的工作品质,这与职业带给劳动者的生理和心理影响密切相关,包含工作强度、工作条件等指标。

3. 职业地位价值

职业地位价值表征职业给予劳动者的社会地位,包含职业属性、单位属性、行业属性等。

4. 职业发展价值

职业发展价值表征职业给予劳动者未来的发展潜力与成长空间,包含职业收入增长率、职位晋升、人力资本积累等。

二、 教育影响农业转移人口外在职业价值的实证分析

(一) 数据来源及样本构成情况

本章主要采用 CFPS 2014 年的数据,同时考察样本与 2010 年基线数据相比的变化。参照有关文献,农业转移人口界定为:有农业户口的非农务工者。因此,农业转移人口样本的筛选方法是:CFPS 数据库中农业户籍、工作地在外地(本村、本乡以外,但包括本县的就地城镇化)、处于工作状态且从事非农业生产工作的样本,共 954 人。借鉴有关文献,本书样本按学历分为初中、高中、大专及以上(以下简称大学)三类。由于全国第二代农民工(1980 年后出生)超过总数的 60%(2010 年中央一号文件),因而根据年龄将样本分为“90 后”“80 后”及“80 前”三类。农业转移人口样本基本情况见表 4-1。该群体总体学历水平偏低:初中学历占近六成,大学学历仅有 10%左右,表明农业转移人口的人力资本存量较低,投资不足。为考察户籍对职业的影响,作为对照,筛选城市户籍、工作地在当地(包括本居、本街道、本区)的就业人员(以下称为城镇职工)样本数量 1 021 人。该群体样本的学历水平明显优于前者:初中学历比例不足三分之一,高中及大学学历比例均超过三分之一。与城市籍样本相比,农村籍样本更年轻,新生代(包括“80 后”与“90 后”)近七成以上。总体而言,新生代的学历明显高于老一代务工群体。CFPS 样本在学历上的分布与《全国统计年鉴》基本一致,也与有关研究一致,表明样本具有普遍代表性。

表 4-1　农业转移人口样本构成

项　目		农村户籍		城市户籍	
		人数	占比	人数	占比
学历	初中	556	58.28%	312	30.56%
	高中	287	30.08%	355	34.77%
	大学	111	11.64%	354	34.67%
年龄	“90 后”	324	33.96%	92	9.01%
	“80 后”	403	42.24%	333	32.62%
	“80 前”	227	23.79%	596	58.37%

(二) 分析结果

1. 职业生存价值分析

1）职业收入

职业收入是衡量农业转移人口生存能力的重要指标，本书以样本过去一年的工作总收入来测量。不同学历、不同年龄段农业转移人口的收入分布见表 4-2(考虑到下文将分析 2010—2014 年的职业收入增长率，此处分析样本 2010 年的职业收入)。农业转移人口的平均收入随学历提高而增加，大学学历者的平均收入高出初中学历者近 70%(“90 后”这一列由于样本数量少而与均值存在一定偏差)。这印证了人力资本越高，收入也相应较高，有利于经济层面的融入。城镇职工的收入分布中，高中学历者略高于初中学历者，而大学学历者的平均收入高达 36 000 元以上。相关研究指出，农村户籍的流动人口难以获得城镇居民同样的收入，①本研究样本统计结果也显示各学历水平城镇职工的收入高于同学历的农村籍务工人员。

表 4-2　分学历、年龄农业转移人口 2010 年职业收入分布　　(单位：元)

户籍	学历	“90 后”	“80 后”	“80 前”	平均值
农村	初中	10 322	15 226	17 608	16 264
	高中	10 966	18 376	19 717	18 554
	大学	9 000	24 013	33 458	27 302
城市	初中	8 280	17 460	19 729	19 432
	高中	12 806	21 812	23 617	23 051
	大学	3 600	31 745	38 475	36 093

① 杨菊华.城乡分割、经济发展与乡-城流动人口的收入融入研究[J].人口学刊,2011(5): 3-15.

2）职业保障

职业保障对城市融入有显著正向效应，是否签订劳动合同是劳动者职业保障的最重要标志，而用人单位给予劳动者的保障性待遇是劳动者的基本权益，二者均是影响劳动者生存能力的关键因素。《国家新型城镇化规划》明确指出：扩大参保缴费覆盖面，依法将农民工纳入城镇职工基本医疗保险，建立全国统一的城乡居民基本养老保险制度，扩大农民工参加城镇职工工伤保险、失业保险、生育保险的比例。本章以样本签订劳动合同的比例和具有五险（养老保险、医疗保险、失业保险、工伤保险和生育保险）的数量衡量职业保障水平，见表4-3。农业转移人口签订劳动合同的比例不容乐观：初中学历者签订劳动合同的比例仅有三分之一，高中学历者也不到一半，只有大学学历者超过70%。参加社会劳动保险的情况与此类似，没有参加任何社会劳动保险的比例非常高，其中初中学历者超过三分之二，大学学历者有所好转，仍然超过三分之一。在至少参加一项保险的农业转移人口中，养老保险、医疗保险和工伤保险是主要的险种。相对而言，城镇职工情况则要好得多：初中学历者签订劳动合同的比例超过一半，高中学历者和大学学历者逐次提高；高中以上学历者大部分都拥有一种或若干种保险，初中学历者也有接近一半参加了保险，其中参加养老保险、医疗保险的人数最多。

表4-3　农业转移人口劳动合同和社会劳动保险情况

户籍	学历	签订劳动合同	参加社会劳动保险						
			都没有	至少参加一项	工伤保险	生育保险	失业保险	养老保险	医疗保险
农村	初中	33.39%	69.78%	30.22%	24.31%	9.15%	11.81%	18.01%	18.41%
	高中	46.27%	61.70%	38.30%	29.36%	17.89%	23.17%	28.90%	30.73%
	大学	72.83%	33.73%	66.27%	55.42%	45.18%	50.00%	62.05%	61.45%
城镇	初中	54.68%	51.52%	48.48%	30.45%	18.33%	32.47%	42.86%	41.56%
	高中	62.07%	40.15%	59.85%	39.14%	28.21%	44.22%	53.88%	55.91%
	大学	70.67%	18.89%	81.11%	55.35%	45.01%	60.65%	72.44%	78.34%

3）职业稳定性

职业的稳定性在很大程度上影响农业转移人口的生存能力，失业及频繁的工作变化对其生存能力都会造成较严重的威胁。职业稳定性与工作保持能力及工作转换能力相关，它帮助流动人口积累工作技能、工作经验和工作业绩，提升收入水平。① 农业转移人口群体就业的稳定性很大程度上影响新型城镇化建设的质量和可持续性。本章以农业转移人口从事现职时间的年限度量其职业稳定性，结果见表 4-4。在“什么时间开始从事这份工作”的问题中，农业转移人口开始现职的时间普遍较短：各学历水平者从事现职低于 2 年的比例均接近或超过 80%，而达到 10 年以上的比例仅不到 5%，高学历者的职业稳定性也同样堪忧。这证实了流动人口职业稳定性较差，经常出现频繁的流动。

表 4-4　农业转移人口职业稳定性统计

户籍	学历	工作年限			
		0～2 年	3～5 年	6～10 年	10 年以上
农村	初中	80.46%	8.88%	6.47%	4.19%
	高中	86.89%	4.84%	5.70%	2.56%
	大学	79.31%	12.93%	7.76%	0.00%
城镇	初中	60.48%	7.78%	8.08%	21.86%
	高中	61.69%	10.84%	9.64%	20.96%
	大学	61.02%	10.22%	10.75%	18.01%

2. 职业质量价值分析

1）工作强度

工作强度对劳动者的身心健康具有重要影响，是衡量工作质量优劣的重要指标，并直接影响劳动者的生活品质。以每周工作小时数度量工作强度，根据国家工作时长的相关规定，分为 20～34 小时，35～44 小时，45～54 小时，55～99 小时四类，分别代表低于正常强度，正常强度，高于正常强度，严重超过正常强度。结果显示，农业转移人口总体工作时间较长，平均每周工作时长近 54 小时，这与“全国流动人口监测”调查显示的农民工平均周工作时长超过 55 小时基本一致。② 同时，学历与工作强度高度相关：初中学历者每周严重超过正常强度的比例近 60%，这一比例在高中学历者中降到 40%，大学学历者则为 22%；反之，

① 李练军.新生代农民工融入中小城镇的市民化能力研究——基于人力资本、社会资本与制度因素的考察[J].农业经济问题，2015(9)：46-53.

② 田艳平.家庭化与非家庭化农民工的城市融入比较研究[J].农业经济问题，2014，35(12)：53-62.

属于正常工作强度的比例在初中学历、高中学历与大学学历三类农业转移人口群体的分布为16%,27%和46%,差异显著。城镇职工的工作强度与学历也有类似的关系,但大学学历者的工作强度与高中学历者持平,也高于农村籍大学学历者。

2) 工作条件

工作条件指工作场所的环境条件,同样对劳动者身心健康和工作质量具有重要影响。CFPS中的工作条件项包括“室内工作”“车间”“室外”等工作场所,与工厂车间相关的、对人体有不良影响的工作条件选项有“高粉尘”“高(低)温”“噪声”“有毒”等。相当比例的农业转移人口作为一线工人从事生产加工、制造业,工作于工厂车间环境中。本章区分“有害”和“无害”两种情况进行统计,“有害”指具有以上一种以上对人体有害的工作环境条件,“无害”则指无任何有害工作环境条件,统计情况如图4-1所示。在农业转移人口群体中,初中学历者处于有害工作条件的比例高达54%,高中学历者、大学学历者依次降低10个百分点左右,表明学历越低者,其工作条件越恶劣;反之,高学历者主要从事专业技术性强的工作,具有相对较好的工作条件。这与现有研究揭示的青年农民工工作环境相对恶劣一致。城镇职工样本中,也呈现类似的学历差异。

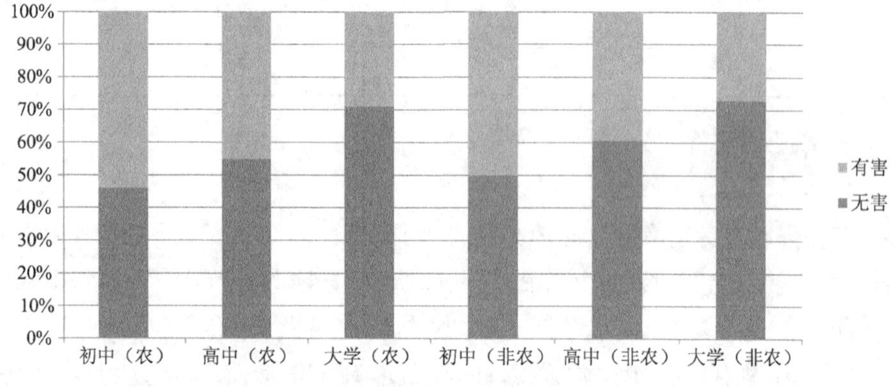

图4-1　农业转移人口工作条件统计

3. 职业地位价值

参照相关文献,从职业、行业和所有制三个维度对就业岗位进行分类,并以此为标准界定“好工作”,从职业属性、单位属性和行业属性三方面描述职业地位价值。

1) 职业属性

职业属性从职业性质的维度决定了劳动者的社会地位。参照相关文献可将职业划分为白领、蓝领和服务业三类。CFPS 数据库中没有直接的白领、蓝领信息，而是根据 EGP 职业分类框架，以劳动力市场上的雇佣关系和技能水平作为划分职业分类的维度划分为 10 个类别。EGP 的 10 个职业类别中，higher controllers，low controllers，routine nonmanual 三类可以划归为白领阶层，而 skilled manual，semi-unskilled manual 和 manual supervisor 可以归为蓝领阶层。

本章分析比较各学历农村转移人口与城镇人口从事白领与蓝领职业的情况。一般而言，白领职业比蓝领和服务业职业具有更高的社会地位。农业转移人口职业属性分布见表 4-5，其中初中学历者超过 7 成属于蓝领，属于白领的仅占不到四分之一，表明大部分低学历农业转移人口进入了次要劳动力市场。《2014 年农民工监测报告》显示：农民工主要集中于劳动密集型产业，在所有外出农民工中，从事制造业的比例最大，达 41%，其次为建筑（18.5%），服务业（9.8%）等，本文的数据与此基本一致；高中学历农业转移人口中白领的比例迅速增加，接近蓝领的比例；大学学历的白领比例则远超蓝领。城镇职工中，大学学历者从事白领职业的比例高达 85%，从事蓝领职业的比例则低于 15%，表明更多的城镇职工进入了主要劳动力市场。不同学历从事白领职业的比例均高于同一学历水平、但低于更高层级学历水平的农村籍务工人员，表明学历是影响职业属性分布的主要因素。

表 4-5　农业转移人口职业属性分布

户籍	学历	白领	蓝领
农村	初中	24.14%	75.86%
	高中	47.96%	52.04%
	大学	82.69%	17.31%
城镇	初中	34.86%	65.14%
	高中	53.95%	46.05%
	大学	85.24%	14.76%

2）单位属性

单位属性从单位性质的维度决定了劳动者的社会地位，如企业所有制及机关事业单位。参照有关文献，主要的单位属性包括国有企业（含事业单位与政府机关）、外资企业和私营企业三类，一般而言在国有企业工作的职业社会地位高于私营企业。农业转移人口的单位属性分布见表 4-6，其中初中学历者就职于国有企业(含事业单位与政府机关)的比例仅有13%左右,而就职于私营企业者达八成;高中学历者在国有企业工作的比例是初中学历者的近2倍,而大学学历者就职于国有企业的比例进一步上升至33%左右,因此学历对农业转移人口单位属性的影响显著。与农村籍务工人员相比,城镇职工就职的单位属性具有一定优势:初中学历者在国有企业工作的比例达到36%,这一比例超过了农村籍大学学历者,高中学历者为49.25%,大学学历者则超过三分之二,这证明城乡之间劳动力市场呈二元化特征。

表4-6　农业转移人口单位属性分布

户籍	学历	国有企业(含事业单位与政府机关)	外资企业	私营企业	民办非企业组织
农村	初中	13.13%	4.59%	80.81%	1.47%
	高中	22.83%	4.13%	71.96%	1.09%
	大学	32.95%	7.39%	58.52%	1.14%
城镇	初中	36.28%	3.85%	57.05%	2.82%
	高中	49.28%	3.21%	44.74%	2.77%
	大学	68.86%	3.88%	25.00%	2.26%

3) 行业属性

行业属性从行业性质的维度影响劳动者的社会地位,通常按垄断行业和竞争行业来划分,前者具有更高的社会地位。参照有关文献的行业分类方法,将农业转移人口行业属性分为垄断行业、竞争行业与其他三类,选取垄断行业与竞争行业进行统计,二者的就业分布见表4-7,就职于竞争行业的农业转移人口远多于垄断行业,随着学历的提高,就职于垄断行业的比例有所增加。

表4-7　农业转移人口行业属性分布

户籍	学历	垄断行业	竞争行业
农村	初中	19.22%	80.78%
	高中	27.66%	72.34%
	大学	40.91%	59.09%
城镇	初中	34.29%	65.71%
	高中	30.79%	69.21%
	大学	57.01%	42.99%

4. 职业发展价值

1）职业收入增长

职业收入增长是衡量劳动者中长期职业收入增长能力的重要指标。本书比较分析了同一农业转移人口样本2010—2014年收入的变化，如图4-2所示。总体而言，初中学历和高中学历农村籍务工人员收入均有较大增幅，甚至高于同学历的城镇职工，表明农业转移人口依靠自身的努力实现收入的提升和经济的融入。这与国外关于移民的研究结论相似：移民通常有闯劲、能干且主动性强，存在正向择优机制或群分效应。随着居住时间的延长、劳动技能和经验的积累、语言能力的提高、人力资本的改善和原有人力资本的有效转移，移民收入的回报率相应提高，我国的农业转移人口也具有类似选择性的群体。即便如此，学历更高者在职业收入增长上还是更具优势，初中及高中学历者与本科学历者的收入差距进一步拉大。

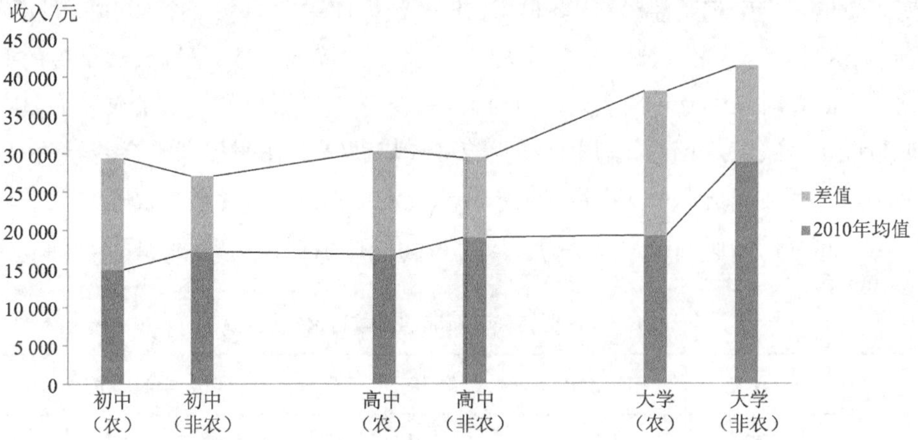

图4-2　2010—2014年农业转移人口收入增长情况

2）职位晋升

职位晋升是衡量劳动者职业可持续发展能力的重要指标。本书统计了CFPS 2014年数据库中晋升到管理职务及2010年数据库中已是管理岗位的样本比例。结果如图4-3所示，农业转移人口初中、高中及本科学历职位晋升的比例分别为11.76%，9.18%和18.18%，城镇职工职位晋升的比例则随学历提高而提升。总体上看，学历与职位晋升正相关，同时城镇职工获得晋升的比例高于同等学历的农业转移人口。

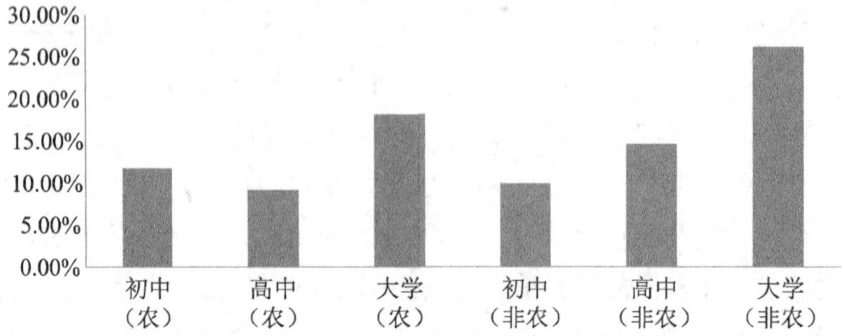

图 4-3　农业转移人口职位晋升的比例

3）人力资本积累

在职培训对城市融入有显著正向效应，是人力资本积累和专业技能获得的可行途径，并可显著促进就业与提升工资，其中技能型培训、培训的次数与时长对工资增长产生实质性影响。① 根据 CFPS 数据库中“过去 12 个月中非学历培训/进修时间”，本书统计了样本过去 12 个月中的培训次数、培训天数最多的两次培训的总时长以及每周业余学习时长，见表 4-8。总体而言，农业转移人口在职技能培训缺乏，而不同学历的农业转移人口获得的在职培训机会差异明显：初中学历者在职培训平均次数仅有 0.2 次左右，大学学历者则大幅提升至平均 0.5 次，这与已有研究关于低学历农民工接受职业培训不足的研究结果相似；农

表 4-8　农业转移人口非学历教育情况统计

户籍	学历	培训次数	培训时长/小时	业余学习时长/小时
农村	初中	0.21	52.39	1.18
	高中	0.22	66.23	2.71
	大学	0.52	67.19	5.06
城镇	初中	0.43	77.55	2.30
	高中	0.56	55.06	2.88
	大学	0.96	50.79	2.68

① 宋月萍，张涵爱.应授人以何渔？——农民工职业培训与工资获得的实证分析[J].人口与经济，2015(1)：81-90.

业转移人口培训的时长及业余时长也随学历提高而增加，表明其人力资本的积累呈现学历的“马太效应”。城镇职工的培训次数也随学历提高而增加，且高于同学历农业转移人口，而培训时长则随学历提高而减少，这可能与低学历者需要较多时间的上岗培训有关。此外，业余学习时长未出现明显的学历差异。

三、影响农业转移人口外在职业价值的多因素分析

从上述分析可以看出，教育对于外在职业价值具有重要影响。除此之外，也存在其他一些因素影响着外在职业价值。如上文基于 CFPS 的描述性分析显示，在年龄分布上，“80 后”职业收入显著高于“90 后”，而“80 前”则高于“80 后”；在户籍方面的差异更大：城镇职工的职业稳定性显著优于农业转移人口，在工作强度上和工作条件也显著优于后者，就业于垄断行业的比例则更高。

为更全面、准确地揭示包括教育在内的各类因素对农业转移人口外在职业价值的影响，建立多元线性回归模型，引入模型：$Y_i=\beta_{0i}+\beta_{ki}X_{ki}+Z_i\beta_z+\mu_i$，$Y_i$ 为不同维度的外在职业价值变量。从两个层次进行分析：第一个层次，以职业收入等 11 个衡量外在职业价值的指标作为因变量，其值可以直接测量。其中部分指标采用多元线性回归模型估计，如收入（取其对数值），是否签订劳动合同、工作条件、行业属性、企业属性、职业晋升机会等则采用二元或多元 logistic 回归模型估计；X_{ki} 为自变量，Z_i 为控制变量，其中自变量包括本人教育水平（以初中为基准）、户籍（农村户籍为 0，城市户籍为 1）、年龄等变量，控制变量包括性别（女性为 0，男性为 1）、父亲教育水平（分为文盲及半文盲、小学、初中、高中、大学等五个层级，以文盲及半文盲为基准）、工作的区域（分为东部、中部和西部，以西部为基准）。μ_i 为扰动项，β_0 为常数项，β_{ki} 为待估参数。第二个层次，以职业生存价值等刻画职业价值的四个维度作为因变量，由于其值不能直接测量，本书构建多指标多因素（Multiple Indicators and Multiple Causes，MIMC）模型，将职业生存价值、职业质量价值、职业地位价值和职业发展价值四个维度作为潜变量，以第一个层次的变量作为其测量变量，通过模型估计，得出所有解释变量对潜变量的影响程度。样本量包括农业转移人口和城镇职工两个群体，但在各自变量上具有完整信息的样本量共 1 975 人，其中农村 954 人，城镇 1 021 人。第一个层次的模型检验均表明各回归模型总体均显著，同时也给出各回归方程的 R^2，第二个层次的模型检验表明各回归模型可以接受。两个层次模型参数估计的结果基本一致，具体分别见表 4-9 和表 4-10。

表 4-9 外在职业价值变量的多因素回归分析结果

项目	职业生存价值				职业质量价值		职业地位价值		职业发展价值		
	收入	职业保障	劳动合同	职业稳定性	工作强度	工作条件	行业属性	企业属性	收入增长率	职业晋升机会	人力资本积累
本人教育水平高中	0.048	0.559***	0.112***	1.261***	−0.336***	0.109***	0.041	0.295***	−0.039	0.389**	1.099***
本人教育水平大学	0.397***	1.678***	0.227***	2.423***	−0.596**	0.214***	0.188***	0.623***	−0.141***	1.445***	2.998***
户籍	0.004	0.575***	0.114***	0.916***	−0.165***	0.009	0.032	0.290***	−0.046**	0.001	−0.048
年龄	0.008***	−0.008	−0.001	0.239***	−0.008***	0.001	0.001	0.010***	−0.012***	0.023***	0.019*
性别	0.340***	0.158	0.032	0.957***	0.247***	−0.213***	0.071***	0.036	0.037	0.370***	0.356*
父亲教育水平小学	0.062	0.162	−0.046	0.563	−0.093	0.020	−0.020	0.073	−0.003	−0.018	0.031
父亲教育水平初中	0.029	0.030	−0.014	−0.068	−0.143**	0.046	0.005	−0.013	−0.023	−0.006	−0.005
父亲教育水平高中	0.044	0.020	−0.046	0.758	−0.036	0.100***	0.025	0.110	−0.038	0.273	0.247
父亲教育水平大学	0.048	0.447	0.015	0.659	−0.333**	0.121*	0.034	0.161	−0.011	−0.879**	−0.412
东部地区	0.195***	0.535***	0.146***	−0.130	−0.025	0.076***	0.135***	−0.181***	−0.023	−0.111	−0.902***
中部地区	−0.026	0.073	0.043	−0.085	0.022	0.078***	0.119***	−0.171***	0.011	−0.249	−0.834***
R^2（或 Pseudo-R^2）	0.107	0.164	0.073	0.196	0.108	0.101	0.032	0.152	0.040	0.065	0.152
Sig.	0.000	0.000	0.000	0.000	0.000	0.000	0.000	0.000	0.000	0.000	0.000

表 4-10　外在职业价值各维度多因素回归分析结果

项目	职业生存价值	职业质量价值	职业地位价值	职业发展价值
本人教育水平高中	0.105***	-0.326***	0.080***	-0.059***
本人教育水平大学	0.295***	-0.597***	0.177***	-0.194***
户籍	0.103***	-0.120***	0.078***	-0.001
年龄	0.001	-0.006***	0.003***	-0.003***
性别	0.053***	0.360***	0.015	-0.026**
父亲教育水平小学	0.015	-0.081	0.018	-0.001
父亲教育水平初中	0.002	-0.138**	-0.003	-0.002
父亲教育水平高中	-0.001	-0.115*	0.031	-0.026
父亲教育水平大学	0.064	-0.335***	0.044	0.051*
东部地区	0.110***	-0.085*	-0.037**	0.040***
中部地区	0.017	-0.056	-0.036**	0.045***
χ^2（或 chi2）	p＞chi2 = 0			
RMSEA	0.076			
CFI	0.757			

（一）本人教育水平对绝大多数外在职业价值变量的影响显著

在 11 个外在职业价值变量中，大学教育水平对所有 11 个变量、高中教育水平对 8 个变量的影响都在 1% 的水平上显著，表明教育程度是影响外在职业价值的关键因素。进一步分析，教育程度与收入（其中高中教育水平影响不显著）、职业保障、劳动合同、职业稳定性等职业生存价值变量、与行业属性（其中高中教育水平影响不显著）、企业属性等职业地位价值、与工作条件等职业质量价值、与职业晋升机会、人力资本积累等职业发展价值显著正相关，教育对这些变量都有积极的正向影响；教育程度与工作强度显著负相关，表明低学历者承受了更高的工作强度；教育程度对收入增长率负相关（其中高中教育水平影响不显著），结合收入与收入增长率两个变量，表明高学历者在收入的绝对水平上高于低学历者，但其收入差距没有随时间进一步加大。值得注意的是，教育程度不仅对绝大多数变量显著相关，而且大多数情况下其参数绝对值大于其他因素的参数，表明教育程度是这些变量的最关键影响因素。从外在职业价值的四个维度看，教育水平对四个维度均有显著影响，进一步证实了教育对外在职业价值的决定性作用。

（二）户籍对多数外在职业价值变量有显著影响

户籍对职业生存价值中的职业保障、劳动合同与职业稳定性，对职业质量价值中的工作强度，对职业地位价值中的企业属性、职业发展价值中的收入增长率等变量在1%水平上均有显著影响，对其他变量的影响不显著。其中农村户籍相较于城市户籍，在职业保障、劳动合同、职业稳定性、企业属性等方面明显处于劣势。从外在职业价值的四个维度看，户籍因素对职业生存价值、职业质量价值均有显著正向影响，对职业地位价值和职业发展价值的影响不显著。综合来看，户籍因素是获取外在职业价值较重要的影响因素，农村户籍与城镇户籍相比，在外在职业价值上处于明显的不利地位。

（三）年龄对部分外在职业价值变量有显著影响

年龄变量实际上反映了劳动者工作经验的影响，它对职业生存价值中的收入、职业稳定性，对职业质量价值中的工作强度，职业地位价值中的企业属性，职业发展价值中的收入增长率、职业晋升价值等变量在1%的水平上有显著影响，对人力资本积累变量在10%的水平上影响显著。其中，年龄对收入、企业属性、职业晋升机会、人力资本积累有显著正向影响，对工作强度有明显负向影响，表明了年龄对外部职业价值的促进作用，但随着年龄增长，收入增长率呈下降趋势。从外在职业价值的四个维度层面看，年龄对这些维度的影响并不一致：对于职业质量价值、职业地位价值有显著促进作用，但随年龄增长，职业发展价值呈显著下降态势。

（四）性别对外在职业价值中的部分变量影响显著

与年龄因素的影响有所不同，性别对职业生存价值中的收入、职业稳定性，对职业质量价值中的工作强度，对职业地位价值中的行业属性，对职业发展价值中的职业晋升机会等变量在1%水平上显著正相关，对职业质量价值中的工作条件在1%水平上显著负相关，表明男性在大部分外在职业价值上较女性有显著优势，但女性在工作强度和工作条件上优于男性。从外在职业价值的四个维度层面看，男性在职业生存价值、职业地位价值处于有利地位，而女性在职业发展价值上略好于男性，但这可能与其较低的收入水平有关。

（五）父亲教育水平的影响不显著

父亲教育水平仅在大学教育的部分变量如工作强度、工作条件和职业晋升机会及高中、初中教育的个别变量上呈显著相关，且影响程度明显弱于本人教育水平，对于外在职业价值四个维度的影响集中于职业质量价值上，表明家庭因素对个体外在职业价值的总体影响不大。

（六）区域因素的影响显著

工作地点在东部地区对于收入、职业保障、签订劳动合同、工作条件、行业属性等多项变量上均有显著正相关，仅在企业属性和人力资本积累上显著负相关。结合东部地区对外在职业价值四个维度的影响，表明工作地在东部地区相对于西部地区对于外在职业价值有积极的促进作用，工作地中部地区相对于西部地区的优势则不如东部明显。

综上，本部分的回归分析结果与基于职业价值系统调查问卷（WVSP）对外在职业价值影响因素的研究基本一致——年龄和教育水平的影响显著，同时来源地（来自农村还是城市）也具有显著性影响，而父亲职业等因素则影响不显著。

四、结论与讨论

伴随着新型城镇化的进程，大量农业转移人口进入城市，成为新的城市务工阶层。产业城市人口互动，是立足我国实际走新型城镇化道路的必然选择，须切实提高城镇人口素质，转变城乡不同群体之间发展不平衡的问题，不断满足人民日益增长的美好生活需要。研究表明，教育发展水平与城镇化水平之间存在较明显的正相关性，因而教育是影响新型城镇化建设质量的关键因素。而在微观层面上，教育通过影响个体外在职业价值，在很大程度上决定了农业转移人口城市融入的质量。本章利用中国家庭追踪调查数据库，对农业转移人口的外在职业价值进行了全面的描述性分析，并就教育对于外在职业价值的影响进行了深入剖析，得出以下两点主要结论和启示。

（一）教育对职业价值的影响显著，“教育-职业价值”路径可用于探究农业转移人口城市融入问题

对于农业转移人口而言，教育因素对职业价值的影响体现在正反两方面。首先，农业转移人口群体的总体学历水平偏低，在劳动就业、职业阶梯、职业技能培训等方面存在显著的劣势，严重制约了其职业价值的获得与城市融入能力。随着产业经济的转型升级，各行业对用人的要求也将随之提高，尤其是经济发达地区，大量学历水平偏低的农业转移人口面临被“挤出”的风险。

其次，外在职业价值的分析非常清晰地表明，不同学历者的外在职业价值具有显著区分，较高的教育水平对于外在职业价值具有积极的促进作用：高学历者拥有更强的短期生存能力和长期发展能力，同时也具备较高的工作品质与社会地位。换言之，高学历的农业转移人口具有更强的城市融入能力与向上的社会流动能力，这印证了教育程度高有利于个人的社会流动，教育具有缩小收入差距、打破阶层锁定的作用。与此同时，虽然在同一学历层级的外在职业价值上，农业转移人口与城镇职工相比总体处于劣势，但在多项指标上，更高学历层级的农村籍务工人员优于城镇职工，这表明教育具有跨越户籍制度鸿沟、弥合差距的功效，能有效地促进社会流动、提升社会地位。

不同类型的职业必须通过与其相适应的教育与培训来实现，教育是一种重要的地位获得机制，是促进社会底层向上流动的最主要的机制。教育通过影响外在职业价值对职业地位和社会流动起主导作用。教育、职业与农业转移人口的城市融入之间关联的内在逻辑是：教育作为关键的自致性因素，决定了个体职业选择的范围，进而影响职业价值的高低，从而最终影响个体及家庭城市融入度，因而“教育-职业价值”可作为探究农业转移人口城市融入、促进社会流动的重要路径。

（二）新型城镇化进程中教育能有效促进农业转移人口城市融入

随着我国城镇化进程的推进，目前农业转移人口已成为我国产业工人的主体，但受城乡分割的户籍制度影响，这一群体未能在教育、就业、医疗、养老、保障性住房等方面享受城镇居民的基本公共服务，产城融合不紧密，城镇内部出现新的二元矛盾。习近平总书记强调以人的城镇化为核心，提出更加注重提升人民群众获得感和幸福感等“四个更加注重”，以新发展理念引领新型城镇化建设。建设以人为核心的城镇化，不仅有利于维护社会公平正义、消除社会风险隐患，也有利于产业经济的可持续发展和社会的和谐进步。

习近平总书记指出“扶贫必扶智”，阐释了教育是阻断贫困代际传递的重要途径。党的十九大报告中关于优先发展教育事业的论述中，进一步明确提出要使绝大多数城乡新增劳动力接受高中阶段教育。广大农村是教育扶贫的主要地区，农业转移人口虽然已离开相对贫困的农村地区进入城市，但仍处于社会经济的底层，理应成为教育扶贫的重要对象，应以促进该群体融入城镇为核心，通过帮助其融入城市，实现合理的社会流动。

人力资本是影响农民工城市融入的重要因素，体现在教育水平上，高中以上教育程度农民工的城市融入度较高。应积极鼓励广大农村地区扩大高中阶段教育的普及面，同时鼓励城市加大向外来务工人员及其随迁子女开放高中阶段教育的力度，将高中教育尤其是中等职业教育纳入国家学生资助体系，引导学历层次较低的农村劳动力外出务工前提升学历，使其具备较强的职业竞争力。实现城市劳动力市场的供需匹配，探索建立职业的学历准入标准，规范引导具有较高学历的农业转移人口进入相应的行业及职位。在农业转移人口较为集中的输入地与输出地之间建立密切的信息沟通渠道，为农业转移人口提供教育与就业咨询指导。技能培训是提升人力资源的有效手段，尤其是对于已完成学历教育进入劳动力市场的农业转移人口，通过提供必要的技能培训帮助其提升就业质量和职业价值。

此外，教育虽然能够起到促进社会“基础阶层”的农业转移人口实现上升性流动等积极作用，但同时也深受户籍等先天因素的影响与制约。农业转移人口在职业获得、行业进入、所有制部门进入以及人力资本的就业机会回报等方面明显低于城镇职工。在外在职业价值获取上，城镇职工具有显著的比较优势，这很大程度源自户籍给农业转移人口造成的各种制约。需在户籍制度和政策上给予农业转移人口更充分的考虑，帮助其更好地融入城市。

第五章

中等职业教育与其他类型教育收益率的比较分析

衡量教育价值的视角和因素众多,教育收益率是其中的关键因素,它既承载着教育的个人边际收益信息,在很大程度上决定了个体的社会经济地位,也承载着劳动力的供求信息,影响着个体对教育的投资决策和企业对人力资本的投资决策。不同的教育类型和层级带给受教育者不同的教育回报预期,人们为了在劳动力市场上获得更多的收入会对教育与培训进行投资,以提高个人生产力水平,从而获取更高的人力资本价值。本章以教育收益率为切入点,剖析中等职业教育相对于普通高中与高等教育的收益率水平及变化趋势,以此评价职业教育在整个教育体系中的地位及其变化趋势,为评价新型城镇化进程中职业教育对于社会流动的影响提供依据。

一、 文献回顾

职业教育收益率的研究越来越受到学术界的关注,在国际上关于"发展中国家要不要发展中等职业教育"的争论中,中等职业教育毕业生的市场表现,包括职业地位与收入成为关注的焦点。各方的观点不一,总体上存在两种截然不同的观点:职业教育优势论和职业教育质疑论。前者认为,由于职业教育以就业为导向,注重学生的技能与技术的培养和训练,因此,接受职业教育意味着获得更高的人力资本,习得与未来技术工作更匹配的技能,获得雇佣机会和收入等方面的优势;后者则认为,受生源和培养质量等因素影响,职业教育与普通高中甚至初中教育相比,并未体现显著的收益优势。另外,也有一些学者提出介于二者之间的职业教育双向论。

(一) 职业教育优势论

基于明瑟收益率,学者们认为职业教育与学术教育一样能增加就业机会、提高收入。中等职业教育的收益率显著高于初中组，接受技能教育的劳动者的平均年收入高出接受初中教育的劳动者的 1.88 倍，①也比接受普通高中教育者有更多的收入回报，②③因为职业教育学生能更快地与相应工作相匹配，从而获得经济收入上的回报优势④。中等职业教育毕业生相对于普通高中毕业生，在职业声望、职业社会经济地位指数和收入三方面均具有显著的竞争优势，⑤正如相关研究所揭示的，职业教育是缩短毕业生待业时间、减少失业率与平均失业持续时间的重要因素⑥。

(二) 职业教育质疑论

职业教育质疑论认为，职业教育收益率并不显著高于普通教育劳动者。⑦ 蔡瑞明和林大森⑧基于“台湾社会变迁调查（1997）”的数据分析，认为职业教育并未能妥善完成与就业市场的联结，学非所用导致职业教育的毕业生在就业市场上的竞争力不如普通教育体系毕业生，从而在劳动力市场处于不利地位。

(三) 职业教育双向论

Yossi Shavit 和 Walter Müller⑨ 认为，职业教育同时具有“安全网”（safe net）和“分流器”（divert）功能。职业教育降低了掉入劳动力市场底部的风险，减少失业的可能性。与非熟练工人相比，能获得更体面的收入，这在职业教育具有较强专业指向的国家尤其明显，但同时，职业教育也制约了职业机会的范围，与学术型的高等教育毕业生相比，职业教育毕业生的职业声誉处于显著不利地位。

---

① 严敏.技能高中还是普通高中？——中国农村学生的教育选择[J].中国农村经济，2012(9)：37-49.

② 李实，丁赛.中国城镇教育收益率的长期变动趋势[J].中国社会科学，2003(6)：58-72.

③ 陈伟，乌尼日其其格.职业教育与普通高中教育收入回报之差异[J].社会，2016(2)：167-190.

④ MEER J. Evidence on the returns to secondary vocational education[J]. Economics of Education Review，2007(26)：559-573.

⑤ 魏万青，白芸.职高教育能提升劳动力市场优势吗？——基于 CFPS 2010 的比较研究[J].社会发展研究，2016(4)：1-25.

⑥ 李莹，丁小浩.中等职业教育毕业生待业时间的生存分析[J].教育与经济，2008(2)：26-31.

⑦ 丁小浩，于洪霞，余秋梅.中国城镇居民各级教育收益率及其变化研究：2002—2009 年[J].北京大学教育评论，2012(3)：73-84.

⑧ 蔡瑞明，林大森.教育与劳动力市场的连结：以台湾教育分流为例[M].香港：香港中文大学香港亚太研究所，2000.

⑨ SHAVIT Y，MÜLLER W. Vocational Secondary Education：Where diversion and where safety net？[J]. European Societies，2000，4(2)：75-86.

(四) 教育收益率的时间变化趋势

一些学者研究了职业教育收益率的时间变化趋势,发现中等职业教育相对于普通高中的优势随时间与教育世代变化有所减弱:改革开放早期接受职业教育者比接受普通高中教育者拥有较高的回报。1990 年后接受职业教育者的收入回报已没有优势,职业教育回报优势的消失可能是因为高校扩招带来的职业教育文凭价值相对降低。魏万青和白芸(2016)针对“80 后”群体的分析得出类似的结论。关于芬兰职业教育收益率的研究也表明,不同类别教育收益率之间存在相互影响:延长教育年限的学校升级很可能会改善那些从这些新项目中毕业的人的就业前景和工资,但对其他毕业生的负面影响可能会很大。因而在评估整个社会改革的好处时,也需要考虑教育水平的提高对其他类型的毕业生产生的外部影响。①

综上所述,现有大多数关于职业教育收益率的研究存在较大分歧,可能包括以下原因:

第一,样本仅针对特定地区劳动力,缺乏代表性;

第二,基于某一年度的截面分析,随时间变化的分析几乎没有;

第三,变量如个人能力遗漏,导致估计偏误;

第四,大部分研究考察中职教育的总体回报,没有分析受教育个体在不同生命周期的市场回报上的差异,即没有根据工作年限或年龄段进行细分后的进一步分析。有的研究虽然区分了不同时代的教育收益率,但普通劳动者的职业生涯平均跨度超过 40 年,这样的划分显然较粗略。

本章采用 CFPS 的全国抽样调查数据,根据工作年限将职业生涯细分,比较不同阶段中职教育收益率,以更好地揭示中职教育收益率的时间变化趋势。在分析 2010 年基期数据的基础上,进一步结合 2012 年和 2014 年的追踪数据,分析教育收益率的时间变化趋势。为了完整地分析比较中职教育的相对收益率,本章除了比较分析处于同一层级但不同类型的中职教育与普通高中的教育收益率,还比较了中职教育与高等教育的收益率,从而更系统、全面地分析和评价中等职业教育收益率。

① UUSITALO H R. Signaling or human capital: Evidence from the Finnish Polytechnic School Reform[J]. Scandinavian Journal of Economics, 2008, 110(4): 755-775.

二、模型和数据

（一）数据来源及处理

根据研究需要，本章对CFPS的原始数据进行了以下处理：①从成人数据库中筛选出最高学历为高中且毕业的子样本，并从中剔除成人教育，仅保留普通高中和中职教育（含职业高中、普通中专和技工学校等三类）样本；②选取年龄在18—60岁且“未退休”的样本；③保留调查时“有工作”且工作类型为“非农受雇”的样本；④为控制异常极值的影响，剔除年工作总收入低于1 000元以及超过40万元的样本。

本章使用Stata软件进行数据处理，最终2010年的有效样本数为1 233，其中中职教育为472，普通高中为761。由于CFPS 2012与CFPS 2014样本在某些变量上存在较多的缺失值，需要进行插补处理，采用近年来最广为接受的多重插补（multiple imputation）方法，插补后2012年和2014年的有效样本数分别为1 423和970。

（二）模型设计

明瑟收入方程被广泛应用于各国和地区教育收益率的估算，本章以该方程为基础来估算及比较中等职业教育和普通高中教育的教育收益率：

$$\ln W = \beta_0 + \beta_1 Edu + \beta_2 Exp + \beta_3 Exp^2 + u$$

其中，W 代表收入，取其对数值作为因变量，Edu 为 $Edutype$ 的缩略形式，是个人所受教育类型的虚拟变量（经典明瑟回归方程为受教育年限或层级），Exp 代表个人工作年限，Exp^2 为其平方值，u 为随机误差项。

由于影响个体收入水平的因素众多，除受教育水平和工作经验两个因素外，经典明瑟方程可能遗漏了一些与个人的受教育程度和收入水平都相关的重要解释变量，因此加入控制变量，得到扩展明瑟方程：

$$\ln W = \beta_0 + \beta_1 Edu + \beta_2 Exp + \beta_3 Exp^2 + \sum_{i=1}^{n} \alpha_i X_i + u$$

其中，X_i 表示加入的其他控制变量，主要包括个人和家庭背景两类因素，前者包括性别、户口、个人能力（含认知能力和非认知能力）、婚姻状况等，后者以父母的最高学历衡量，此外，还加入了地区控制变量，α_i 为这些变量的对应系数。

（三）变量选择与处理

1. 被解释变量

收入为被解释变量，对收入的衡量可分为小时工资、日工资、月收入和年收入，大多数研究将个人的年收入作为因变量。本章采用年工作总收入的对数，总收入包含个人名下的各项收入合计，包括工资性收入、从各种渠道获得的补贴和津贴。

2. 解释变量

教育类型：采用虚拟变量来表示不同的教育类型，由于中职教育包含职业高中、中专和技校三种类型，CFPS 中将三种职业教育分列，这里将其均统计为中职教育，并取 0 表示，普通高中则取 1；当比较中职教育与高等教育收益率时，前者取 0，后者取 1。如果该变量参数显著为负，则表明中职教育具有相对教育收益率优势，反之则处于劣势，参数绝对值的大小用以衡量中职教育相对于其他教育的收益率。

工作经验及其平方值：对于研究对象最高学历为高中/中职的样本，多数文献的处理方式为：假设所有样本 6 岁上学，到高中毕业共接受 12 年教育，年龄为 18 岁，因而用“调查时的样本年龄 − 18”作为其工作经验值。这种处理方式虽然简单，但不精确，本章首先用“调研年度（如 2010）− 样本高中毕业年度”作为其工作年限的代理变量。如果高中毕业年度值缺失，则再采用“调查时的样本年龄 − 18”。对于最高学历为大专或大学的样本，也做类似处理，毕业年龄分别取 21 岁和 22 岁。

3. 控制变量

1）个人控制变量

基本的个人控制变量有性别（男 = 1，女 = 0）、户口（非农户口 = 1，农业户口 = 0）、婚姻状况（已婚 = 1，未婚 = 0）。同时还对受访者的个人能力作了区分。在估算教育收益率时，能力是最常被遗漏的解释变量，它的遗漏将导致内生性问题产生，造成一定的估计偏误。这在一定程度上归咎于能力的不可测性，很难找到一个合适的变量来代表个人能力。然而个人能力对教育水平和工作收入的影响显著，因而寻找能够一定程度上衡量个人能力的代理变量显得尤为重要。能力包含认知能力和非认知能力。对于认知能力，CFPS 数据库对受访者进行了晶体智力测量和流体智力的测量。其中 CFPS 2010 和 CFPS 2014 采用数学测试成绩和字词测试成绩作为变量值，测量受访者的晶体智力得分。这两类测试基于学历水平进行，具有很好的效果，①且数学和语文作为基础学科，其反映出的认知水平差异可以一定程度上代表受访者自身智力水平差异。CFPS 2012 的跟踪调查则采用记忆题测试和数列题测试，测量受访者的流体智力得分。本章分别采用不同年度的认知能力测试得分（进行标准化处理）衡量样本的认知能力。对于非认知能力（即情感、社会适应性、人际沟通交往能力等），则更少有研究涉及。而非认知能力作为个人能力的重要组成部分，是可以用个人特质进行衡量的能力，会对一个人的发展产生极大影响，许多研究显示了非认知能力对个人成功影响的强力证据，这在步入社会进入工作环境后表现得更加明显，因而也不能被忽略。

参照已有研究通常以受试者“自我回报方式”为主要测量方式，本章选取 CFPS 2010 基线和 2014 年追访调查中的“对自己的人缘关系打分”和“自己在与人相处方面能打几分”这两个问题的数据作为非认知能力变量代表值，2012 年则采用“待人接物的水平”问题的数据来衡量，虽不够全面准确，但也能在一定程度上反映出非认知能力水平的差异。

2）家庭因素控制变量

家庭背景一定程度上会影响个体的教育选择乃至职业发展，对于个人能力也会有影响，所以在研究教育收益率时也是一个需要考虑的因素。以往研究亦表明，高家庭背景子女的教育收益率往往要高于低家庭背景子女。故本章分别选择用父亲受教育年限和母亲受教育年限来代表家庭因素变量。此外，为了控制地区间差异，本章将样本所在省份信息转换为东部、中部和西部地区三个虚拟变量。

2010 年所有变量的描述性分析结果见表 5-1。中职样本与普通高中样本在收入水平上比较接近，前者的平均工作年限低于后者，且在东部地区就业的比例略高于后者。

表 5-1　2010 年样本基本情况

变量	全体样本		中职样本		普通高中样本	
	均值	标准差	均值	标准差	均值	标准差
收入对数	9.740	0.768	9.730	0.795	9.746	0.751
教育类型	0.617	0.486	0.000	0.000	1.000	0.000

① 黄国英，谢宇.认知能力与非认知能力对青年劳动收入回报的影响[J].中国青年研究，2017(2)：56-64.

（续表）

变量	全体样本		中职样本		普通高中样本	
	均值	标准差	均值	标准差	均值	标准差
工作年限	19.176	10.680	14.299	9.388	22.201	10.312
工作年限平方	481.685	427.867	292.405	348.651	599.084	430.560
性别	0.624	0.484	0.610	0.488	0.633	0.482
户口	0.624	0.485	0.686	0.464	0.585	0.493
婚姻状况	0.804	0.397	0.712	0.453	0.861	0.346
认知能力字词	26.753	3.880	27.040	3.695	26.576	3.983
认知能力数学	18.423	1.280	18.379	1.242	18.451	1.302
非认知能力人缘	4.107	0.772	4.028	0.780	4.156	0.763
非认知能力与人相处	4.191	0.756	4.148	0.779	4.218	0.741
父亲教育	6.974	3.590	7.731	3.426	6.505	3.611
母亲教育	5.369	3.431	6.176	3.427	4.869	3.338
东部	0.542	0.498	0.576	0.495	0.520	0.500
中部	0.324	0.468	0.299	0.458	0.340	0.474
西部	0.134	0.341	0.125	0.331	0.139	0.346
样本量	1 233		472		761	

（四）结果分析

1. 2010 年中职教育和普通高中收益率的比较分析

2010 年中职教育相对于普通高中的收益率的回归分析结果见表 5-2。模型 1为 2010 年扩展明瑟收入方程的多元线性回归，结果显示，在控制性别、户口、个人能力等变量后，相较于普通高中，中职教育虽然具有更高的收益率，但并不显著，工作年限及其平方等关键自变量的系数则在 1%的水平上显著，且方向符合预期。此外，性别、户口、婚姻等个人因素对收入具有显著的影响。

由于职业生涯跨度较长，为更加准确分析不同阶段中职教育与普通高中教育收益率的差异，根据工作经验划分为职业生涯初期（0～5 年，18—23 岁）、中期（6～12 年，24—30 岁）、中长期（13～19 年，31—37 岁）和长期（20～42 年，38—60 岁）四个阶段，分别进行多元线性回归。模型 2 至模型 6 为不同工作年限段的中职教育相对于普通高中收益率回归分析结果。

表 5-2　2010 年中职教育相对于普通高中的收益率回归分析

变量	模型 1 全部	模型 2 初期	模型 3 初期不含地区	模型 4 中期	模型 5 中长期	模型 6 长期
教育类型	-0.032	-0.153	-0.246*	0.064	-0.016	-0.237***
	(0.046)	(0.137)	(0.139)	(0.090)	(0.092)	(0.087)
工作年限	0.0495***	0.549***	0.521***	-0.006	0.192	0.062
	(0.010)	(0.174)	(0.181)	(0.254)	(0.414)	(0.057)
工作年限平方	-0.001***	-0.054*	-0.047	0.000	-0.006	-0.001
	(0.000)	(0.030)	(0.031)	(0.014)	(0.013)	(0.001)
性别	0.331***	0.253**	0.299**	0.356*	0.288***	0.276***
	(0.043)	(0.125)	(0.129)	(0.092)	(0.093)	(0.055)
户口	0.104**	-0.009	-0.003	-0.092	-0.014	0.242***
	(0.045)	(0.129)	(0.134)	(0.094)	(0.103)	(0.055)
认知能力 数学	0.034**	0.115**	0.132***	0.022	0.049	0.018
	(0.016)	(0.046)	(0.048)	(0.034)	(0.036)	(0.023)
认知能力 字词	0.008	0.007	0.004	-0.008	-0.017	0.024***
	(0.005)	(0.018)	(0.018)	(0.012)	(0.012)	(0.007)
非认知能力 人缘	0.047	-0.005	0.065	0.104	-0.079	0.064*
	(0.032)	(0.116)	(0.118)	(0.067)	(0.070)	(0.038)
非认知能力 与人相处	0.029	0.090	0.067	-0.070	0.159**	0.053
	(0.032)	(0.113)	(0.116)	(0.071)	(0.070)	(0.039)
父亲教育	0.001	0.005	0.015	-0.021	0.010	-0.005
	(0.007)	(0.023)	(0.024)	(0.014)	(0.016)	(0.007)
母亲教育	0.011	0.013	0.008	0.002	0.009	0.008
	(0.007)	(0.021)	(0.021)	(0.014)	(0.016)	(0.009)
婚姻状况	0.214***	0.183	0.111	0.137	-0.329*	-0.059
	(0.067)	(0.171)	(0.177)	(0.116)	(0.186)	(0.113)
东部	0.331***	0.645***	—	0.293*	0.324**	0.294***
	(0.062)	(0.198)	—	(0.150)	(0.155)	(0.073)

（续表）

变量	模型 1 全部	模型 2 初期	模型 3 初期不含地区	模型 4 中期	模型 5 中长期	模型 6 长期
中部	0.029	0.222	—	0.064	0.154	-0.027
	(0.067)	(0.215)	—	(0.165)	(0.162)	(0.076)
常数项	7.528***	4.813***	4.854***	9.314***	7.206**	7.367***
	(0.346)	(1.073)	(1.100)	(1.280)	(3.376)	(0.958)
样本数	1233	182	182	267	234	684
R^2	0.1587	0.326	0.263	0.132	0.124	0.150

注：*，**，*** 分别表示在 10%，5%和 1%水平上显著，括号内为标准误差。

模型 2、模型 4 和模型 5 的回归结果显示，在职业生涯初期、中期和中长期，教育类型变量的影响均不显著，表明中职教育相对于普通高中教育并不具有收益上的优势。而模型 6 长期职业生涯的回归结果则显示为显著（$p<0.01$），这与陈伟等(2016)的研究一致，且中职教育相对于普通高中具有优势，这可能是这一年龄段的中职生生源尤其是其中的中专生生源相对较好，由于当时高等教育还未普及，中专毕业生享有国家干部身份，能获得较好的职业发展机会（模型 6 的中职教育类型仅包含中专样本，未含另两类样本，从生源质量看，职高生和技校生均比中专生有较大差距，如包含这两类样本，回归则不显著）。

值得注意的是，虽然模型 2 显示职业生涯初期，中职教育与普通高中相比并不具备收益优势，但模型 3 的职业生涯初期未包含地区控制变量的回归分析，结果却显示中职教育相对普通高中在 10%的水平上具有显著更优的收益率，与模型 2 进行比较（注意到无论是 2010 年的总样本分析、还是分阶段分析，东部地区变量的影响相对西部地区均显著为正，而中部地区则不显著），可以推论中职毕业生相对于普通高中毕业生更多地在东部地区就业，从而获得更高的收入。职业生涯初期的样本描述性统计支持了这一推论——普通高中毕业生在东部地区就业的比例为 47.7%，而中职毕业生在东部地区就业的比例则高达68.9%。为验证这一结论的稳健性，本章考虑了地区间劳动力保留工资的差异而导致的教育收益率估计的偏误，为使收入在地区间可比，利用 Brandt 和 Holz (2006)构建的地区购买力平减指数对收入按照工作地在 2010 年的基础上进行平减，发现未含地区控制变量的教育类型仍然在 10%水平上对收入具有显著影响。

为了进一步确认这一结果，本章进一步采用稳健回归（robust regression）消除特异值可能造成的偏误，结果显示中职教育相对于普通高中在5%的水平上具有收益率的优势（p 值为0.027）。进一步地，对2012年和2014年职业生涯初期中职教育的相对收益率进行了回归分析，其中2012年未含地区变量的中职教育在5%水平上具有显著的相对收益优势（p 值为0.05），2014年虽然不显著，但方向上仍然是中职教育收益率优于普通高中。因此，可以认为，职业生涯初期，中等职业教育凭借与市场接轨的职业技能培养，比普通高中有较大的收益率溢价优势，这与其他研究发现一致（丁小浩和李莹，2008；陈伟，2016）。结合职业生涯中期和中长期的回归分析，可归结为随着时间推移，中职教育的相对优势逐渐消失，这一结论与陈伟（2016）一致。可能的原因是普通高中生主要培养通用技能，如语言能力和逻辑思维能力，这些能力虽然短期内与培养专业技能的职业教育毕业生相比存在劣势，但可以通过在职训练加以弥补，同时通用技能的培养有利于在较长时间内提高普通高中毕业生的收入。

总体而言，2010年的数据分析显示，中职教育相对于普通高中，没有显著的优势，但也不存在显著的劣势。考虑到由于不同劳动者工作时长不同，采用年收入变量在衡量精度上有可能存在偏差，基于稳健性考虑，本章还通过计算工作时数，对2010年以小时工资收入对数为明瑟收入方程的被解释变量进行稳健性检验，结果类似。

2. 中职教育相对于普通高中收益率变化的纵向分析

仅基于某年度的截面数据分析不能揭示中职教育相对收益率随时间发展变化的趋势，本章继续整理了2012年和2014年的数据，分别对这两年中职教育的相对收益率进行截面回归分析，模型结果见表5-3。

表5-3　中职教育相对于普通高中收益率的纵向回归分析

变量	模型7 2012年	模型8 2014年	模型9 纵向混合回归	模型10 纵向固定效应	模型11 纵向剔除相同变量混合回归
教育类型	−0.046	−0.014	0.039	0.042	0.044
	(0.051)	(0.06)	(0.048)	(0.048)	(0.049)
工作年限	0.015*	0.055***	0.038***	0.038***	0.044***
	(0.011)	(0.006)	(0.006)	(0.006)	(0.006)

（续表）

变量	模型 7 2012 年	模型 8 2014 年	模型 9 纵向混合回归	模型 10 纵向固定效应	模型 11 纵向剔除相同变量混合回归
工作年限平方	−0.000 4**	−0.001***	−0.001***	−0.001***	−0.001***
	(0.000 2)	(0.000 2)	(0.000 2)	(0.000 2)	(0.000 2)
性别	0.227***	0.411***	0.320***	0.321***	0.269***
	(0.046)	(0.059)	(0.028)	(0.028)	(0.029)
户口	0.207***	0.136**	0.143***	0.149***	0.130***
	(0.048)	(0.063)	(0.029)	(0.03)	(0.034)
认知能力数学	0.014	0.000	0.028	0.028	0.038**
	(0.014)	(0.006)	(0.017)	(0.017)	(0.017)
认知能力字词	0.012	0.001	0.021	0.021	0.015
	(0.007)	(0.005)	(0.014)	(0.014)	(0.016)
非认知能力人缘	—	0.046	—	—	—
	—	(0.031)	—	—	—
非认知能力与人相处	0.019	−0.067**	0.010	0.010	0.038
	(0.02)	(0.031)	(0.014)	(0.014)	(0.016)
父亲教育	−0.081*	0.007	−0.002	−0.002	−0.001
	(0.054)	(0.008)	(0.004)	(0.004)	(0.004)
母亲教育	−0.001	0.004	0.007	0.007*	0.009*
	(0.006)	(0.008)	(0.004)	(0.004)	(0.005)
婚姻状况	0.002	−0.210**	−0.023	−0.030	−0.101**
	(0.006)	(0.083)	(0.038)	(0.038)	(0.042)
东部	0.321***	0.251***	0.293***	0.288***	0.254***
	(0.061)	(0.072)	(0.037)	(0.038)	(0.041)
中部	−0.033	0.010	−0.007	−0.011	−0.037
	(0.064)	(0.082)	(0.04)	(0.04)	(0.044)
2012 年	—	—	0.363***	0.364***	0.333***
	—	—	(0.049)	(0.048)	(0.054)

（续表）

变量	模型 7 2012 年	模型 8 2014 年	模型 9 纵向混合回归	模型 10 纵向固定效应	模型 11 纵向剔除相同变量混合回归
2014 年	—	—	0.268***	0.282***	0.056
	—	—	(0.053)	(0.052)	(0.067)
教育类型·2012 年	—	—	−0.134**	−0.139**	−0.153**
	—	—	(0.063)	(0.062)	(0.067)
教育类型·2014 年	—	—	−0.040	−0.050	−0.042
	—	—	(0.076)	(0.076)	(0.1)
常数项	9.338***	9.301***	8.994***	8.989***	9.061***
	(0.17)	(0.214)	(0.068)	(0.068)	(0.077)
样本数	1423	970	—	—	—
R^2	0.086	0.117	0.109	0.109	0.107

注：*，**，*** 分别表示在 10%，5%和 1%水平上显著，括号内为标准误差。

模型 7 和模型 8 的结果显示，2012 年和 2014 年教育类型变量参数与 2010 年相似，表明中职教育相对普通高中没有显著收益优势这一特点，具有时间上的持续性。

基于 2010 年、2012 年和 2014 年的追踪数据，将 3 个年度的数据合并形成混合截面数据，并加入年度虚拟变量，以 2010 年为参照，构建调查年度与教育类型的交互项 *Year* · *Edutype*，以 2010 年与教育类型交互项为参照。如果交互项不显著，表明不同年份的教育收益率不存在显著差异；如果显著，教育收益率为 $\beta_1+\beta_5$（β_1 和 β_5 分别代表教育类型、年度与教育类型交互项的参数），采用这样的估计方法，可以增强模型估计的准确性并使对组间差异的检验更为精确。①

$$\ln W=\beta_0+\beta_1 Edu+\beta_2 Exp+\beta_3 Exp^2+\beta_4 Year+$$
$$\beta_5 Year\cdot Edu+\sum_{i=1}^{n}\alpha_i X_i+u$$

模型 9 是经过缺失数据多重插补处理的混合回归，结果显示：年度虚拟变量对收入具有显著影响，2012 年高中毕业生（含中等职业和普通高中）的教育收

① 谢宇.回归分析[M].北京：社会科学文献出版社，2010.

益率比 2010 年高出约 46.9%（$e^{0.363}-1$，$p<0.01$），2014 年同样显著优于 2010 年，高出约 30.7%（$e^{0.268}-1$，$p<0.01$）。进一步考察教育类型与年度交互项的情况，2012 年与 2014 年有所不同：教育类型与 2012 年的交互项显著为负，表明与 2010 年相比，中职教育相对于普通高中的收益率增加；而教育类型与 2014 年的交互项则不显著，且其系数绝对值为正，表明与 2010 年相比，中职教育相对于普通高中的收益率不存在显著差异。由于混合回归在数据上可能存在不完全符合独立分布的问题，从而导致估计的偏误，模型 10 进行非平衡面板固定效应的回归分析，模型 11 剔除 2010 年、2012 年、2014 年三个年度同一样本的重复值（即同一样本仅保留某一年度的值，以消除同一样本可能导致的回归偏误）进行混合回归，其结果均与模型 9 相似。这进一步说明，随着时间推移，中职教育相对于普通高中的收益率维持并不存在显著优势，但也不存在显著劣势的状态。当然仅凭三年的数据，还不能得出趋势性结论，但就 2010—2014 年时间段而言，中职教育相对收益率变化不显著。

简言之，无论是横截面分析还是纵向分析，中职教育与普通高中教育相比，总体而言没有显著的优势，仅在工作初期，职业教育毕业生因为相对高中毕业生更多地在东部地区就业，从而获得收益上的微弱优势，但随着时间推移，这一优势消失，而且这一特点具有时间上的稳定性。与多数文献争议的中职教育与普通高中教育收益率孰优孰劣相比，本部分的发现更加全面，虽然中职教育不具有相对收益的优势，但也没有明显的劣势。

3. 中职教育相对于高等教育收益率的比较分析

经典的明瑟收益方程表明，更高层级的教育比低层级的教育具有明显的正向收益。高等教育具有提升人力资本、提高收入的显著作用。大量实证研究显示，与高中阶段毕业生相比，大学毕业生具有教育收益率的优势。但此前大多数文献并未区分不同类型的高中教育与高等教育收益率的差别，本章比较中职教育与高等教育的相对收益率及其随时间的变化趋势。在筛选高等教育样本时，分别整理了最高学历为大专和本科且取得毕业证书的样本，并整合形成高等教育样本。

2010 年中职教育与高等教育相对收益率（中职教育为 0，高等教育取 1）的回归分析结果见表 5-4。模型 12 与大多数研究显示的高等教育相对高中教育的优势一致——高等教育相对于中职教育具有显著的收益率优势，达 54.5%（$e^{0.435}-1$，$p<0.01$），且这一结果已控制地区因素，因而具有较强的稳健型。进一步按工作年限分为四个阶段进行回归分析，结果见模型 13—16。高等教育相

对收益率均显著为正（$p<0.01$），从该变量的标准化系数看，职业生涯初期（0～5年）为0.225，中期（6～12年）为0.275，中长期（13～19年）为0.261，长期（20年以上）为0.333。总体上看，随着时间推移，相对于中职教育，高等教育收益率有进一步放大的趋势。

表5-4　2010年中职教育相对于高等教育收益率的回归分析

变量	模型12 全部	模型13 初期	模型14 中期	模型15 中长期	模型16 长期
教育类型	0.435***	0.506***	0.443***	0.431***	0.479***
	(0.046)	(0.092)	(0.079)	(0.079)	(0.13)
工作年限	0.058***	0.519***	0.070	-0.105	0.105
	(0.009)	(0.081)	(0.172)	(0.196)	(0.158)
工作年限平方	-0.001***	-0.073***	-0.004	0.003	-0.002
	(0.000)	(0.015)	(0.01)	(0.006)	(0.003)
性别	0.283***	0.250***	0.301***	0.257***	0.209
	(0.038)	(0.065)	(0.07)	(0.072)	(0.111)
户口	0.141***	0.223***	0.019	0.117	-0.133
	(0.05)	(0.077)	(0.093)	(0.105)	(0.218)
认知能力数学	0.015	0.022	-0.012	0.038**	0.032
	(0.010)	(0.183)	(0.188)	(0.019)	(0.035)
认知能力字词	0.009	-0.006	0.021**	0.000	0.036**
	(0.005)	(0.531)	(0.01)	(0.01)	(0.016)
非认知能力人缘	0.008	-0.029	0.025	0.076	-0.036
	(0.032)	(0.01)	(0.055)	(0.059)	(0.116)
非认知能力与人相处	0.000	-0.057	0.013	0.046	-0.053
	(0.033)	(0.057)	(0.056)	(0.059)	(0.112)
父亲教育	0.000	0.003	-0.001	0.006	0.001
	(0.005)	(0.01)	(0.009)	(0.01)	(0.016)
母亲教育	0.008	0.016*	0.006	0.006	-0.012
	(0.005)	(0.009)	(0.009)	(0.01)	(0.017)

（续表）

变量	模型 12 全部	模型 13 初期	模型 14 中期	模型 15 中长期	模型 16 长期
婚姻状况	0.235***	0.311***	0.016	−0.244	0.000
	(0.054)	(0.073)	(0.099)	(0.242)	ommitted
东部	0.449***	0.523***	0.458***	0.341***	0.254
	(0.057)	(0.097)	(0.103)	(0.108)	(0.191)
中部	0.005	0.079	−0.035	−0.101	0.061
	(0.062)	(0.11)	(0.753)	(0.11)	(0.188)
_cons	8.031***	7.827***	8.551***	9.267***	7.096***
	(0.438)	(0.438)	(0.88)	(1.683)	(2.417)
R^2	0.241 8	0.284 9	0.225 5	0.250 1	0.240 8
样本数	1517	579	437	366	135

注：*，**，*** 分别表示在 10%，5%和 1%水平上显著，括号内为标准误差。

进一步地，将 2010 年、2012 年和 2014 年三年的数据整合进行纵向分析，同样增加年度虚拟变量与年度、教育类型的交叉变量，见表 5-5。模型 17 回归结果显示，2012 年与 2014 年度变量显著为正，而教育类型与年度的交叉变量在两个年度上有所不同：教育类型与 2012 年的交叉变量在 5%的水平上显著为负，但其系数绝对值远小于教育类型系数的绝对者，表明与 2010 年相比，2012 年中职教育与高等教育收益率的差距有所减少，但仍然明显；而教育类型与 2014 年的交叉变量不显著且其系数为正，表明随着时间推移，高等教育相对中教育的显著优势具有相对稳定性和持续性。模型 18 为非平衡面板的固定效应分析，结果与模型 17 相似。

表 5-5　中职教育相对于高等教育收益率的纵向回归分析

变量	模型 17 纵向中职 vs 高等教育混合回归插补	模型 18 纵向中职 vs 高等教育固定效应插补
教育类型	0.428***	0.442***
	(0.046)	(0.045)
工作年限	0.053***	0.058***
	(0.005)	(0.006)

（续表）

变量	模型 17 纵向中职 vs 高等教育混合回归插补	模型 18 纵向中职 vs 高等教育固定效应插补
工作年限平方	0.005***	-0.002***
	(0)	(0)
性别	0.298***	0.305***
	(0.024)	(0.028)
户口	0.088***	0.076**
	(0.028)	(0.031)
认知能力 数学	0.011	0.000
	(0.014)	(0.012)
认知能力 字词	0.038**	0.025
	(0.016)	(0.016)
非认知能力 人缘	—	—
	(0)	(0)
非认知能力 与人相处	0.021*	0.019*
	(0.012)	(0.011)
父亲教育	-0.002	-0.003
	(0.003)	(0.004)
母亲教育	0.008**	0.011***
	(0.003)	(0.004)
婚姻状况	0.106***	0.100***
	(0.03)	(0.03)
东部	0.325***	0.318***
	(0.035)	(0.039)
中部	-0.022	-0.002
	(0.037)	(0.043)
2012 年	0.415***	0.425***
	(0.048)	(0.039)

（续表）

变量	模型 17 纵向中职 vs 高等教育混合回归插补	模型 18 纵向中职 vs 高等教育固定效应插补
2014 年	0.279***	0.329***
	(0.055)	(0.045)
教育类型·2012 年	−0.134**	−0.123**
	(0.06)	(0.05)
教育类型·2014 年	0.032	0.049
	(0.065)	(0.054)
_cons	8.874***	8.817***
	(0.061)	(0.064)
R^2	0.173	0.173
样本数	4 412	4 412

注：*，**，*** 分别表示在 10%，5%和 1%水平上显著，括号内为标准误差。

三、结论与讨论

（一）结论

1. 职业教育毕业生在就业市场的竞争力并不弱于普通教育毕业生

国内的一些实证研究认为，职业教育在就业市场的表现不如普通高中教育，其收入回报率低于平均教育回报率。本章的研究发现，中等职业教育背景的毕业生相对普通高中毕业生，教育收益率虽然没有显著的优势，但并不存在显著的劣势，这一点从实证分析职业教育类型变量参数虽不显著，但方向有利于职业教育可以得到佐证；并且在职业生涯初期（不含地区变量）以及职业生涯长期阶段，职业教育收益率显著优于普通高中教育，更能证明职业教育并不劣于普通教育。在教育选择上，职业教育并非必然是"次优选择"，它使受教育者获得必要的职业技能，帮助其在劳动力市场较短时间内实现就业。虽然近年来职业教育招生量逐年下降，但就业率一直保持在较高的水平，表明产业经济对职业技术人才的需求非常强劲，相对于没有具体专业和职业指向的普通高中，中职教育所带来的收益确保其在社会上独立生存与发展。

人力资本理论支持者认为，职业教育是实现合理社会流动的重要机制，帮助个人获得满意的职业和收入，促进社会流动（Yossi Shavit 和 Walter Müller，2010）。职业教育具有自身的“比较优势”，可以帮助处于社会底层的受教育对象实现小范围的上升性流动，从而体现职业教育在社会分层中的安全网功能。本章研究显示，职业教育具有较稳定的收益，同时非农就业的比例达 60%，也显著高于普通高中毕业生的 36%，从就业和收入两方面为受教育个体者提供“安全网”保障。

2. 职业教育相对于高等教育具有持续的、显著的劣势

本章显示高等教育相对于中职教育具有显著的、持续的、不断拉大的收益率优势，这是中等职业教育缺乏吸引力、招生持续下滑的重要环境因素。而近年来中高贯通、中本贯通等扶持中职升学的制度安排，为中职学生提供了向上升学发展的机会窗口，这是造成近年中职教育升学热的直接动因。职业教育在社会分层中的分流器效应限制了个体职业机会的向上空间，因而职业教育仅能作为次优的教育选择，这促使职业教育个体通过各种渠道逃离职业教育而进入高等教育，以谋求进一步向上发展的机会。

对个体而言，教育是一种筛选机制，是个人对自己的劳动力信号进行投资。根据信号理论，高学历者可以获得进入主要劳动力市场的机会，从而获得更高的教育收益。在当前通过上高中进入大学学习的机会比较容易获取的背景下，个体在进行教育选择时明显偏向于高等教育，导致中职学校招生难的困局。而即使职业教育体系内的受教育者，也有很强的动力选择继续升学，争取进入主要劳动力市场，以追求更高的利益。当中职升学渠道畅通后，在学历信号的引诱下，大量中职学习者也会涌入中职升学渠道，通过中高贯通和中本贯通实现大学梦，以挤进主要劳动力市场，从而导致当前普遍的中职“升学热”倾向。

3. 接受职业教育者并未获得预期或者理想的教育收益

教育选择是建立在现实条件上理性计算的结果，理性个体之所以选择职业教育而非普通教育是建立在职业教育毕业生能获得更多就业机会和更高收入的预期基础之上。本章的研究显示，职业教育相对于普通教育的优势非常有限和微弱：中职毕业生相对于普高毕业生在教育收益率上的优势主要体现在初入职阶段，随着时间的推移，这一优势逐步消失。这一方面可能因为高中毕业生通过在职培训和学习获得了必要的职业技能，从而弥补了其与中职毕业生的技能差距。而中职毕业生受个人学习能力所限，其职业发展相对缓慢，其相对优势逐步消失。另一方面，职业教育人才培养质量普遍不高，职校毕业生的人力资本价值并不具备显著的比较优势和不可替代性，从长期看，职业教育过于强调技能的训练，对学生可持续发展的学习能力重视不够，导致中职毕业生的职业发展缺乏后劲。

（二）讨论：保持中等职业教育的适度规模

在现代职业教育体系中，中等职业教育定位是：为产业经济转型升级提供所需数量、层次、质量的技能型人才。职业教育服务于经济社会的发展需要，同时促进劳动者的可持续职业发展，对于社会和个体发展都具有不可替代的作用。新型城镇化进程中大量的新生代农业转移人口及随迁子女，其家庭的经济资本、文化资本和社会资本相对贫乏，通过读高中、考大学进入主要劳动力市场的发展路径并不容易，而选择中等职业教育掌握一技之长取得稳定的就业和收入更为可行，随着现代职业教育体系的不断建立和完善，他们有机会接受高等职业教育及本科职业教育，提升自身的人力资本价值和社会经济地位。

关于中等职业教育的规模，由于产业经济发展对职业技术人才具有大量的需求，同时考虑到中等职业教育在职业教育体系中的基础性地位，因此保持与普通高中教育的适度比例是必要的。现有研究显示，中职与普高大致应保持在4∶6左右为宜，不同地区也应有所区分。① 既要随时间、环境变化而调整不固守1∶1的比例——不同地区需遵循根据产业经济发展的需要和职业教育发展水平确定适当的中等职业教育规模目标，同时也需对部分地区职业教育过快下滑的状况保持警惕，关注中高贯通、中本贯通对中职教育本身产生的挤压作用。

与此同时，借鉴发达国家的经验，建立职业资格证书与学历证书的互认与转换的制度，将职业资格与学历两类证书体系彻底打通，为接受中职教育者构建职业生涯可持续发展的上升通道。

① 王奕俊，赵晋.职业教育的规模、结构与质量对经济发展影响的实证分析[J].教育经济评论，2017，2(1)：20-34.

第六章

职业技能培训对农业转移人口的收入效应分析

新型城镇化进程中大量来自农村地区的成年务工人员进入城市，该群体学历水平普遍较低，且存量基数很大。对于家庭资本处于劣势、同时由于各种原因未能接受较高水平学历教育的农业转移人口而言，职业技能培训成为帮助其弥补学历不足、提高自身人力资本积累水平和获取较高收入的重要途径。本章聚焦职业技能培训对农业转移人口的收入效应，在分析影响该群体参与职业技能培训因素的基础上，提出相应的建议。

一、新型城镇化进程农业转移人口的人力资本状况与问题

(一) 农业转移人口的总体学历水平偏低

根据《2019 年全国农民工监测调查报告》，当前我国 2.9 亿农民工中，平均年龄为 40.8 岁，其中 40 岁及以下农民工占 50.6%。

农民工的整体学历水平较低：在全部农民工中，未上过学占 1%，小学学历占 15.3%，初中学历占 56%，高中学历占 16.6%，大学学历占 11.1%。其中，初中学历及以下占 72.3%。农民工平均受教育年限为 9 年左右。根据发达国家的经验，产业升级后劳动力的教育水平需要达到 12 年，按照这一标准，我国农民工的总体教育水平与发达国家相比有 3 年差距。

绝大多数农民工分布于第二产业和第三产业，所从事的行业以传统行业为主，技术含量不高，如第三产业的交通运输、仓储邮政业和住宿餐饮业以及第二产业的制造业和建筑业。这不仅难以适应产业经济转型升级对职业技术人才的要求，并且由于从事的工作技术含量不高、可替代性强，所以该群体缺乏竞争力，难以融入城市。

(二) 农业转移人口的职业技能培训不足

除学历水平较低外，大部分农民工缺乏专业技能。在所有农民工中，接受过职业技能培训的农民工仅占 24.1%（国家统计局，2017），其中大多数农民工都面

临就业技能提升难和稳定就业难等问题。即使是相对重视学习培训的新生代农民工，接受过专门工作技能培训的绝对比例也仅有22.6%。

农业转移人口在教育水平和职业技能上的劣势使得他们在劳动力市场上缺乏竞争力。2020年3月，李克强总理在统筹推进疫情防控和稳就业工作会议上指出，要着力促进农民工就业和加大职业技能培训力度，这不仅有利于农民工的就业，对在教育公平基础上促进社会流动和社会公平也至关重要。

二、 相关文献回顾

(一) 农业转移人口参加技能培训的价值

职业技能培训能够提高农业转移人口的技术素质，提高其成为技术工人的概率，从而提升其就业空间和收入。目前大部分研究着眼于职业培训对流动人口收入的影响，并普遍认为：职业培训将增加收入；职业培训的工资回报率在9%～11%；①②长期培训对工资的提升作用显著强于短期培训；③④技能培训的收入促进效应强于技术培训和普及性培训。

将职业培训与正规教育进行比较，职业技能培训对农业转移人口的影响效应不亚于正规教育。研究发现，以职业教育为核心的技能培训对农户收入的报酬率高于基础教育；培训是决定工资的关键要素，拥有技能可以显著提高劳动者的工资收入水平，比没有技能的劳动者收入高21%，大大高于2.3%的教育回报率，⑤但培训的收入效应随着时间推移逐渐弱化。⑥ 还有的研究则认为，教育对收入回报的影响是决定性的，由于参与率低、形式化，职业培训的收入增加效果不显著；⑦产教

① 宋月萍，张涵爱.应授人以何渔？——农民工职业培训与工资获得的实证分析[J].人口与经济，2015(1)：81-90.

② 叶静怡，周晔馨.社会资本转换与农民工收入——来自北京农民工调查的证据[J].管理世界，2010(10)：34-46.

③ 展进涛，黄宏伟.农村劳动力外出务工及其工资水平的决定：正规教育还是技能培训？——基于江苏金湖农户微观数据的实证分析[J].中国农村观察，2016(2)：55-67,96.

④ 王德文，蔡昉，张国庆.农村迁移劳动力就业与工资决定：教育与培训的重要性[J].经济学(季刊)，2008(4)：1131-1148.

⑤ 赵海.教育和培训哪个更重要——对我国农民工人力资本回报率的实证分析[J].农业技术经济，2013(1)：40-45.

⑥ 史振磊，孙燕鲁.劳动技能培训对农民工就业质量影响——基于山东聊城朝城镇政府培训实施情况的调查[J].职业技术教育，2019,40(24)：43-48.

⑦ 周世军，刘丽萍，卞家涛.职业培训增加农民工收入了吗？——来自皖籍农民工访谈调查证据[J].育与经济，2016(1)：20-26.

融合形式的职业技能培训能更快地形成专业化人力资本，兼具正规教育对个体发展的“内部效应”和有利于企业发展的“外部效应”。① 基于湖北省的调研数据分析发现，提升农业转移人口的人力资本能有效促进该群体在劳动力市场的向上流动和向外流动。② 基于山东、陕西等 7 省 13 市的数据分析显示，技能培训比正规教育更能促进农业转移人口正规就业。③

近年来，学者们开始关注职业技能培训的异质性，对于职业技能培训内容、培训时间和培训类型等方面的研究日益增多：培训内容和培训时间的异质性对培训项目的收入效应具有重要影响，④不同基础教育水平的农民工接受同一种职业培训、相同基础教育水平的农民工接受不同类型的职业培训以及接受不同频率的培训都存在着不同的工资收入影响效应；⑤培训内容的有效性和通过培训获得的技术水平与农民工就业质量的满意度正相关。⑥

（二）农业转移人口参加技能培训的意愿与诉求

一项关于农业转移人口培训意愿的问卷调查显示，60%以上的农业转移人口表示希望提高自己的文化水平和综合素质，具有提升自身文化层次的意识。超过 70%的受访者非常希望接受继续教育，通过文化知识、专业理论和技能的培训，提高自身的文化水平和专业技能，从而达到更高职业岗位的标准，实现工作环境和生活环境的改善。⑦

农业转移人口技能培训的需求如培训目标、培训内容等方面同样存在差异，产生差异的因素有个体自身因素，也有外部因素，前者包括农民工的性别、婚姻状况、文化程度、年龄、收入水平等，后者则有对培训政策了解程度、工作

---

① 张毓龙，刘超捷.农民工职业培训：教育的积极补偿[J].南通大学学报，2020，36(6)：123-128.

② 田北海，雷华，佘洪毅，等.人力资本与社会资本孰重孰轻：对农民工职业流动影响因素的再探讨——基于地位结构观与网络结构观的综合视角[J].中国农村观察，2013(1)：34-47，91.

③ 王建.正规教育与技能培训：何种人力资本更有利于农民工正规就业？[J].中国农村观察，2017(1)：113-126.

④ LECHNER M，MIQUEL R，WUNSCH C. Long-Run Effects of Public Sector Sponsored Training in West Germany[J]. Journal of the European Economic Association，2011，9(4)：742-784.

⑤ 赵德昭，耿之斌.“授人以渔”有效吗？——农民工职业培训的工资效应检验[J].财经研究，2020，46(8)：34-48.

⑥ 史振磊，孙燕鲁.劳动技能培训对农民工就业质量影响——基于山东聊城朝城镇政府培训实施情况的调查[J].职业技术教育，2019，40(24)：43-48.

⑦ 张放，李明灵.新声代农民工职业技能培训模式创新研究——以家具生产行业现代学徒制为视角[J].职业技术教育，2020，41(7)：20-24.

岗位性质等。①

（三）现有文献评价

学者们聚焦于职业技能培训对农业转移人口产生的工资效应进行了深入分析，多数研究发现技能培训对收入具有显著的促进作用，甚至超过学历教育。近年来相关研究也逐渐关注培训的异质性，为更准确地揭示技能培训的作用提供了客观依据。但现有文献在进行技能培训效应的实证分析时，存在以下不足。

（1）现有研究受数据所限，多数从某一维度进行研究，如培训次数、培训时长、培训类型、是否获得技能证书等，难以保证分析结论的准确性和稳健性；又如有的研究仅以是否参加培训作为代理变量，但培训的频率、时长均与培训效果有关。有的研究则未对培训类型作细分。

（2）现有研究可能存在遗漏变量的问题，多数研究基于明瑟收益方程，以个体的教育年限、工作年限、技能培训等为自变量，但忽视了个体能力和家庭因素的影响，如不控制这些因素的影响，可能导致估计的偏误。

（3）培训效果一般具有一定的时间滞后性，多数研究分析当期培训的收入效应，不能全面、准确反映培训对收入的影响。

本章基于CFPS数据库，针对农业转移人口参加职业技能培训的收入效应进行量化研究，区分参加职业技能培训且获得技能证书、参加职业技能培训但未获得技能证书和未参加职业技能证书三类情况，并增加个人认知能力和父母教育等控制变量，以更准确地分析农业转移人口参加职业技能培训的收入效应。

三、研究设计和数据分析

（一）数据来源与处理

1. CFPS数据库

CFPS 2016年数据库区分了技术技能、文化哲学艺术和思想政治等不同的培训类型，同时也提供了是否获得技能证书的信息，能够比较准确地分析农业转移人口参加技能培训的收入效应，因此本章采用2016年数据库。

2. 数据筛选说明

本部分对原始数据进行了以下处理：①从成人数据库中筛选出最高学历分别为小学、初中和高中的样本，这代表了城镇务工人员的主体；②选取年龄在

① 杨冬梅，沈有禄.农民工职业技能培训供需状况调查研究[J].中国职业技术教育，2019(21)：70-79.

18—60 岁且“未退休”的样本；③为控制异常极值的影响，剔除年收入低于 1 000 元以及超过 40 万元的样本；④根据过去 12 个月“是否参加非学历教育”“是否参加技术技能培训”以及“是否取得专业技术证书”等，将样本区分为参加技能培训且获得证书、参加技能培训但未获得证书和未参加技能培训三类，以更准确地衡量培训的收入效应。共获得有效样本 6 568 个。

(二) 模型设计

本部分同样以明瑟收益方程为基础测量职业技能培训的收入效应。关键自变量除了受教育水平和工作经验，还加入了技能培训变量。此外，为控制遗漏变量导致的偏误，增加相应的控制变量，包括个人的性别、户口、所在地区以及家庭因素等，同时也加入个人认知能力控制变量(由于个人认知能力与父母教育等变量存在较多的缺失值，需要进行插补处理，本部分采用 Stata 中的多重插补对删除存在数据缺失的样本进行处理)，α_i 为这些变量的对应系数。得到扩展明瑟方程为

$$\ln W = \beta_0 + \beta_1 Edu + \beta_2 Exp + \beta_3 Exp^2 + \beta_4 Tra + \sum_{i=1}^{n} \alpha_i X_i + u$$

其中，W 代表收入，取其对数值作为因变量，Tra 为 $Training$ 的缩写形式，表示技能培训的关键变量，Edu 是个人所受教育年限，Exp 代表个人工作年限，Exp^2 为其平方值，u 为随机误差项，X_i 表示加入的其他控制变量，α_i 为这些变量的对应系数。

(三) 变量选择与处理

1. 被解释变量

采用年收入的对数衡量收入变量。

2. 解释变量

(1) 技能培训，为虚拟变量，包含参加技能培训且获得证书、参加技能培训但未获得证书和未参加技能培训三类情况，以未参加技能培训为参照。

(2) 受教育年限，为连续变量，对应小学、初中和高中学历，受教育年限分别为 6 年，9 年和 12 年。

(3) 工作年限，为连续变量，以“年龄 − 18”表示。

3. 控制变量

个体控制变量包括：性别(男 = 1，女 = 0)，户口(非农户口 = 1，农业户口 = 0)，所在地区(东部、中部和西部，以西部为参照)，个人认知能力(包含字词能力

和数学能力）。

家庭因素控制变量：选取父母的受教育年限表征家庭因素。

4. 描述性分析

变量的描述性分析结果见表 6-1。所有样本中，未参加培训者 6 090 人，参加培训者 478 人，其中，未获得证书者 248 人，参加培训且获得证书者 230 人，大部分样本在过去 12 个月内未参加技能培训，这与有关文献的统计结果基本一致。样本的平均年龄 38 岁，平均工作年限 20 年，平均年收入为 32 163 元。男性多于女性，农村户籍比例超过 70%，工作地在东部的最多，在西部的最少。平均受教育年限约为 9 年，相当于初中毕业水平，其中参加培训者的平均受教育年限超过 10 年，而未参加培训者的平均受教育年限接近 9 年。同时，参加培训者的字词测试得分和数列测试得分均高于非参加培训者，表明前者的认知能力水平高于后者。样本父母的受教育程度较低，大致相当于小学毕业水平。

表 6-1　变量的描述性统计

变量	变量赋值	总体样本	
		均值	标准差
年龄	实际值（岁）	38.01	11.05
工作年限	年龄 − 18（年）	20.01	11.05
工作年限平方	$(年龄-18)^2$（年）	522.25	469.18
受教育年限	小学 = 6，初中 = 9，高中 = 12	9.07	2.20
培训情况	未参加培训	0.93	0.26
	参加培训未获得证书	0.04	0.19
	参加培训且获得证书	0.04	0.18
年收入	实际值（元）	32 163.38	25 684.76
年收入对数	ln（年收入）	10.09	0.84
性别	男性 = 1，女性 = 0	0.63	0.48
户籍	非农业户口 = 1，农业户口 = 0	0.28	0.45
地区	东部	0.49	0.50
	中部	0.30	0.46
	西部	0.20	0.40
字词测试得分	分值（0～10）	5.51	1.56
数列测试得分	分值（0～15）	7.72	4.01

（续表）

变量	变量赋值	总体样本	
		均值	标准差
父亲受教育年限	文盲/半文盲＝2,小学＝6,初中＝9,高中＝12,大专＝15,本科＝16,硕士＝19(年)	6.28	3.53
母亲受教育年限	文盲/半文盲＝2,小学＝6,初中＝9,高中＝12,大专＝15,本科＝16,硕士＝19(年)	4.55	3.10

（四）回归分析

回归分析结果见表6-2。模型1为针对所有样本且仅考虑性别、户口和所在地区等基本控制变量的扩展明瑟收益方程。统计结果显示：与未参加培训的情况相比，参加职业技能培训无论是否获得证书，均对样本的收入在1%的水平上有显著的正向贡献，这与已有研究结论一致，表明参与职业技能培训能产生显著的收入效应。而受教育年限、工作年限均显著且工作年限平方显著为负，符合明瑟收益方程对这些变量的预期，且性别、户籍、所在地区等控制变量均显著，与已有研究一致，表明模型拟合情况良好。值得注意的是，参加技能培训且获得证书的变量系数小于未获得证书的变量系数，与预期有所不同。

表6-2　职业技能培训收入效应的回归分析

变量	模型1	模型2	模型3	模型4	模型5	模型6
工作年限	0.030***	0.030***	0.035***	0.034***	0.022***	0.022***
工作年限平方	－0.001***	－0.001***	－0.001***	－0.001***	－0.001***	－0.001***
受教育年限	0.034***	0.033***	0.033***	0.033***	0.039***	0.034***
参加培训未获得证书	0.202***	0.202***	0.167***	0.171***	0.129*	0.126*
参加培训且获得证书	0.181***	0.178***	0.117*	0.117*	0.145*	0.139*
东部	0.306***	0.304***	0.302***	0.304***	0.229***	0.214***
中部	0.071**	0.071**	0.100***	0.104***	0.084**	0.071*
性别	0.456***	0.452***	0.475***	0.470***	0.428***	0.427***
户籍	0.056**	0.062***	—	—	—	—
字词测试得分	—	－0.008	—	－0.008	—	0.001

（续表）

变量	模型 1	模型 2	模型 3	模型 4	模型 5	模型 6
数列测试得分	—	0.007**	—	0.005	—	0.009**
父亲受教育年限	—	0.003	—	0.002	—	0.010**
母亲受教育年限	—	-0.006	—	-0.009*	—	-0.005
常数项	9.131***	9.141***	9.107***	9.145***	9.448***	9.373***
样本量	6 568	6 568	4 706	4 706	4 706	4 706
R^2	0.112	0.113	0.113	0.114	0.116	0.121

为更准确地衡量两类培训的影响，进一步加入个人认知能力和父母受教育年限的控制变量，统计结果见模型 2。大多数变量均与模型 1 相似，参加技能培训的效果仍显著优于未参加培训的效果，其中参加技能培训且获得证书对收入的贡献为 19.5%（$e^{0.178}-1$，$p<0.01$），低于参加技能培训但未获得证书对收入 22.4%（$e^{0.202}-1$，$p<0.05$）的贡献。取得证书的培训本应带来更高的收入回报，而模型 1 和模型 2 的回归结果均稳定地显示该类培训收益低于未获得证书的培训，说明可能获取证书的培训相对花费较多的时间影响了当期的收入。回归结果同时显示，控制变量户籍的系数为负，农村户籍参加培训对收入的贡献低于城镇户籍。

为进一步考察职业技能培训对农业转移人口产生的收入效应，模型 3 和模型 4 单独对农村户籍样本进行回归分析。结果与模型 1 和模型 2 类似：不论是否获得证书，参加培训均能产生显著的正向收入效应，获得证书培训的收入效应小于未获得证书的情况。不同的是，农村样本参与培训的收入效应明显小于全体样本。模型 4 中，获得证书和未获得证书培训对收入的贡献分别为12.4%（$e^{0.117}-1$，$p<0.05$）和 18.6%（$e^{0.171}-1$，$p<0.05$），分别小于全体样本获得证书和未获得证书培训的收入贡献，进一步表明新型城镇化进程中，农业转移人口参与职业技能培训的效果低于城镇户籍的务工人员。

考虑到培训对收入的影响可能存在时间上的滞后性，本部分进一步将 CFPS 2016 与 CFPS 2018 进行关联，获取样本 2018 年的收入信息（对部分收入缺失数据同样进行插补处理），考察样本 2016 年接受的培训对两年后的收入影响，见模型 5 和模型 6。两个模型的结果均显示，参与技能培训对两年后的收入仍然具有显著的促进作用，且获得证书培训的收入回报高于未获得证书培训的收入。

模型 6 中，两种情况下培训对收入的贡献分别为 14.9%（$e^{0.139}-1$，$p<0.1$）和 13.4%（$e^{0.126}-1$，$p<0.1$），表明考虑了培训效果的时间滞后因素后，其收入效应会有所不同，获取证书培训的收入效应具有更强的滞后性。

四、结论与讨论

回归分析的结果揭示了参加职业技能培训对于新型城镇化中农业转移人口的收入具有显著的促进作用，在考虑培训对收入滞后影响的情况下，获得证书的培训比未获得证书的培训具有更高的收入效应，表明职业技能培训能显著提升人力资本价值，改善和提高农业转移人口的生存状况和促进其城市融入。

但描述性分析显示，绝大多数农业转移人口较少甚至没有参加职业技能培训，表明该群体的职业技能培训存在数量上的不足。而农业转移人口的职业技能培训对收入的贡献低于城镇人口，表明该群体的职业技能培训也可能存在质量上的不足。

导致上述问题的原因是多方面的，有培训需求侧因素，即来自农业转移人口的主观因素；也有培训的供给侧因素，包括培训内容和形式、培训安排、培训信息渠道、培训经费等；更重要的是健全的培训机制的缺失，使针对农业转移人口的培训缺乏有效的制度保障。究其本质，是培训的私人实际投资水平低于社会最优水平。

从培训需求侧分析，影响农业转移人口参与职业技能培训的主观因素有以下四个方面。

（1）参与职业技能培训的动力不足。农业转移人口进入城镇面临的首要挑战是如何实现经济上的立足和融入。因此，培训带来的预期收益和需付出的成本是影响其参与动力的关键因素，前者包括由于技能提升带来的收入增加，以及岗位职务、工作稳定性、工作条件等的改善，后者包含参与培训付出的经济成本和非经济成本。经济成本主要指培训费，非经济成本指参与培训需付出的时间成本，该成本也可部分转化为经济成本。农业转移人口普遍存在加班现象，工作时间与培训时间冲突严重，客观上影响其参加培训的动力。培训的收益和成本在一定程度上还受外部因素影响和调节，尤其是激励性政策因素和强制性政策因素。例如，政府为参与技能培训者提供一定的补贴或为获得技能证书者提供奖励，可降低其参与培训的直接经济成本或增加培训收益；又如，政府要求某类岗位必须持证上岗，也会改变该岗位人员参与培训的意愿以及企业对于员工参与培训的态度和策略选择。

(2) 获取职业技能培训信息的渠道缺失。培训信息的获取渠道和发布渠道之间存在一定的错位:农业转移人口主要通过周边人群的口口相传获取培训信息,而较少从培训信息主要发布渠道,如镇村委组织宣传、本单位网站公告及新闻媒体等渠道获取相关信息。调查显示,不了解信息发布渠道的人数近40%(杨冬梅,2019)。

(3) 判断自身培训需求的能力缺乏。农业转移人口由于缺乏足够的文化资本、社会资本和经济资本,尤其在文化资本上,存在文化程度普遍偏低、文化底子薄、学习缺乏主动性等劣势,对其自身的培训需求难以进行准确的判断,如无外力干预或提供支持,可能会陷入由于缺乏判断培训需求能力(及充分的培训信息获取渠道)导致无法选择合适的培训项目,最终使自身的人力资本水平始终处于低水平的内卷化循环中。

从培训供给侧看,影响农业转移人口参与职业技能培训的客观因素主要有培训提供者的动力和培训内容。企业尤其是具备较强能力的大企业,通常既是技能型人力资本的需求者,也可以作为技能型人力资本的培训者,如德国开展双元制职业技术人才培养的企业即是如此。企业如能积极提供培训,从社会角度看是较优选择,但从培训的成本收益角度考量以及考虑到存在搭便车等因素,企业往往不愿意承担技能培训的任务。而某些企业提供培训的内容与农业转移人口的职业岗位技能需求之间有差距,难以达到预期效果。而当培训提供方的经济利益和受训者的培训需求之间发生冲突时,存在损害培训质量的可能性。

要解决职业技能培训需求侧和供给侧的问题,就要努力促使培训的私人投资水平达到社会最优水平。同时,必须要有政府部门的干预和投入,完善针对农业转移人口的职业技能培训政策与制度设计,包括管理制度、职业资格制度、经费投入制度和督导检查制度等,优化培训模式和培训体系(郭华,2020),以弥补完全依靠私人投资存在的市场失灵问题。近年来,政府部门不断出台针对农业转移人口职业技能培训的政策,如《农民工职业技能提升计划——"春潮行动"实施方案》《新生代农民工职业技能提升计划(2019—2020年)》。这些政策在方案设计上具有较强的针对性,其中关于农业转移人口的职业技能培训方案区分了该群体的不同情况,也为之提供了必要的制度保障,较好地满足了其培训需求。对于提供职业技能培训的企业,相应政策通过补贴等经济激励手段和技能证书准入上岗等约束手段,改变其提供培训的动力和策略选择,从而改善职业技能培训的供给和质量。但农业转移人口仍然存在参与职业技能培训不足的现象，表明有效的培训需求和培训供给还未被完全激发。在培训的需求侧，现有政策虽然在培训内容的针对性和保障制度方面有显著改善，但政策在执行过程中，尚未完全解决农业转移人口获取职业技能培训信息渠道缺失和判断培训需求能力缺乏的问题，导致培训的有效需求不足。需着力解决职业技能培训信息发布和获取错位的症结，充分利用网站、微信公众号等多种信息发布渠道，实现培训信息的精准传递。同时，政府部门应加强相应的职业培训公共产品服务，如帮助农业转移人口判断自身的培训需求，选择合适的培训项目和内容提供咨询，鼓励农业转移人口参与技能证书类等具有较高质量和价值的培训项目，使培训内容与其培训需求精确匹配，并确保培训经费补贴和奖励等落实到位。在培训的供给侧，政府应行使公共权力，以教育积极补偿的政策，主导建构以企业为主体、产教融合的职业培训合作治理模式，[①]将企业对技能型劳动力尤其是农业转移人口的需求和相应的培训纳入一体化的机制，促进培训与就业的有序衔接。同时，要着力解决管理上各自为政、分散投入的问题，构建促进农业转移人口职业技能培训的有效治理机制。

① 张毓龙，刘超捷.农民工职业培训：教育的积极补偿[J].南通大学学报，2020，36(6)：123-128.

第七章

"安全网"还是"分流器"，职业教育对于社会流动影响的实证研究

职业教育作为一种重要的教育类型，赋予受教育者特定的专业技术或职业技能，使其满足从事相应职业所必备的素质与能力要求。相比于普通教育，职业教育通过技能传授，使受教育者获取稳定的职业与收入，从而获得在社会中生存和发展的能力，因而对个体及家庭的社会经济地位与社会流动有着重要影响。在新型城镇化进程中，准确剖析职业教育如何影响社会流动，对于农业转移人口在城镇立足与发展具有重要的现实意义。

一、"安全网"与"分流器"的分析框架

学术界关于职业教育对社会流动的影响存在着较大的分歧，总体而言，学者们持有教育功能主义论和阶层再造论两种完全对立的观点。

教育功能主义论基于人力资本理论，认为职业教育是实现社会合理流动的重要机制，它帮助个人掌握就业所需要的技能，从而获得满意的职业和收入，促进向上的社会流动：职业教育具有自身的"比较优势"，可以帮助处于社会底层的受教育对象进行小范围的上升性流动。

阶层再造论基于阶层再生产和社会排斥理论，提出职业教育实际充当了"社会资源不平等分配合法化的工具"，职业院校毕业生受先赋性规则和自致性规则的双重影响，被社会优势阶层排斥出竞争场域，他们中的大多数人始终处在阶层再生产的阴影之下。①

在这两种观点基础上，一些学者提出了"安全网"以及相对应的"分流器"概念，它们与就业率/失业率、职业收入和职业声望(occupational prestige)的衡量有关。鉴于职业教育主要面向以工人阶层子弟为代表的群体，因此评价职业教

① 熊易寒.底层、学校与阶级再生产[J].天涯，2011(1)：196-202.

育功效的首要视角不应站在中产阶级家庭视角、以接受高等教育者获得优越职业地位作为评价参照，而应与同等（comparable）教育层级的非职业教育路径相比，以得出接受职业教育在多大程度上减少了失业和从事低收入的可能性，从而提供安全网的保障。Shavit 和 Müller（2000）验证了职业教育在社会分层中的这两类截然不同但并存的功能，考虑到职业教育的功能受制于制度环境，他们从技能的专用性（occupational specificity）、教育体系中职业教育与普通教育的分离度（stratification）、职业学校与企业联系的紧密度（linkages qualification between schools spaces and firms）出发，对 11 个发达国家和地区进行了差别比较。结果显示，职业教育在大部分国家兼具显著的“安全网”和“分流器”效应。一方面，职业教育减少了个体因技能缺乏而失业的可能性，增强了其成为技能型劳动者并取得稳定收入的机会，使之在许多国家优于最高学历为普通高中者——“安全网”效应在强调专用技能培养、且与劳动力市场联系紧密的国家尤为显著。另一方面，职业教育的“分流器”效应也限制了个体向上晋升的空间，成为社会再生产的一种机制：与高等教育群体相比，职业教育群体在职业声望和社会地位上处于显著劣势，因而多数家庭的首选是学术型教育路径，而仅将职业教育作为次等选择。值得注意的是，“安全网”效应与“分流器”效应具有高度相关性，它们并非互相替代，而是相互强化，在职业教育能较好发挥“安全网”效应的国家，“分流器”效应比其他国家更显著。

现有文献从正反两方面对职业教育影响个体的社会流动进行了广泛的探讨，但也存在一些不足。关于职业教育收益的研究，较少将职业教育与其他教育进行层级上的比较，较多依据职业教育的类别属性，简单地将其作为低人力资本类型处理；多数研究仅从某一个维度分析职业教育群体的社会地位及社会流动状况，多视角的系统分析较少；现有研究大多关注职业教育与产业经济发展对劳动力的需求之间的匹配，而对于接受职业教育群体的社会流动的独特性关注不够。

“安全网”和“分流器”的分析框架为研究职业教育对个体的社会流动的影响提供了较全面而客观的视角。但现有研究主要是关于欧美发达国家的，且不同国家间的职业教育体系差异较大。参照 Shavit 和 Müller（2000）提出的分析维度，中国的职业教育体系具有自身的特点：政府在职业教育的制度设计和标准制定上占据主导地位；职业教育以提供通用性的技能培训为主，只有少数大型企业会提供专用性技能；在校企合作的制度供给上，中国呈现“家长制”和“共同模式”并存的多样化模式①。中国的职业教育和普通教育采取“初中后分流”的制度安排，与德国“小学后分流”和美国“高中不分流”的制度安排均不同②。与德国等企业深度参与的制度安排相比，中国企业主要参与了人才培养过程，但对标准制定参与较少③。因此，职业教育在中国是否存在“安全网”效应和“分流器”效应以及程度如何有待验证。

为了更好地衡量与评价接受职业教育对于个体和家庭社会地位及社会流动的影响，本章基于CFPS的全国抽样调查数据，选取职业教育背景样本，从经济收入、社会经济地位指数、职业流动率等不同维度分析其社会地位状况；鉴于职业教育对象大多数来自弱势群体家庭，因此更应关注的是：职业教育群体相较于父代的代际变化，职业教育的代际“安全网”功能，是否存在社会阶层的绝对固化。

在现代职业教育体系中，中等职业教育具有基础性地位，对于个体获取谋生手段、促进家庭摆脱贫困至关重要，在新型城镇化建设和乡村振兴战略中发挥重要作用，尤其是在当前城乡劳动力总体受教育程度偏低、高中以上学历占比不足30%的情况下，中等职业教育尤其值得关注。同时，《国家职业教育改革实施方案》明确指出，职业教育与普通教育是两种不同的教育类型，具有同等重要地位，但大量文献对不同教育层级（或教育年限）的受教育者进行分析比较时，并未区分普通高中和中等职业教育。因此本章对中等职业教育这一特殊的高中阶段教育群体单独进行分析（以下简称职业教育）。

从“安全网”效应的视角，国外通常将中等职业教育与普通高中进行比较。关于我国中等职业教育与普通高中的比较，已有不少学者从不同维度进行了深入的实证分析：接受中等职业教育比接受普通高中教育者有更多的收入回报④；中等职业教育毕业生相对于普通高中毕业生，在职业声望、职业社会经济地位指数和收入三方面均具有显著的竞争优势；从时间趋势看，两类教育的收益率并不存在显著差异⑤。现有研究显示：相对于普通高中教育，我国的职业教育具有一定的“安全网”效用。

① 托马斯·雷明顿，杨钋.中、美、俄职业教育中的校企合作[J].北京大学教育评论，2019(2)：2-25.

② 姜大源.关于加固中等职业教育基础地位的思考(连载二)[J].中国职业技术教育，2017(12)：5-30.

③ 李俊，李东书.职业教育产教融合的国际比较分析——以中国、德国和英国为例[J].高等工程教育研究，2019(4)：159-164.

④ 李实，丁赛.中国城镇教育收益率的长期变动趋势[J].中国社会科学，2003(6)：58-72，206.

⑤ 王奕俊，胡慧琪，吕栋翔.教育收益率发生了变化吗——基于cfps的中等职业教育招生下滑与升学热原因探析[J].教育发展研究，2019(11)：49-58.

在中国情境中，与中等职业教育具有一定可比性的除了普通高中外，还应包括初中。在中考分流政策下，学业成绩与家庭状况尚可的初中毕业生，大多会选择上普通高中而后考大学；在我国九年义务教育制度下，由于当前初中毕业生进入中职学校基本没有门槛，因此学业成绩不理想的学生有两种选择：就读中职学校，或者进入劳动力市场。我国 2010 年之前高中阶段的毛入学率尚不足 80%，意味着大量的初中毕业生未升入高中而直接进入了劳动力市场。在整个劳动力市场的学历构成中，初中及以下学历者占据主体，随着新型城镇化进程的推进，初中学历劳动力将面临严峻的生存危机。中等职业教育和初中毕业生两类群体在自身条件和家庭背景上相似，相对于普通高中学生具有更强的可比性。这两个群体进入劳动力市场后的差异，很大程度上归因于是否接受过职业教育。目前关于中等职业教育与初中教育比较的研究不多，且集中于教育收益率的对比。本章聚焦于中等职业教育和初中教育的多维度比较，以更好地考察职业教育的“安全网”功能，即相较于仅接受初中教育直接进入劳动力市场的群体，职业教育是否会提供社会地位与社会流动的优势。

Shavit 和 Müller(2000)分析“分流器“效应时，比较的对象是高等教育，显然后者比前者存在显著的收益优势，本章将中等职业教育与高等教育进行比较，不仅仅旨在验证这两个不同教育层级的差异，更重要的是分析相较于高等教育群体，职业教育群体在社会地位上存在的差距是否有扩大的趋势，考察职业教育的“分流器”效应，或是否会导致社会阶层的相对固化。

进一步地，本章还从户籍、地区、年龄段等不同维度更细致地描述、比较这些因素对于职业教育群体社会地位及社会流动的影响，并通过构建包含交互项的多元回归方程，分析职业教育以及户籍、地区等因素对于社会流动的影响。

总体而言，本章希望对职业教育群体进行全面“画像”，从不同角度对其社会地位与社会流动状况进行刻画，为更好地发挥职业教育的代际“安全网”功能，弱化其代内“分流器”效应，促进社会流动提供借鉴和启示。

二、职业教育及其他教育群体的代内社会地位状况分析

(一) 数据来源及处理

本章主要采用 CFPS 2010 的基线数据进行分析，同时也结合 2012 年、2014 年和 2016 年的追访数据，进行时间纵向维度的比较分析。

描述社会地位的主要变量有：①经济收入。大多数研究将个人的年收入作

为因变量，包括工资性收入，从各种渠道获得的补贴、津贴，本章使用个人年度收入；由于父代个人年度收入缺失值较多，本章采用家庭收入间接比较子代与父代间的经济收入。②社会经济地位。CFPS 中有三项相关的变量，分别为：ISEI（社会经济地位指数），SIOPS（职业声望）和 EGP 职业分类。其中，ISEI 最初由美国社会学家 Otis Duncan 提出，并用于他与 Peter Blau 合著的开创性著作《美国职业结构》中，后经过 Ganzeboom，De Graaf 和 Treiman 的发展，形成了国际通用的版本。该指数综合个人最高教育水平、职业，以及家庭收入三个指标，分别表征人力资本、社会资本以及经济资本，实质为通过构建回归方程，根据每一个职业的收入和教育水平进行估计，在心理学和社会学研究中被普遍采用。本章由于需要分析社会地位的代际流动，而在父代的上述三项指标中，ISEI 数据较全，所以主要采用该变量衡量社会经济地位。③教育水平。采用最高学历，主要用于子代与父代的教育比较。用数字 0—6 标记不同的教育水平，从低到高分别为：文盲、小学、初中、高中、大专、本科及研究生。

本章从不同维度进一步细分描述的变量有：户籍，采用样本 12 岁时的户口所在地（城镇为 1，农村为 0，未选用当前户口所在地，是因为前者更为准确地反映了样本的家庭背景状况）；所在地区，根据样本居住地省份，采用常用标准转化为东、中、西部地区；年龄段，将样本分为 18—25 岁，26—35 岁，36—45 岁，46—60 岁四个不同年龄段。

各教育群体样本筛选情况如下。

1. 职业教育样本

首先对原始数据进行处理：①从成人数据库中筛选出最高学历为高中且毕业的子样本，并剔除成人教育，仅保留中等职业教育（含职业高中、普通中专和技工学校三类）样本。②选取年龄在 18—60 岁且“未退休”的样本。③保留调查时“有工作”且工作类型为“非农受雇”的样本。④为控制异常极值的影响，剔除年收入低于 1 000 元以及超过 40 万元的样本。最终获得的职业教育有效样本为 554 个。

2. 初中教育样本

对 CFPS 2010 初中教育群体的筛选条件与职业教育群体略有不同：在进行职业教育群体样本筛选时，考虑其专业对应的非农职业，为了更准确地反映职业教育对个体社会地位的影响，采用了“非农受雇”的筛选标准。实际上职业学校毕业后从事农业工作的比例不到 5%，大学教育群体从事农业工作的样本比例更低,因而职业教育与高等教育样本则保留“非农受雇”的筛选标准。而初中教育群体从事农业工作的样本超过 1 000 个,如果将这部分样本剔除将会造成较大偏差,因此对初中样本筛选时未采用“非农受雇”的筛选标准,包含“农业受雇”的初中教育样本共 3 251 个。

3. 高等教育样本

高等教育样本界定最高学历为本科,筛选条件与职业教育群体基本一致,仅将样本年龄调整为 22—60 岁(22 岁为本科毕业的年龄),样本为 150 个。

各教育群体样本基本情况见表 7-1,从经济收入和 ISEI 两项指标可以看出,职业教育显著优于初中教育,而与高等教育存在明显差距。

表 7-1 2010 年各教育群体样本基本情况

教育群体 变量		职业教育		初中教育		高等教育	
		均值	标准差	均值	标准差	均值	标准差
收入/元		22 354.33	17 345.95	17 080.38	25 335.65	37 247.41	32 561.16
地区	东部	0.58	0.49	0.50	0.50	0.46	0.50
	中部	0.29	0.46	0.29	0.45	0.42	0.49
	西部	0.13	0.33	0.21	0.41	0.12	0.33
年龄		32.90	9.70	38.76	10.10	33.56	6.41
性别(男 1,女 0)		0.60	0.49	0.65	0.48	0.45	0.50
婚姻(已婚 1,未婚 0)		0.73	0.44	0.89	0.32	0.79	0.41
户口(城镇 1,农村 0)		0.42	0.49	0.13	0.34	0.54	0.50
ISEI		44.46	15.05	33.16	12.30	53.69	15.62
家庭收入/元		55 507.22	56 778.13	40 822.34	41 521.45	88 967.89	76 275.04
父亲学历		2.75	1.15	2.04	1.01	3.55	1.31
父亲 ISEI		37.61	17.71	30.38	14.42	41.49	17.76
样本数		554		3 251		150	

(二) 职业教育与其他教育群体社会地位状况比较分析

1. 经济收入

1) 职业教育

本章将年收入分为 1 万元及以下,1 万～2 万元,2 万～5 万元,5 万～10 万元,10 万元以上五个层次,分别对应低收入,中低收入,中等收入,中高收入和高收入，在此基础上统计各教育群体的收入分布，见表 7-2。总体而言，大多数职业教育群体处于中等收入及中低收入区间，二者所占比例近 3/4，低收入比例有 21.66%（如果将收入 1 万元整的样本列入 1 万～2 万元中低收入区间，则低收入比例降为 16.1%），而中高收入和高收入也相对较少。职业教育群体年收入均值为22 668元，高于 2010 年全国人均收入的 14 650 元约 50%，表明职业教育为大多数受教育者提供了较稳定可靠的经济收入，但同时也限制了其获取高收入的可能性。

表 7-2　各教育群体年收入分布情况统计

个人年收入	职业教育	初中教育	高等教育
1 万元以下	21.66%	44.36%	6%
1 万～2 万元	38.63%	34.17%	20.67%
5 万元	34.66%	18.7%	57.33%
5 万～10 万元	4.69%	2.09%	12.67%
10 万元以上	0.36%	0.68%	3.33%
合计	100%	100%	100%

分地区看，东部地区职业教育群体的收入高于中西部地区：东部地区低收入比例低于 20%，中西部地区则占 25%左右，东部地区中高收入比例超过 6%，而西部地区则为 0，这可能与东部地区较高的工资水平相关；分户籍看，农村与城镇并无显著差别，在五个收入区间分布相似；分年龄段看，随着年龄的增长，职业教育群体的收入水平有显著提升，以 18—25 岁和 36—45 岁两个年龄段比较，低收入比例分别为 38%和 16.8%，而高收入比例则分别为 1.33%和 5.6%，表明职业教育对于个体经济收入的贡献具有时间上的可持续性。

2）初中教育

初中教育群体的年收入均值为 17 080 元，比职业教育群体平均年收入少 20%以上。在收入层次的分布上，初中教育群体低收入和中低收入的比例分别为 44.36%和 34.17%，二者合计高达近 80%，远高于职业教育群体，而在较高收入和高收入的比例合计不足 3%，显著低于职业教育群体，表明与初中教育相比，职业教育为个体提供更好的经济保障。

分地区看，东部地区初中教育群体收入状况在五个收入层级上均好于中西部地区，其中东部地区低收入的比例为 33.17%，而西部地区则高达 60.09%；分户籍看,城市户籍明显优于农村户籍,其中低收入的比例分别为51.01%和24.88%,表明初中教育不利于相对落后地区收入状况的改善;分年龄段看,25—35岁初中教育群体的收入状况最好,但随着年龄的增长,收入呈逐渐下滑趋势。

初中教育与职业教育两个群体收入的比较显示:初中教育群体收入总体处于较低的水平,不仅起点低,其收入在职业生涯早期就达到峰值,职业生涯中后期收入状况则趋于恶化。因而初中教育不能从经济上为个体提供有力的保障,而职业教育则帮助个体实现稳定的就业和收入,从而证实职业教育具有“安全网”的功能。

3)高等教育

高等教育样本平均年收入为37 247元,与职业教育群体相比具有显著的优势。在各收入层级分布上,高等教育同样具有优势:低收入和中低收入比例分别为6%和20.67%,明显低于职业教育,而中高收入和高收入的比例分别为12.67%和3.33%,显著高于职业教育,体现经济收入上的整体优势。

分地区看,高等教育群体的收入呈现与职业教育相似的地区差异:东部地区优于中西部地区,东部地区中等收入以上的比例达85.51%,而中、西部分别为60.32%和72.22%;在户籍分布上,城镇户籍的高等教育群体收入略高于农村户籍,二者中等收入以上的比例分别为75.3%和71.01%。随着年龄的增长,高等教育群体的总体收入逐步提升,表明高等教育与职业教育相似,对个体收入具有长期的支撑效用。

2. 社会经济地位

CFPS数据库ISEI值的总体分布在19～90之间,参照有关文献的划分方法,将其取值范围依据25%,50%,75%分位数划分为四个阶层:19～31,32～39,40～45,46～90,分别对应社会经济地位的下层、中下层、中上层和上层,各类教育群体的社会经济地位指数分布情况见表7-3。

表7-3 各教育群体社会经济地位指数分布统计

ISEI	职业教育	初中教育	高等教育
下层	21.48%	57.67%	10.34%
中下层	20.4%	15.75%	13.79%
中上层	27.98%	17.45%	13.79%
上层	30.14%	9.13%	62.07%
合计	100%	100%	100%

1) 职业教育

职业教育群体的ISEI均值为44.46,总体处于社会中上阶层,不同层级的分布比较均衡: 21.48%处于社会经济地位的“下层”,处于“中下层”和“中上层”的比例分别为20.4%和27.98%。值得注意的是,处于“上层”的比例达30.14%,超过处于“下层”的比例,且其职业不少是专业医护人员,多为女性、农村户籍、中西部地区,表明职业教育为个体尤其是弱势群体的社会经济地位提供了可靠的保障,再次印证了职业教育具有“安全网”功能,降低了职业教育群体掉入劳动力市场底部的风险,且能在一定程度上促进向上的社会流动。

分地区看,西部地区职业教育群体的社会经济地位要优于中部地区,中部地区则优于东部地区,以社会经济地位“上层”为例,西、中、东部地区所占比例分别为9.86%,2.45%和0.31%,这与收入的地区分布不同。这一现象表明,职业教育对中西部地区社会经济地位的促进作用优于东部地区,而这可能与东西部之间劳动力的学历结构相关: 西部地区学历层次总体不高,中职学历享有相对较高的社会地位。

ISEI的户籍分布与地区分布也有相似之处: 农村户籍职业教育群体的社会经济地位略好于城市户籍,前者处于“中上层”和“上层”的比例达22%,而后者则不足15%,这同样可能与城乡间劳动力学历结构有关。分地区和户籍的统计表明,职业教育对于相对落后地区社会经济地位的改善更显著。

在年龄段的分布上,则呈现随着年龄的增加,职业教育群体的社会经济地位逐步提升的趋势,以18—25岁和36—45岁两个年段为例,前者处于“下层”和“中下层”的比例接近60%,后者减少至50%左右。相反,处于“中上层”和“上层”的比例由7.33%增至24.8%。表明职业教育对个体社会经济地位的提升具有可持续性,这也与收入随年龄增加的特征相同。

2) 初中教育

初中教育群体的ISEI均值为33.16,总体处于社会中下阶层,明显低于职业教育群体,其中处于“下层”的比例超过一半,比职业教育群体高出近40%,处于“中上层”和“上层”的比例仅有不足27%,远低于职业教育群体。

分地区看,东部地区初中教育群体社会经济地位略好于中部地区,而中部地区好于西部地区,东、中、西部地区处于“中层”及以上的比例分别为22.46%,21.12%和14.45%;分户籍看,城镇户籍初中教育群体优于农村户籍,二者处于“中层”及以上的比例分别为30.12%和17.12%。分地区和户籍的社会经济地位情况与收入相似，表明初中教育不利于相对落后地区个体社会经济地位的改善。分年龄段看，初中教育群体的社会经济地位并未随着时间的推移而有所改善，仅仅在25—35岁年龄段与18—25岁年龄段基本持平，35—45岁以及45—60岁两个年龄段的社会经济地位状况均有所下滑。

初中教育与职业教育两个群体的社会经济地位的比较情况与收入的比较情况相似：初中教育群体总体处于较低的社会经济地位，不仅起点低，职业生涯过程中不仅未有显著改善反而有所恶化，而职业教育则帮助个体摆脱社会底层的境遇，实现向上的社会流动。

3）高等教育

高等教育群体的ISEI均值为53.69，总体处于社会的上层，显著优于职业教育群体，其中高等教育群体中处于“下层”的比例仅为职业教育群体的1/2，而处于“上层”的比例超过职业教育群体的2倍。与高等教育相比，职业教育存在较强的“天花板效应”，对受教育者社会地位的提升形成制约。

分地区看，西部地区高等教育群体的社会经济地位好于中东部地区，西、中、东部地区处于“中上层”及“上层”的比例分别为88.89%，77.42%和70.77%；分户籍看，城镇户籍与农村户籍高等教育群体的社会经济地位差异不大。虽然高等教育群体的社会经济地位较职业教育群体有显著的总体优势，但对弱势地区和家庭的高等教育群体社会经济地位的改善却不如职业教育显著。此外，高等教育群体的社会经济地位随年龄变化不大，可能与其较高的社会经济地位起点有关。

三、 职业教育与其他教育群体社会地位随时间变化的对比

上述分析均是基于CFPS 2010年数据进行的，为了更好地揭示各教育群体社会地位的动态变化情况，本章将CFPS 2010年的样本与2012年、2014年和2016年的数据库进行关联，挖掘各样本在不同年度中个体收入和ISEI的数据，并计算出不同教育群体收入和ISEI的均值，描绘各教育群体社会地位随时间的变化情况，如图7-1所示。

职业教育群体的平均收入与初中教育群体相比，始终保有稳定的优势；与高等教育群体相比，则处于显著的劣势，且差距大体有进一步拉大的趋势。各教育群体的ISEI随时间变化均有小幅波动，但呈现不同的发展趋势：职业教育群体2016年的ISEI均值比2010年略有增加，而初中教育群体则略有下降，高等教育

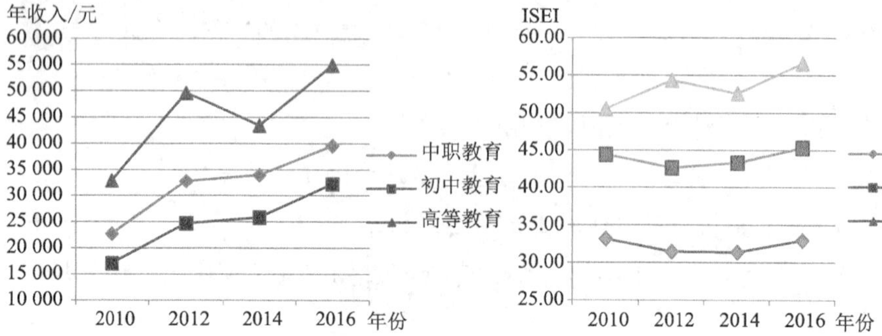

图 7-1　各教育群体随时间收入和 ISEI 的变化情况统计

群体总体有较显著的提升。综合来看,职业教育群体的社会地位随时间推移有一定的提升,优于初中教育群体,但较高等教育群体存在明显的差距。

四、职业教育群体的代际社会流动分析

从表 7-1 的各教育群体样本基本情况统计可以看出,不同教育群体的社会地位与其家庭背景表现出一定的相关性:在经济收入、教育水平和社会经济地位指数上,无论是子代还是家庭(以家庭收入、父亲的学历和 ISEI 衡量),均呈现职业教育高于初中教育、高等教育高于职业教育的状况,表明社会流动存在较强的代际继承性。值得注意的是,高等教育群体与职业教育群体相比,父代的社会经济地位指数与学历水平的差距并不大,初步表明高等教育能更好地促进个体向上流动。

为考察职业教育对代际社会流动的影响,本部分选取收入、社会经济地位、学历等变量,比较职业教育群体社会地位相对于父代的代际变化情况,并采用职业流动率考察代际间职业流动情况,以此衡量职业教育是否为个体提供了"安全网"的保障。

(一) 代际收入

由于 CFPS 中父代的个人收入值缺失较多,本章将各教育群体样本的个人收入与其家庭收入对比,分别选取家庭收入的 1/2 与 1/3 为比较标准(其分析结果与将个人收入与家庭人均纯收入对比的结果基本一致)。各教育群体代际收入变化情况分布统计见表 7-4。

表 7-4 各教育群体代际收入变化情况分布

个体收入与家庭收入比较		职业教育	初中教育	高等教育
个体收入与家庭收入的 1/2 比较	小于	59.96%	62.94%	66.2%
	大于	40.04%	37.06%	33.8%
个体收入与家庭收入的 1/3 比较	小于	34.72%	40.84%	32.39%
	大于	65.28%	59.16%	67.61%

1. 职业教育

职业教育群体中约 4 成的个人收入超过家庭收入的 1/2，超过家庭收入 1/3 的比例则高达近 2/3，表明职业教育从经济上对家庭提供了有力的支持，也间接说明职业教育使子代相对于父代获得收入上的提升。

不同地区职业教育样本收入与家庭收入的对比没有显著差异，但是在户籍和年龄段维度上呈现一定的区别：接受职业教育对农村家庭经济上的支持大于城镇家庭，前者个体收入超过家庭收入 1/2 的比例为 41.5%，后者则为 38.01%。随着年龄的增长，接受职业教育对于家庭经济收入的支持随之增强，16—25 岁年龄段个人收入超家庭收入 1/2 的比例为 26.43%，36—45 岁年龄段则增至 47.54%。代际收入变化的情况表明，职业教育给予个体及家庭经济收入上的持续支持。

2. 初中教育

初中教育群体中，收入超过家庭收入 1/2 的为 37%，超过 1/3 的不到 60%，均低于职业教育群体，表明职业教育对家庭经济上的支持优于初中教育，也间接说明初中教育对于子代相对于父代收入的提升不如职业教育显著。分地区看，东部地区初中教育群体收入在家庭收入占比情况略好于中西部地区；分户籍看，城镇户籍好于农村地区，其中收入超过家庭收入 1/3 的比例分别为 69.18% 和 55.69%。二者结合，初中教育不利于相对落后地区和家庭经济状况的改善。随着年龄的增长，初中教育个体收入占家庭收入比重有所提升，但结合初中教育绝对收入随年龄增长下滑的趋势，并不能推断出初中教育随着时间推移为家庭经济提供的支持不断改进，反而可能是因为家庭收入也在下滑所导致。

3. 高等教育

高等教育群体收入高于家庭收入 1/2 的比例为 33.8%，低于职业教育群体的比例；收入高于家庭收入 1/3 的比例为 67.61%，略高于中职教育群体，表明职业教育群体在为家庭提供经济支撑上与高等教育作用相当。分地区看，东部地区高等教育群体收入占家庭收入的比重好于中西部地区，东、中、西部地区收入高于家庭收入 1/3 的比例分别为 73.13%，63.79%和 58.82%；分户籍看，城镇户籍好于农村户籍，其中收入超过家庭收入 1/3 的比例分别为 67.61%和 32.39%；分年龄段的情况也与职业教育类似。

（二）代际社会经济地位

将子代的 ISEI 值与父代的 ISEI 值（本章采用父亲的 ISEI 值）相减，并将其差值划分为 -60～-41，-40～-21，-20～-1，0～20，21～40，41～60 六个区间，各教育群体代际社会经济地位变化情况统计见表 7-5。

表 7-5　各教育群体代际社会经济地位变化情况统计

ISEI-GAP	职业教育	初中教育	大学教育
-60～-41	2.57%	3.47%	—
-40～-21	8.48%	6.12%	6.12%
-20～-1	14.91%	11.22%	22.45%
0～20	54.5%	71.69%	38.78%
21～40	11.31%	4%	19.39%
41～60	8.23%	3.51%	13.27%
合计	100%	100%	100%

1. 职业教育

职业教育群体中高达 54.5%的子代比父代的 ISEI 值高出 0～20，这充分印证了职业教育所具有的安全网功能。同时，近 15%的父代比子代的 ISEI 值高出 0～20，因而子代与父代之间 ISEI 差值位于正负 20 之间的比例约 70%。这与社会流动的“缓冲地带命题”一致，即不同职业之间存在流动的缓冲地带，但子代的社会地位与社会流动在很大程度上围绕父代的社会地位上下波动且幅度不大。与此同时，子代比父代社会经济地位高出 20～40 与 40～60 的比例合计不到 20%，验证了“封闭性命题”，即阶层内代际继承倾向十分明显，这种封闭性使向等级最高点的流动受到了很大限制（Erikson 和 Goldthorpe，1992）。

分地区看，职业教育对于西部地区子代社会经济地位的改善好于中东部地区，西部地区子代 ISEI 值高于父代的比例超过 80%，中东部地区分别为 68%和

76%左右。分户籍看,职业教育对于农村子代社会经济地位的改善显著优于城镇地区,子代ISEI值高于父代的比例分别为79.52%和64.28%,表明职业教育对于弱势群体社会地位的流动有更显著的促进作用。分年龄段看,总体而言,随着年龄的增长,职业教育对于子代向上的社会流动起的作用相对稳定。值得注意的是,子代与父代之间社会地位的差距呈两端扩大的趋势,即子代比父代ISEI差值超过20的比例随年龄增加,18—25岁和36—45岁年龄段分别为10.19%和21.69%,而父代比子代ISEI差值超过20的数量及比例虽然不大,但也随年龄有所增加,18—25岁和36—45岁年龄段分别为6.49%和16.87%。

2. 初中教育

与职业教育群体的代际社会经济地位相比,初中教育群体的代际社会经济地位总体相似:子代社会经济地位大多数略好于父代,子代比父代ISEI值高出0～20的比例高达71.69%,子代低于父代0～20的比例也有11.22%,这也符合“缓冲地带命题”。同时也证明了初中教育群体与职业教育群体有着相似的家庭背景,可以认为两类群体在社会经济地位上的差异主要不是由先赋性因素造成的,而是由以教育为主的自致性因素导致的。

分地区看,西部地区代际社会经济地位的改善略好于中东部地区;而农村户籍的代际社会经济地位的改善略好于城镇户籍,子代ISEI值高于父代的比例分别为81.81%和69.48%;不同年龄段的代际社会经济地位差异不大。

3. 高等教育

高等教育群体社会经济地位高于父代的比例超过70%,与职业教育群体及初中教育群体的情况相似,表明代际社会经济地位具有较强的稳定性和继承性,受教育影响不大,也印证了社会地位不同的家庭有着相似的风险规避倾向,即无论工人家庭还是中产阶级家庭,父母都尽力避免子女的社会地位比其更低(Shavit和Müller, 2000)。

有所不同的是,高等教育群体的ISEI值高于父代20～40及40～60的比例分别达19.39%和13.27%,明显高于职业教育群体。值得注意的是,高等教育群体父代的社会经济地位水平高于职业教育群体,表明子代因接受高等教育与职业教育,其社会经济地位的差距被拉大了。

分地区看,与职业教育促进西部社会经济地位的代际提升作用好于中东部地区,不同的是,高等教育对社会经济地位的影响没有显著的地区差异;户籍对比的情况则相似:高等教育对于农村户籍代际社会经济地位提升的作用优于城镇户籍，子代 ISEI 值高于父代的比例分别为 83.67% 和 59.19%；高等教育对于代际社会经济地位的影响随年龄有所变化，但趋势不明显。

（三）代际教育

将子代与父代的最高学历（本章采用父亲的最高学历）进行比较，如果学历相同计为 0，如子代高于父代一个层次（例如子代为中等职业教育而父代为初中学历）计为 1，反之计为 −1，以此类推，结果见表 7-6。

表 7-6　各教育群体代际教育变化情况分布统计

Edu-GAP	职业教育	初中教育	高等教育
−3	—	0.31%	—
−2	2.16%	0.73%	—
−1	2.75%	8.36%	—
0	20.59%	19.97%	10.81%
1	31.37%	34.37%	9.91%
2	28.24%	36.27%	28.83%
3	14.9%	—	28.83%
4	—	—	17.12%
5	—	—	—
合计	100%	100%	100%

1. 职业教育

职业教育样本约 75% 高于其父代的学历，持平的有 20%，有力地验证了职业教育具有的“安全网”功能，在很大程度上保证了子代所接受的教育不低于父代的教育。子代学历低于父代的仅有 5%，这也表明子代选择职业教育很大程度上是因为父代学历层次不高。

分区域看，西部地区子代相较于父代在教育水平上的改善优于中、东部地区，西部地区子代教育水平高于父代的比例为 79.37%，而中、东部地区分别为 72.67% 和 74.42%。分户籍看，农村户籍子代通过接受职业教育，相较于父代在教育水平上的提升要优于城镇户籍，所占比例分别为 77.84% 和 73.01%，表明接受职业教育是落后地区和弱势家庭提升子代教育水平的有效途径。不同年龄段子代与父代的教育水平也呈现明显差异，年龄较大的职业教育样本子代相对于父代的差距要高于较年轻的样本，四个年龄段子代教育水平高于父代的比例分别为 69.39%,74.99%,76.37%和 82.46%,这可能与随着社会总体教育水平提升,年轻父代相较于年长父代学历上的优势有关。

2. 初中教育

初中教育群体学历不低于父代的比例高达 90%以上,这与职业教育群体相似,同时也说明,初中教育群体父代的总体教育水平要低于职业教育群体的父代。其中地区间的差异不大,而农村户籍略好于城镇户籍,学历不低于父代的比例分别为 91.5%和 87.79%,高年龄段的子代学历不低于父代的比例要高于低年龄段。

3. 高等教育

统计结果显示,所有子代的学历都高于或等同于父代的学历,表明通过接受高等教育实现代际教育水平的提升是显著的,这与职业教育相似;在地区分布上,高等教育代际教育水平的提升不存在显著差异;在户籍分布上,对农村户籍代际教育水平的促进好于城镇户籍,子代学历高于父代的比例分别为 95.65%和 84.62%。地区效应与户籍效应与职业教育一致,年龄效应则不显著。

进一步地,将子代教育背景与父代教育背景综合进行统计,见表 7-7。从表中可以看出,父代的教育背景对子代有很大的影响:父代接受高等教育,其子代接受高等教育的比重为接受职业教育的比重的 7 倍多,而父代接受初中教育,其子代接受高等教育的比重低于接受职业教育的比重,显示教育具有很强的继承性,父代对子代接受更高的教育或者至少不低于自身的教育抱有很强的期望。表 7-7 也进一步验证:父代较低的教育水平也使家庭倾向于为子代选择职业教育,中产阶级家庭则倾向于为子代规划学术型教育路径(Shavit 和 Müller, 2000)。

表 7-7　父代教育背景对子代教育影响的统计

父代教育	子代高等教育/子代职业教育
高等教育	7.35
高中教育	1.4
初中教育	0.92

4. 代际职业流动率

流动量表是衡量代际职业流动的重要工具,本章采用流动量表分析职业教育个体的代际职业流动。流动量表分析中，代际流动状况主要通过总流动率、结构流动率和循环流动率等加以体现。总流动率即实际观察到的全部代际职业流动。总流动率是两种力量共同作用的结果，一是社会结构自身的变迁作用，二是社会系统的开放性作用(这里对应的是职业及其构成的职业阶层系统)。前者由结构流动率表示，后者由循环流动率表示。公式如下：

$$循环流动率 = 总流动率 - 结构流动率$$

其中，总流动率=1－总未流动率(总未流动率由表格中对角线上的数据之和除以总样本数计算出来)，结构性流动等同于代际职业流动表中行与列的差异。同时，流动方向也是流动量表关注的重要问题，分别以向上流动率和向下流动率测量，向上流动率与向下流动率之差表示净流动率。

首先建立代际职业流动交叉列联表，见表 7-8(这里仅呈现职业教育群体的情况，初中教育和高等教育群体的情况略)。关于代际职业流动的分析，本章主要基于父代 ISEI 值与子代 ISEI 值的列联表基础上展开，并根据表 7-8 计算代际职业流动率的相关指标，结果见表 7-9。

表 7-8 职业教育群体代际职业流动交叉列联表

父代	子代							合计
	20—29 岁	30—39 岁	40—49 岁	50—59 岁	60—69 岁	70—79 岁	80—89 岁	
20—29 岁	14	51	55	18	19	10	4	171
30—39 岁	3	48	24	8	4	6	1	94
40—49 岁	2	10	14	4	1	4	0	35
50—59 岁	6	3	6	5	1	4	0	25
60—69 岁	2	10	6	4	7	4	2	35
70—79 岁	0	7	5	2	1	3	0	18
80—89 岁	0	3	4	0	0	0	4	11
合计	27	132	114	41	33	31	11	389

表 7-9 各教育群体代际职业流动率

职业流动率	教育群体		
	职业教育	初中教育	高等教育
总未流动率	24.42%	46.67%	10.20%
总流动率	75.58%	53.33%	89.80%
结构流动率	37.53%	31.05%	35.71%
循环流动率	38.05%	22.28%	54.08%
向上流动率	56.56%	37.37%	64.29%
向下流动率	19.02%	15.95%	25.51%
向上-向下净流动率	37.53%	21.42%	38.78%

1) 职业教育

职业教育的职业总流动率为 75.58%,其中循环流动率为 38.05%,表明职业教育群体保持较好的代际职业流动性。从职业流动的方向看,向上流动率显著高于向下流动率,前者是后者的近 3 倍。

一方面,相对于城镇户籍,农村户籍的职业总流动率更高,但循环流动率更低,表明农村的职业流动更多地来自社会结构的变迁,来自社会系统开放性的职业流动相对不足。另一方面,农村户籍的净向上流动率达 49.80%,显著优于城镇户籍的 15.71%,表明职业教育对农村地区的社会流动有着更积极的促进作用。

分地区看,不同地区均有较好的循环流动率,但是西部地区的净向上流动率达 52.83%,高于中部地区的 23.97%和东部地区的 41.40%,表明职业教育对于促进西部地区向上社会流动的作用要显著优于中东部地区。

2) 初中教育

初中教育群体的总体流动率为 53.33%,比中职教育群体低 20%以上。其中,循环流动率仅有 22.28%,远低于中职教育。此外,在职业流动的方向上,初中教育群体的净向上流动率仅有 21.42%,表明初中教育群体的职业流动存在一定的阶层固化,而职业教育则能保持较好的代际职业流动性。

分户籍看,初中教育群体中城镇户籍的总体流动率和循环流动率均好于农村户籍,但在流动方向上,城镇户籍的净向上流动率仅有 6.2%,农村户籍达 23.1%。分地区看,东部地区不仅在总体流动率和循环流动率优于中部地区,在向上的净流动率上也显著超过中部地区,中部地区则优于西部地区,表明初中教育不利于改善落后地区和家庭的代际职业流动状况，这与职业教育相比，存在显著的差异。

3）高等教育

高等教育群体的总体职业流动状况优于职业教育：总流动率接近90%，其中，循环流动率为54.08%，均显著超过职业教育。在职业流动方向上，高等教育向上的净流动率达38.78%，略高于职业教育。

在地区分布上，西部地区总流动率略高于中、东部地区，循环流动率则与中、东部地区差距明显，净向上流动率高于中、东部地区。

在户籍分布上，农村户籍总流动率高于城镇户籍，但循环流动率低于城镇户籍，分别为32.65%和55.10%。在流动方向上，农村户籍的净向上流动率远高于城镇户籍，分别为67.35%和10.20%。总体而言，高等教育代际职业流动的户籍效应与职业教育相似。

五、职业教育影响社会流动的回归分析

上述分析主要是基于相关变量所进行的描述性分析，为了更好地反映职业教育及其他教育类型对于社会流动的影响，以及户籍、地区等因素对于各教育群体社会流动的影响，本章进一步建立线性回归方程：

$$\ln ISEI = \beta_0 + \beta_1 Edu + \beta_2 Hukou \cdot Edu + \sum_{i=1}^{n} \alpha_i X_i + u \tag{1}$$

$$\ln ISEI = \beta_0 + \beta_1 Edu + \beta_3 Region \cdot Edu + \sum_{i=1}^{n} \alpha_i X_i + u \tag{2}$$

（一）因变量

以个体社会经济地位指数ISEI为因变量。

（二）自变量

（1）教育类型Edutype，包括职业教育、初中教育和高等教育，初中教育为参照类型。

（2）教育与相关变量的交互项。

为更好地刻画户籍、地区等因素对各教育群体社会流动的影响，分别构建方程(1)：教育类型与户籍类型的交互项，以户籍类型与初中教育交互项为参照；方程(2)：地区与教育类型的交互项，以西部地区与教育类型交互项为参照。如果交互项显著，则表明户籍或地区对不同教育类型存在显著差异。

（三）控制变量

X_i 表示加入的其他控制变量，主要包括个人和家庭背景两类因素，前者包括性别、年龄及其平方项、户口、婚姻状况、所在地区、个人收入对数等，后者以父亲的 ISEI 值衡量，α_i 为这些变量的对应系数。

对缺失值采取删除的处理方式，多元回归的统计结果见表 7-10。在模型 1 中，职业教育和高等教育相对于初中教育，对社会地位在 1%的水平上具有显著的提升作用，且高等教育的促进作用优于职业教育。城镇户籍的社会地位显著优于农村户籍，女性的社会地位优于男性，婚姻有助于提升社会地位，父代的社会地位对子代的社会地位有一定的促进作用。

表 7-10 职业教育影响社会流动的回归分析

个体 ISEI 变量	（1）	（2）	（3）
收入对数	4.613***	4.518***	4.570***
职业教育	8.831***	10.501***	16.561***
高等教育	15.650***	17.772***	18.303***
户籍	2.451***	3.574***	2.450***
东部	0.774	0.736	1.980***
中部	1.717**	1.671***	2.317***
性别	−2.953***	−2.893***	−2.880***
婚姻	1.922**	1.745**	1.751**
父亲 ISEI	0.061***	0.063***	0.061***
年龄	−0.826***	−0.798***	−0.829***
年龄平方	0.009 9***	0.009 5***	0.009 8***
职业教育·户籍	—	−4.805**	—
高等教育·户籍	—	−5.084***	—
职业教育·中部	—	—	−7.508***
职业教育·东部	—	—	−9.936***
高等教育·中部	—	—	0.304
高等教育·东部	—	—	−6.158*
常数项	2.927	3.203	4.626
R^2 Adj	0.265	0.272	0.269
样本数		2 938	

注：*，**，*** 分别表示在 10%，5%和 1%的水平上显著。

模型 2 增加了教育与户籍的交互项，职业教育和高等教育相对于初中教育，对于社会流动的促进作用仍然显著，户籍和性别对社会地位的影响也保持显著。职业教育与户籍的交互项、高等教育与户籍的交互项均显著为负（农村户籍为 0），表明相对于初中教育，职业教育与高等教育对于农村户籍的社会地位提升优于城镇户籍。值得注意的是，职业教育与户籍交互项系数绝对值也高于户籍系数，表明职业教育对农村户籍社会地位的促进作用超过了城镇户籍相对于农村户籍的影响，扭转了农村户籍社会地位的不利状况。

模型 3 增加了教育与地区的交互项，职业教育和高等教育的主效应仍然显著为正。职业教育与中部及东部地区的交互项均显著为负（西部地区为 0），表明职业教育对西部地区社会流动相对于中东部地区，具有更显著的促进作用，而高等教育与中部地区交互项不显著，与东部地区交互项只在 10% 的水平上显著，且绝对值小于职业教育交互项系数，表明职业教育对西部地区社会流动具有更显著的促进作用。类似的，职业教育与西部地区交互项系数的绝对值超过中东部地区变量系数，表明职业教育能帮助西部地区个体摆脱地区因素给其社会地位带来的不利影响，促进社会流动。

回归分析的结果进一步证实：职业教育对于相对落后的西部地区与农村弱势家庭的代际社会流动具有积极的促进作用。

为检验上述结果的可靠性，进一步进行稳健性分析，以子代与父代的社会经济地位指数差值的正负为因变量：正为 1，负为 -1，不变为 0，分别表示向上流动，不变和向下流动，建立多元逻辑回归方程，见表 7-11。结果显示，与多元回归方程的未含交互项、含教育与户籍交互项、含教育与地区交互项三种情况比较，职业教育及其交互项对因变量的影响一致，回归结果的稳健性得到验证。

表 7-11　职业教育影响社会流动分析的稳健性检验

子代 - 父代 ISEI 差值 变量	(4)	(5)	(6)
收入对数	0.776***	0.760***	0.778***
职业教育	1.068***	1.577***	2.263***
高等教育	1.696***	2.186***	1.955***
户籍	0.492***	0.700***	0.481***
东部	0.341***	0.329***	0.434***

(续表)

子代－父代 ISEI 差值 变量	(4)	(5)	(6)
中部	0.241**	0.225**	0.280**
性别	－0.272***	－0.259***	－0.268***
婚姻	0.191	0.163	0.18
父亲 ISEI	－0.129***	－0.129***	－0.130***
年龄	－0.085***	－0.079**	－0.085**
年龄平方	0.000 7*	0.000 6*	0.001*
职业教育·户籍	—	－1.290***	—
高等教育·户籍	—	－0.887	—
职业教育·中部	—	—	－1.193***
职业教育·东部	—	—	－1.460***
高等教育·中部	—	—	0.269
高等教育·东部	—	—	－0.88
Pseudo R^2	0.257	0.26	0.259
样本数		3 027	

注：*，**，*** 分别表示在 10%，5%和 1%的水平上显著。

另外，考虑到初中样本没有按"非农受雇"条件进行筛选，故对职业教育和高等教育样本筛选也做同样处理，结果与按"非农受雇"进行筛选的情况相似(分析结果未呈现)，样本筛选的稳健性得到进一步验证。

六、结论与讨论

本章基于 CFPS 数据库，多视角实证检验职业教育对社会流动的影响，尤其是考察职业教育对于个体及其家庭的"安全网"与"分流器"效应。进行职业教育群体自身社会地位状况的描述性分析，职业教育群体社会流动的代际变化分析，以及职业教育群体与初中教育、高等教育群体的社会地位及代际变化的比较。总体而言，与欧美国家类似，我国职业教育同样具有显著的"安全网"效应和"分流器"效应。

(一) 主要发现

1. 职业教育为个体及家庭提供坚实的"安全网"保障

总体上，接受职业教育群体能够取得高于社会平均水平的经济收入和社会经济地位，并且经济收入、社会经济地位和教育水平等维度显著优于其父代，与接受初中教育群体的比较进一步显示，职业教育具有社会地位的比较优势，表明职业教育能为个体提供坚实的“安全网”保障，在一定程度上促进正向的社会流动。

2. 职业教育具有明显的社会阶层“分流器”效应

与高等教育比较，无论是经济收入还是社会经济地位，职业教育都处于相对劣势，即使在“安全网”功能比较显著的情况下，“分流器”效应依然较强，且随着时间推移，二者的差距逐渐扩大。当前中等职业教育“升学热”现象就是个体通过接受更高层级的教育、摆脱职业教育“分流器”效应的一个例证。

3. 职业教育对于弱势群体社会流动的正向影响更为显著

职业教育对于农村家庭及西部地区的社会流动具有更显著的促进作用，这既体现在职业教育群体的社会地位上，也体现在代际社会流动上，且职业教育对社会流动的正效应优于高等教育对社会流动的影响。当前职业院校生源大部分来自农村和乡镇，这一结论尤其具有现实意义。此外，回归分析的结果显示，女性接受教育比男性能获得更高的社会经济地位。

(二) 关于职业教育对社会流动制约作用的探讨

需要说明的是，职业教育对社会流动的制约作用，既受职业教育自身“工具性”教育属性的影响，更受以下因素的制约。

1. 家庭因素导致的教育分层

职业教育群体大都来自社会中下层，先赋性因素不足，经济、社会、文化等各类资本存量不足，优质资源为优势阶层资源所垄断，底层青年很难通过自身努力获得阶层提升，社会流动先天乏力。正如 Shavit 和 Müller(2000)所指出，工人阶层家庭更愿意选择职业教育以追求就业的安全，而通过教育投资让子女接受高等教育的路径对他们来说并不现实。同时，受职业教育信号效应、职业教育质量等因素影响，造成职业教育群体通过后天努力实现社会流动的后劲不足。

2. 职业结构及劳动力市场结构

“职业分层论”认为，职业分类是划分社会阶层的基础，个人的收入、声望等都有赖于职业。职业教育所对应的技术技能主要面向生产一线岗位，因此职业教育对个体实现向上社会流动的作用有限。同时，我国存在等级化的劳动力市场，接受职业教育群体大多数进入次级劳动力市场，而进入主要劳动力市场的难度很大，这是接受职业教育群体难以达到较高社会地位的另一重要因素。

第八章

基于地位获得模型的职业教育对社会流动影响的分析

影响个体社会地位的关键因素有两类：自致性因素和先赋性因素。前者指个体的自身因素，如通过努力接受良好教育从而提升社会地位，而后者指受教育者个人自身之外的客观异质条件，主要是家庭背景条件。在工业化社会中，社会成员的社会地位获得，主要受自致性因素的影响。在对个体经济社会地位产生影响的诸多“自致性因素”中，受教育程度与方式仍是最重要的因素之一，教育对社会阶层的形成以及流动会产生直接影响已成为现代社会的一个重要特征。教育是影响青年社会地位获得的重要因素和实现社会流动的重要渠道，通过教育这一“社会筛选”(social selection)机制，青年人分布到等级有序的不同社会阶层中(Sorokin, P. A., 1998)。教育在很大程度上影响青年人的初职地位，而初职地位获得是青年人从学校走向社会的重要节点，对青年群体人生发展具有里程碑式意义(祝毅和张顺，2020)。

职业教育作为一种重要的类型教育，是我国教育体系的重要组成部分。与其他教育类型显著不同的是：职业教育与社会生产生活的关系更密切，被视为与劳动力市场有效链接的教育渠道(Euler, 2013)，通过向受教育者传授与具体职业相关的实用技能，使其获得稳定的就业和收入，并取得相应的社会地位。相关研究也为职业教育促进青年社会地位获得及社会流动的功效提供了支持，学者们基于人力资本理论，认为职业教育与劳动力市场联系密切，是实现社会合理流动的重要机制。然而在社会舆论中，职业教育往往被视为“次等教育”，由最初的“地位教育”变为“生存教育”，成为青年人在应试教育失败后的无奈选择。尤其是近年来“寒门难出贵子”的趋势日渐显著，弱势家庭想要实现“知识改变命运”越发困难。与之形成对照的是，家庭因素对个体社会地位形塑的重要性，高校扩招虽然使得接受高等教育比以往更容易，但优质的教育资源也往往被处于社会优势地位的家庭所垄断。

关于职业教育对社会地位及社会流动的影响，国内大量研究以受教育年限或教育层次以及家庭资本为主要变量，探讨自致性因素和先赋性因素对个体社会经济地位的影响。但总体而言，现有研究未能有效揭示职业教育对社会地位及社会流动的影响机理，主要体现在以下三个方面。

(1) 现有研究对职业教育背景从业群体的特定性关注不够，绝大多数研究仅将受教育层级作为自致性因素或人力资本的代理变量，鲜有文献分析不同类型教育对塑造社会地位的影响。

(2) 大部分研究以思辨分析和描述性分析为主，难以充分衡量与评价各类因素对社会地位的影响。有的研究虽然进行了实证分析，但主要采用线性回归分析的方法，并未剖析先赋性因素和自致性因素影响社会地位的中介效应和调节效用，以及二者之间可能存在的相互影响。

(3) 现有文献在研究教育与社会地位之间的关系时，主要采取了单向视角，即社会地位对教育机会的影响或者教育对社会地位的影响。教育与社会地位实际上是一个双向互动的过程：社会地位影响教育机会的获得，而教育又影响社会流动的可能性(朱丽，2015)。

总之，现有研究未能有效揭示职业教育对社会流动的影响机理。为更好地发挥职业教育对社会流动的促进作用，需要深入探究相关因素。例如，在先赋性和自致性两类因素中，何者对社会地位的影响更显著？两类因素如何影响个体的初始社会地位和当前社会地位的路径？与普通教育相比，职业教育对社会地位的影响有何差异？是更有效地促进了社会地位的提升，还是加剧了阶层固化？

本章采用实证研究方法，揭示职业教育影响受教育者社会流动与社会地位的内在机理，厘清影响职业教育从业群体社会流动的关键路径与要素，比较职业教育与其他类型教育对个体社会地位影响的差异，以及职业教育作为自致性因素与先赋性因素对社会地位影响的不同，探究职业教育对社会流动抑或社会阶层固化的作用，为制定有关该群体向上的社会流动与可持续发展提供策略性建议。

一、 基于布劳-邓肯模型的分析框架

(一) 布劳-邓肯地位获得模型

1967 年，布劳-邓肯用两个核心概念——先赋性因素和自致性因素作为自

变量,将个体在社会流动中获得的社会地位作为因变量,建立了关于包含五变量的社会地位获得模型。该模型采用路径分析的方法,不仅指出先赋性因素和自致性因素对初职社会地位和现职社会地位的影响路径,而且给出了两类因素的影响程度,精确刻画了先赋性因素和自致性因素决定个体社会地位的机制。布劳-邓肯地位获得模型的基本结论是:20 世纪五六十年代的美国,个人成就的自致性因素比家庭社会经济背景的先赋性因素在决定职业地位获得中扮演更重要的角色,其中教育在社会再生产和社会流动中起主导作用。①

自布劳-邓肯在工业化假设基础上提出地位获得模型之后,学者们基于地位获得模型的基本框架进行了拓展,包括自变量、中间变量和因变量等不同维度,如威斯康星模型重点突出了教育期望和重要他人的影响。其他学者进一步融入了制度要素,如林南(1988)增加了单位类型和党员身份,②李春玲增加了三个因素:权力因素,部门因素和社会歧视因素。③

大量文献基于地位获得模型,遵循布劳-邓肯路径分析传统(李路路和朱斌,2015),探究教育作为最重要的自致性因素对社会地位的影响。该领域的研究可以归纳为:教育对社会地位的塑造,教育各要素对社会经济地位的影响,教育影响社会地位的路径机制。主要的研究结论包括:教育和社会地位之间存在互为因果,循环往复的关系。不同的是,子代的教育对其社会地位存在因果关系,而社会地位对教育的影响存在于父代与子代之间。

(二) 分析框架

教育与社会分层之间存在着复杂的互动关系:一方面,受教育类型已成为职业分层的重要影响因素之一,教育路径和受教育水平对个体经济收入及社会地位有影响。另一方面,个体所处的社会阶层,主要反映为经济收入、社会地位、职业等影响着个体的教育路径选择和实际达到的教育水平。在子女接受教育类型的选择上,大多数人都倾向选择普通教育,但不同的家庭存在一定的差异。其中具有优势社会经济地位的家庭更希望通过教育层面的竞争来确保其子女的经济社会地位,受教育水平越高的家长,越倾向于为子女选择普通教育;相较于农

① 周怡.布劳-邓肯模型之后:改造抑或挑战[J].社会学研究,2009(6):206-225.
② 郝大海.流动的不平等[M].北京:中国人民大学出版社,2010:7.
③ 李春玲.当代中国社会的声望分层——职业声望与社会经济地位指数测量[J].社会学研究,2015(2):74-102.

民，管理者和专业技术人员更倾向于为子女选择普通教育，[①]而工人阶层家庭更愿意选择职业教育以追求就业的安全，通过教育投资让子女接受高等教育的路径对他们来说并不现实。与此同时，无论是工人阶层家庭还是中产阶层家庭，父母都尽力避免子女的社会地位比其低。[②]

将教育类型和社会地位这一互动关系结合起来考察，可以全面、系统地揭示接受职业教育对社会地位和社会流动的影响。为准确衡量与比较职业教育对社会地位与社会流动的影响程度，本章借鉴地位获得模型，构建结构方程模型，以全面、系统地揭示接受职业教育对青年人的社会地位和社会流动的影响。分析框架如图 8-1 所示。具体的研究问题包括以下四个方面。

（1）职业教育对青年人的初职社会地位和现职社会地位的影响。

（2）自致性因素抑或先赋性因素对青年人的社会地位与社会流动的影响更显著。

（3）在接受职业教育群体中，按户籍、性别等因素划分的群体对青年人的社会地位的影响是否存在异质性。

（4）相较于普通教育，职业教育是更多地促进青年人的社会流动还是阶层固化。

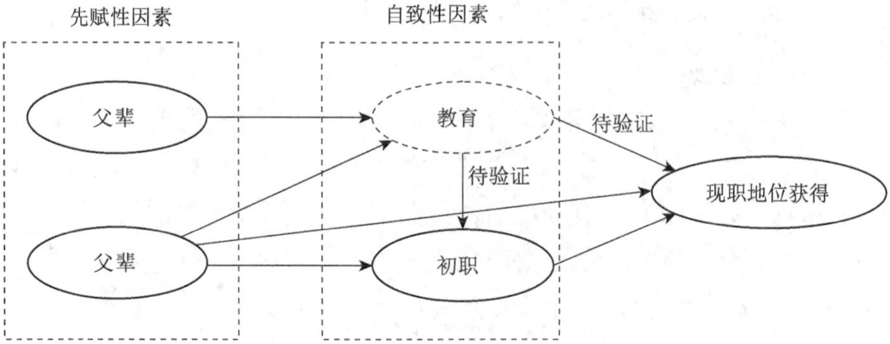

图 8-1　基于社会地位获得模型的职业教育影响社会地位的分析框架

① 余秀兰.普通教育抑或职业教育：教育价值观视域下的选择[J].云南教育研究，2020(1)：68-76.

② SHAVIT Y，MÜLLER W. Vocational Secondary Education[J]. European Societies，2000(1)：29-50.

二、研究设计

（一）数据来源及处理

结合所需研究数据和样本充足性考虑，本章采用 CFPS 2010 的基线数据进行分析。我国采取中考分流的方式，存在普通教育和职业教育两种不同的教育路径。一部分学生进入普通高中，毕业后有机会考入大学接受高等教育，属于学术型学业发展路径，可描述为：初中—普通高中—大学本科；另一部分学生进入中等职业学校，毕业后可以直接进入劳动力市场，也可以选择继续接受高等职业教育（指专科层次的高等职业教育，以下简称高职教育）。因此，本章在筛选样本的教育背景时，选择包括初中教育、高中教育和高等教育三个不同层级与普通教育、职业教育两种教育类型的样本。考虑到初中作为两种教育类型的共同起点，因此在两类群体中均包含初中样本，构建初中—普通高中—本科教育和初中—中职教育—高职教育两类不同的样本群体（高职教育从层级上属于高等教育，但从类型上属于职业教育，本章从类型上对其归类）。

在筛选高职教育样本时，CFPS 数据库仅提供了教育层级为“大专”的数据，而未提供教育类型为“高职”的数据。参考有关文献的处理方式，[①]1999 年高校扩招后，高等专科教育已逐步突出课程的应用性和实践性，具有职业教育的性质，因此高职样本的筛选方式为 2000 年以后入校的大专生。

为考察职业教育对青年人的社会地位的持续性影响，本书不仅探讨职业教育对受教育者初职地位的影响，还分析对其现职地位的影响。选取年龄在 18—60 岁且“未退休”的样本，为控制异常极值的影响，剔除年收入低于 1 000 元以及超过 40 万元的样本。最终获得有效样本 5 043 个，其中，初中样本 3 213 个（含高中肄业生，下同），普通高中样本 977 个，中等职业教育样本 543 个，高等职业教育样本 117 个，大学本科样本 157 个。描述性分析见表 8-1。

从描述性统计可以看出，总体而言，子代的社会地位高于父代；现职地位略高于初职地位；子代受教育水平显著高于父代受教育水平。此外，描述性统计显示，职业教育群体相较于普通教育群体，在父代 ISEI、社会地位 ISEI 初职和社会地位 ISEI 现职的平均值均处于劣势。

---

① 陈钊，冯净冰.应该在哪里接受职业教育：来自教育回报空间差异的证据[J].世界经济，2015(8)：132-149.

表 8-1　各级各类教育毕业生的描述性统计

变量名称	样本数	平均值	标准差	最小值	最大值
父亲受教育年限	5 043	5.762	4.173	0	16
个人受教育年限	5 043	10.320	1.881	9	17
教育类型	5 043	0.870	0.336	0	1
社会地位 ISEI 初职	5 043	36.041	13.910	19	90
社会地位 ISEI 现职	5 043	37.429	14.441	19	90
年龄	5 043	38.102	10.256	18	60
性别	5 043	0.632	0.482	0	1
户籍	5 043	0.315	0.464	0	1
个人收入对数	5 043	9.506	0.892	6.91	13.59
家庭收入对数	5 043	10.444	0.774	5.3	14.25
父亲 ISEI	5 043	32.494	13.635	19	90

(二) 研究方法

本章首先建立多元线性回归方程，分析相关因素对社会地位的影响，初步探究先赋性因素和自致性因素对社会地位的作用，以及接受职业教育与接受普通教育对社会地位影响的差异性。

由于父代社会地位及父代受教育水平除了对子代的社会地位产生直接作用外，还会通过影响子代的受教育水平间接影响子代的社会地位，多元线性回归没有反映先赋性因素和自致性因素对初职地位和现职地位影响的内在机理，且难以处理其中的路径机制、中介效应，因此本章进一步采取结构方程模型。

结构方程模型(Structural Equation Model, SEM)是探究理论、概念之间关系和结构的统计方法，是整合了因子分析、路径分析和多重线性回归分析的思想和方法。结构方程模型不仅能够处理潜在变量，同时也非常适合研究影响路径、中介效应和调节效应，[①]因此本章建立结构方程模型，采用 Amos 24.0 版本进行建模和分析。

(三) 变量选择

1. 社会地位

社会经济地位(SES)是指个体在社会中的经济及社会地位，最常用衡量

① 邱浩政，林碧芳.结构方程模型的原理与应用[M].北京：中国轻工业出版社，2012.

SES 的指标是 Otis Duncan 提出的社会经济地位指数 SEI，后经过 Ganzeboom、De Graaf 和 Treiman 的发展，形成了国际通用的版本。该指数综合个人最高教育水平、职业、家庭收入三个指标，分别表征人力资本、社会资本以及金融资本，通过构建回归方程，根据每一个职业的收入和教育水平进行估计，在心理学和社会学研究中普遍采用。在 CFPS 数据库中，ISEI 数据较全，所以本章主要采用该变量衡量社会经济地位（包括初职社会地位和现职社会地位）。ISEI 值属于连续变量，在 CFPS 数据库中分布于 20～90。

2. 先赋性因素

本章选择父代教育水平和父代职业地位衡量先赋性因素，前者采用父亲受教育年限，后者与子代职业地位相同，采用父代的 ISEI 值表示。

3. 自致性因素

教育是最重要的自致性因素，由于本章的主要研究目标是探究不同教育类型对个体社会地位的影响，因此除了以受教育年限衡量的教育水平变量外，同时引入教育类型变量，并将教育类型分为职业教育和普通教育。但仅采用教育水平可能存在遗漏变量从而导致估计偏误，因为即使同一教育层级的人也存在能力的差异，而能力是影响个体职业发展的重要因素之一，尤其是认知能力。CFPS 数据库采用数学测试和字词测试衡量个体的认知能力，这两类测试基于学历水平进行，具有很好的效果（黄国英和谢宇，2017）。本章采用字词测试成绩和数学测试成绩表征认知能力。本章最重要的研究目标是探究不同教育类型对社会地位的影响，本章将教育类型分为职业教育和普通教育。

三、实证分析结果

（一）多元线性回归分析

在进行结构方程模型分析之前，本章首先通过多元线性回归方程，比较不同教育类型对于社会地位获得的区别，考察先赋性因素和自致性因素的作用，以及户籍、性别等因素的影响。其中模型 1 和模型 2 分别为初职社会地位和现职社会地位的回归方程（模型 2 增加了自变量初职社会地位），模型 3 和模型 4 在模型 1 和模型 2 的基础上增加了教育类型与相关变量的交互项。

$$\ln ISEI_{initial} = \beta_0 + \beta_1 Edu_{self} + \beta_2 Ey_{self} + \beta_3 Ey_{father} + \beta_4 ISEI_{father} + \beta_5 Fc + \sum_{i=1}^{n} \alpha_i X_i + u \tag{1}$$

$$\ln ISEI_{current} = \beta_0 + \beta_1 \ln ISEI_{initial} + \beta_2 Edu_{self} + \beta_3 Ey_{self} + \beta_4 Ey_{father} + \beta_5 ISEI_{father} + \beta_6 Fc + \sum_{i=1}^{n} \alpha_i X_i + u \quad (2)$$

其中，Ey 为 $Eduyear$ 的缩略形式，是个人所受教育年限；Fc 为 $Fincome$ 的缩略形式，是家庭收入对数。

$$\ln ISEI_{initial} = \beta_0 + \beta_1 Edu_{self} + \beta_2 Ey_{self} + \beta_3 Ey_{father} + \beta_4 ISEI_{father} + \beta_5 Fc + \beta_6 Edu_{self} \cdot Ey_{self} + \beta_7 Edu_{self} \cdot Hk + \beta_8 Edu_{self} \cdot Gd + \sum_{i=1}^{n} \alpha_i X_i + u \quad (3)$$

$$\ln ISEI_{current} = \beta_0 + \beta_1 \ln ISEI_{initial} + \beta_2 Edu_{self} + \beta_3 Ey_{self} + \beta_4 Ey_{father} + \beta_5 ISEI_{father} + \beta_6 Fc + \beta_7 Edu_{self} \cdot Ey_{self} + \beta_8 Edu_{self} \cdot Hk + \beta_9 Edu_{self} \cdot Gd + \sum_{i=1}^{n} \alpha_i X_i + u \quad (4)$$

其中，Hk 为 $Hukou$ 的缩写，是户籍类型；Gd 是 $Gender$ 的缩写，是性别。

1. 因变量

以个体社会经济地位初职和现职为因变量，采用社会经济地位指数 ISEI 测量，分别标记为 $ISEI_{initial}$ 和 $ISEI_{current}$。

2. 自变量

(1) 教育类型 $Edutype$，职业教育为 0，普通教育为 1。

(2) 自致性因素和先赋性因素：前者包括本人受教育年限（Ey_{self}），后者包括父亲受教育年限（Ey_{father}）、父亲 ISEI（$ISEI_{father}$）和家庭收入对数（Fc）。

(3) 教育类型与相关变量的交互项。为更好地刻画教育类型和教育层级的交互作用，以及户籍、性别等因素对不同教育类型群体社会地位获得的影响，分别构建：①教育类型与受教育年限的交互项；②教育类型与户籍类型的交互项；③教育类型与性别的交互项。如果教育类型与受教育年限的交互项显著，则表明受教育年限对社会地位的影响受到教育类型的调节；如果教育类型与户籍或性别的交互项显著，则表明职业教育对社会地位的影响存在户籍或性别的异质性。

3. 控制变量

X_i 表示加入的其他控制变量，包括户籍（城镇为 1，农村为 0），性别（男性为 1，女性为 0），所在地区数等。其中户籍采用样本 12 岁时的户籍所在地，未选用当前户籍所在地，是因为前者更为准确地反映样本的家庭背景状况)，所在地区根据样本所在省份分为东部、中部和西部三类(以西部为参照)。

个别变量存在数据缺失问题，例如父亲的 ISEI 值，在 5 000 多个样本中，缺失值有 1 300 个左右，需要进行插补。现采用 SPSS 软件进行插补。子代的 ISEI 初职、ISEI 现职、家庭收入也存在少量缺失值，采用同样的方法进行处理。

多元回归的统计结果见表 8-2。在模型 1 中，自致性因素中的个人受教育年限和先赋性因素中的父亲 ISEI 值和家庭收入对数均在 1% 的水平上显著，表明两类因素对初职社会地位的获得均有显著影响，而且个人受教育年限的绝对值大于后两者之和，表明自致性因素对社会地位获得的影响更大。同时，教育类型显著为负，表明职业教育相对于普通教育，对初职社会地位的获得更有利，这可能与职业教育注重技能培养、有利于学生就业的性质有关。

表 8-2 初职社会地位和社会地位的多元线性回归分析

个体 ISEI 变量	(1) 初职 社会地位	(2) 现职 社会地位	(3) 初职 社会地位	(4) 现职 社会地位
初职社会地位	—	0.725***	—	0.725***
个人受教育年限	2.430***	0.575***	0.835**	0.551*
父亲受教育年限	0.07	0.027	0.067	0.029
父亲 ISEI	0.060***	0.003	0.056***	0.003
家庭收入对数	1.955***	1.268***	1.944***	1.265***
教育类型	−1.014*	−0.066	−25.483***	−0.912
性别	−0.934**	0.546**	−2.853***	−0.717
户籍	1.854***	1.277***	−1.807*	1.905**
东部地区	1.142**	0.726**	1.137**	0.737**
中部地区	1.538***	0.508	1.484***	0.527
教育类型·个人受教育年限	—	—	1.653***	0.035
教育类型·户籍	—	—	4.305***	−0.731
教育类型·性别	—	—	2.242**	1.453*
常数项	−11.982	−9.354	11.783**	−8.690**
R^2 Adj	0.195	0.587	0.200	0.587
样本数	5 043			

注：*，**，*** 分别表示在 10%，5%和 1%的水平上显著。

在模型 2 中，个人受教育年限和家庭收入对数仍然显著为正，表明先赋性因素和自致性因素仍然对现职社会地位产生影响。教育类型的绝对值虽然为负，但不显著，这可能因为普通教育毕业生进入劳动力市场后，通过在岗学习和培训提升职业技能，随着时间推移，职业教育对就业的优势逐渐消失。初职社会地位对现职社会地位有显著影响，表明个体进入劳动力市场之初的社会地位获得在很大程度上影响其职业生涯的发展。

模型 3 增加了教育类型与相关变量的交互项，其中教育类型与受教育年限的交互项在 1%的水平上显著为正，表明教育类型对社会地位具有调节效应：多接受 1 年普通教育，比多接受 1 年职业教育，更能促进初职社会地位的提升。考虑到教育类型与受教育年限的系数相反，为进一步考察二者教育类型对社会地位的影响，将教育类型及其与受教育年限系数的绝对值相除（25.482/1.653 = 15.41），表明如果受教育年限达到或超过 15.41 年，即完成本科阶段教育，则接受普通教育对初职社会地位的贡献将超过两类教育对初职社会地位的差异（若分别以普通教育和职业教育的受教育年限为横坐标、以初职地位为纵坐标画两条回归线，职业教育比普通教育的回归线有更高的截距，但斜率更小，两条线在某点相交，即 15.41 年，在该点右边，接受普通教育会比接受职业教育有更好的社会地位）。

户籍系数显著为负，同时教育类型与户籍交互项也显著，表明在职业教育群体中，农村户籍对受教育者初职社会地位的影响超过城镇户籍。性别的影响与户籍相似，即女性接受职业教育比男性更有利于初职社会地位的提高。二者结合起来，职业教育对于相对弱势群体（农村户籍、女性）初职社会地位具有更积极的促进作用。

在模型 4 中，先赋性因素和自致性因素、初职社会地位对现职社会地位的影响与模型 2 相似，教育类型和性别对现职社会地位的影响均不再显著。户籍系数显著为正，其方向与对初职社会地位的影响正好相反，可能是因为在初职社会地位已确定的基础上，城镇户籍对职业地位的提升相比农村户籍更有优势。

值得注意的是，地区控制变量对于社会地位具有显著影响，其中东部地区较西部地区对初职社会地位和现职社会地位的影响均显著为正，而中部地区对初职社会地位的影响显著为正。

(二) 结构方程模型

前文线性回归分析的结果揭示了影响社会地位获得的关键因素，本部分通过结构方程模型进一步探究社会地位获得的影响路径。

1. 社会地位获得的 SEM 整体模型检验

首先将所有样本纳入模型，以对中国当代情境下的地位获得机制有总体的把握。所得结构模型结果如图 8-2 所示（先赋性因素对现职地位的影响不显著，与布劳-邓肯模型的分析结果相似，因此图中未呈现先赋性 - 现职的影响关系）。

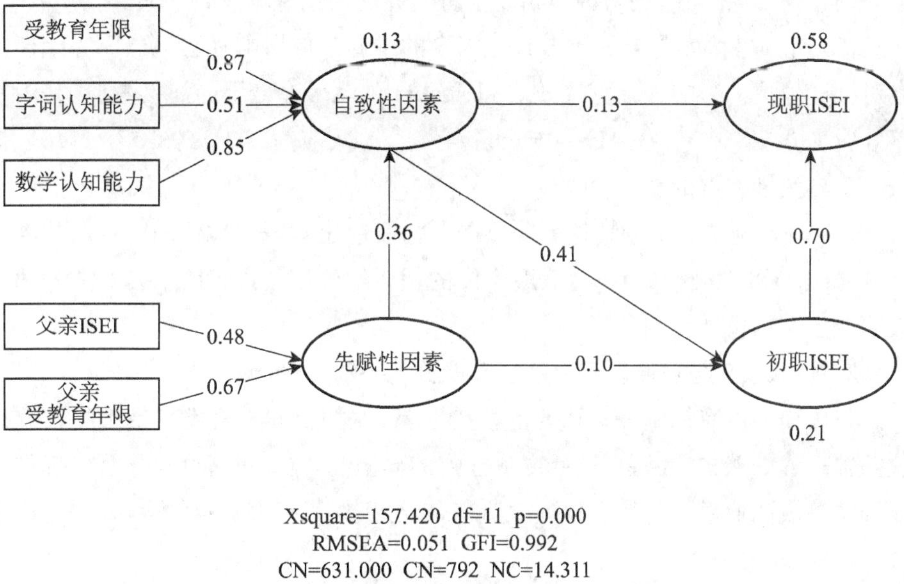

图 8-2　社会地位获得的 SEM 整体模型

首先是结构方程模型的拟合度分析，主要的拟合指标见表 8-3。卡方/自由度比（Xsquare/df）较大，但由于卡方与样本量密切相关，因此在本研究所使用的大样本情况下，近似误差的均方根（RMSEA）是较好的拟合优度指标，该指标小于 0.08，表示模型拟合度良好；GFI 值大于 0.90；CN>200，[①]所以可以认为本模型较好地拟合了样本数据的内在结构关系。

① 吴明隆.结构方程模型[M].重庆：重庆大学出版社，2010.

表 8-3　SEM 整体模型的拟合指标

指标	卡方值	RMSEA	GFI	CN	NC	样本量
指标值	157.420	0.051	0.992	631	14.311	5 043

从图 8-2 中可以得到以下三点结论。

(1) 自致性因素对社会地位的影响强于先赋性因素。自致性因素对初职社会地位的标准化路径系数为 0.41，远大于先赋性因素对初职社会地位直接效应的 0.10，表明教育在传递家庭社会地位的过程中起到非常重要的作用。这与布劳-邓肯所揭示的美国工业化社会中，自致性因素是影响社会地位获得和社会流动的主要因素一致，也与国内相关学者研究的结论基本一致。①②

(2) 先赋性因素主要通过自致性因素的中介效应影响社会地位。先赋性因素对社会地位的影响存在直接效应和通过自致性因素传导的间接效应，其中间接效应为 0.148(0.36×0.41)，大于直接效应，总效应为 0.248(0.10＋0.148)，仍然小于自致性因素的 0.35。

(3) 现职地位受初职地位影响显著。初职地位对现职地位的路径系数高达 0.70，相比自致性因素的 0.11，表明个体的初职地位在很大程度上影响或制约了其职业生涯的发展空间。

2. 职业教育与普通教育影响社会地位获得的比较分析

整体模型没有控制一些重要的基础变量，比如不同教育类型带来的社会地位获得过程的差异，为探究这些变量导致的异质性，需要进行群组分析。现将全体样本分成职业教育群体和普通教育群体，分别纳入模型进行拟合，并进行比较分析。

如前所述，本章的职业教育群体包括初中、中等职业教育和高等职业教育三个群体，样本为 3 907 个，普通教育群体包括初中、普通高中和大学本科三个群体，样本为 4 387 个。

职业教育和普通教育影响社会地位的 SEM 模型如图 8-3 和图 8-4 所示，拟合指标均显示拟合情况良好(表 8-4)，进一步分析模型的路径系数，可以得出以下结论。

① 庞圣民.当代中国地位获得模式分析[J].宁夏大学学报，2012(5)：118-124.

② 靳振忠，严斌剑，王亮.家庭背景、学校质量与子女教育期望——基于中国教育追踪调查的分析[J].教育研究，2019(12)：107-121.

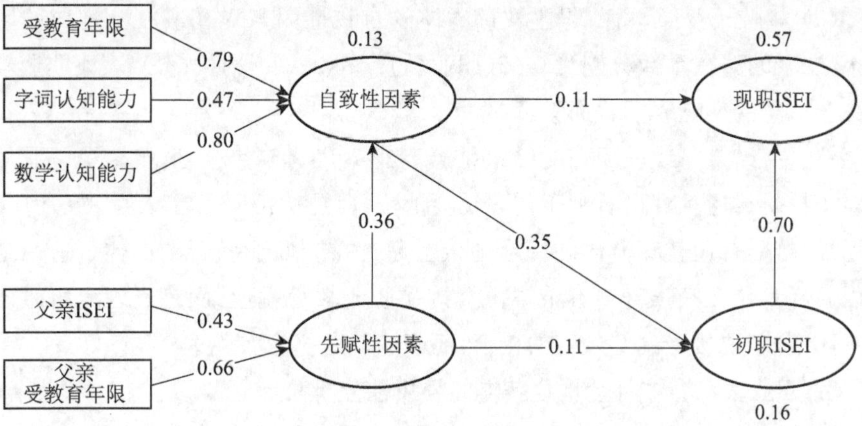

图 8-3　职业教育影响社会地位的 SEM 模型

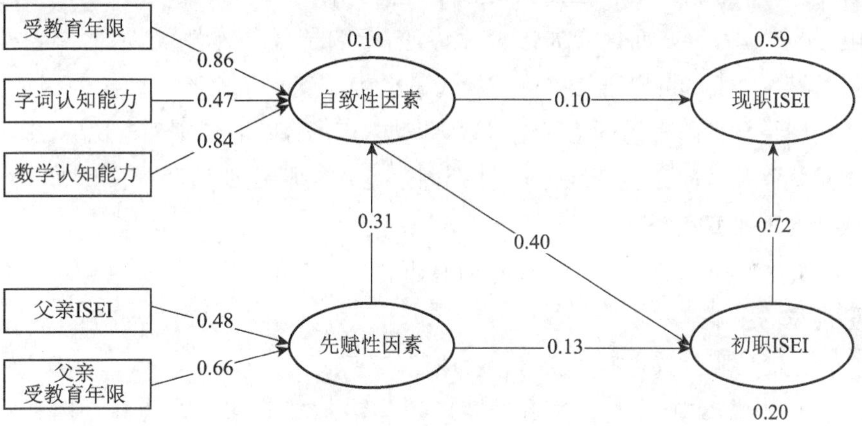

图 8-4　普通教育影响社会地位的 SEM 模型

表 8-4　SEM 教育类型模型的拟合指标

指标	卡方值	RMSEA	GFI	CN	NC	样本量
职业教育群体结构模型指标值	138.791	0.055	0.990	554	12.617	3 907
普通教育群体结构模型指标值	163.572	0.056	0.990	528	14.87	4 387

(1) 自致性因素仍然是影响职业教育群体社会地位的主要因素，其对初职社会地位的路径系数为 0.35，而先赋性因素为 0.11，后者通过自致性因素对初职社会地位的间接效应为 0.126，略高于直接效应，总效应仍小于自致性因素的影响。

(2) 相较于普通教育,职业教育群体的自致性因素对初职社会地位的影响更小,二者的路径系数分别为 0.35(职业教育)和 0.40(普通教育),表明职业教育对社会地位的影响弱于普通教育。

将这一结果与线性回归的结果结合起来,可以推导出：虽然接受职业教育相对于接受普通教育更有利于初职社会地位,但是从长期来看,随着受教育年限的增加,接受普通教育群体的社会地位会超过接受职业教育的群体。这一结果可以解释为什么家长普遍不希望子女接受职业教育就业,而是进入竞争激烈的高考跑道,争取接受高等教育的机会,而职业教育仅为次优选择。

3. 职业教育群体社会地位获得的异质性分析

户籍、性别等因素也可能对社会地位的获得造成显著差异。例如,户籍作为一种再分配分层机制,与中国户籍分割的结构性障碍对流动机会和地位获得发挥着作用。① 中国社会存在巨大的城乡差异,一方面对个体获取社会地位造成影响或制约,另一方面也会通过代际传递,影响子代获得教育,从而影响社会地位的获得。因而,户籍是中国情境中社会地位获得机制不可或缺的因素。

而围绕性别因素的理论讨论揭示,劳动力市场存在着性别隔离现象,影响着女青年就业及其社会经济地位,②性别因素是建构职业地位获得模型的一个不可或缺的重要变数。③

因此本部分重点关注接受职业教育群体中,户籍因素和性别因素对于获得社会地位的影响。

(1) 接受职业教育群体获得社会地位的户籍差异

在总体样本中,农村户籍和城镇户籍差异不大(表 8-5),先赋性因素对初职地位,自致性因素对现职地位以及初职地位对现职地位的路径系数均相等,农村户籍群体的自致性因素对初职地位的影响略小于城镇户籍群体(路径系数为0.40 和 0.42),而先赋性因素对自致性因素的影响则略大于后者(路径系数为 0.33 和 0.31),表明农村户籍群体获得社会地位受家庭因素的影响更大。

① 李春玲.中国社会分层与流动研究 70 年[J].社会学研究,2019(6)：27-40.
② 武晓伟.女青年职业教育中的性别议题研究[J].中国青年研究,2015(2)：84-88,99.
③ 周怡.布劳-邓肯模型之后：改造抑或挑战[J].社会学研究,2009(6)：206-225.

表 8-5　教育影响不同户籍社会地位的 SEM 分析结果

路径关系	农村户籍影响社会地位的SEM模型参数估计	接受职业教育农村户籍影响社会地位的SEM模型参数估计	P值	城镇户籍影响社会地位的SEM模型参数估计	接受职业教育城镇户籍影响社会地位的SEM模型参数估计	P值
	标准化系数			标准化系数		
自致性因素←先赋性因素	0.33	0.26	***	0.31	0.41	***
初职 ISEI←先赋性因素	0.08	0.10	***	0.08	0.00	***
初职 ISEI←自致性因素	0.40	0.43	***	0.42	0.20	***
受教育年限←自致性因素	0.86	0.78	***	0.87	0.86	***
字词认知能力←自致性因素	0.50	0.41	***	0.52	0.52	***
数学认知能力←自致性因素	0.85	0.79	***	0.86	0.83	***
父亲受教育年限←先赋性因素	0.68	0.76	***	0.68	0.76	***
父亲 ISEI←先赋性因素	0.44	0.36	***	0.44	0.33	***
现职 ISEI←自致性因素	0.12	0.08	***	0.12	0.13	***
现职 ISEI←初职 ISEI	0.70	0.71	***	0.70	0.63	***

对接受职业教育群体按户籍进行群组分析，两类样本的模型拟合情况均良好(表 8-5)。但与总体样本的分户籍情况比较，先赋性因素和自致性因素对社会地位的影响存在较大的差异：农村户籍的自致性因素对初职社会地位的路径系数为 0.43，而城镇户籍仅为 0.20，前者的影响程度是后者的 2 倍多。与此形成对比的是，接受普通教育农村户籍群体的自致性因素对初职社会地位的路径系数小于城镇户籍(分别为 0.37 和 0.42)。接受职业教育群体中农村户籍的先赋性因素对自致性因素的路径系数为 0.26，而城镇户籍为 0.40，前者的影响显著弱于后者；而接受普通教育群体的情况同样呈现相反的差异：农村户籍的先赋性因素对自致性因素的路径系数为 0.28，大于城镇户籍的 0.24。上述分析对比表明，农村户籍者接受职业教育对社会地位的影响显著超过城镇户籍，表明接受职业教育对农村户籍者的社会地位获得具有积极的促进作用，在一定程度上扭转了先赋性因素不足对其获得社会地位造成的不利影响。同时，对于农村户籍群体而言，接受职业教育对初职社会地位的改善要优于接受普通教育，并对现职地位产生持续的影响。

(2) 接受职业教育群体获得社会地位的性别差异

在总体样本中(表8-6),男性和女性的自致性因素对社会地位的影响均超过先赋性因素,但先赋性因素与自致性因素对社会地位影响存在一定的性别差异:女性自致性因素对初职社会地位的影响略高于男性(分别为0.43和0.40),女性先赋性因素对初职社会地位的直接影响与男性相等(0.09),但女性先赋性因素对自致性因素的路径系数大于男性(分别为0.41和0.33),表明女性先赋性因素通过自致性因素对初职社会地位的间接效应大于男性,同时也表明女性受教育状况较男性更多地受家庭因素的影响。此外,女性自致性因素对现职社会地位的影响略高于男性(路径系数分别为0.14和0.12)。

表8-6 职业教育影响不同户籍社会地位的SEM分析结果

路径关系	女性影响社会地位的SEM模型参数估计	接受职业教育女性影响社会地位的SEM模型参数估计	P值	男性影响社会地位的SEM模型参数估计	接受职业教育男性影响社会地位的SEM模型参数估计	P值
	标准化系数			标准化系数		
自致性因素←先赋性因素	0.41	0.34	***	0.33	0.35	***
初职ISEI←先赋性因素	0.09	0.09	0.007	0.09	0.11	0.039
初职ISEI←自致性因素	0.43	0.41	***	0.40	0.31	***
受教育年限←自致性因素	0.89	0.83	***	0.86	0.77	***
字词认知能力←自致性因素	0.54	0.50	***	0.49	0.44	***
数学认知能力←自致性因素	0.85	0.83	***	0.85	0.81	***
父亲的受教育年限←先赋性因素	0.67	0.70	***	0.67	0.70	***
父亲ISEI←先赋性因素	0.49	0.38	***	0.47	0.41	***
现职ISEI←自致性因素	0.14	0.14	***	0.12	0.09	***
现职ISEI←初职ISEI	0.69	0.67	***	0.70	0.71	***

在职业教育群体中(表8-6),女性的自致性因素对社会地位的影响显著高于男性:对初职社会地位的路径系数分别为0.41和0.32,女性超过男性近30%,对现职社会地位的路径系数分别为0.14和0.09,女性超过男性55%。女性的先赋性因素对初职社会地位的直接影响略低于男性(路径系数分别为0.09

和 0.11)，女性的先赋性因素对自致性因素的影响与男性相似(路径系数分别为 0.34 和0.35)，因而女性的先赋性因素对初职社会地位的总效应与男性相当。表明接受职业教育对女性社会地位的改善有着积极的促进作用。

4. 稳健性检验

在上述分析中，考虑到初中教育作为普通教育和职业教育的共同起点，因而在两种教育类型的样本中，均将初中学习者纳入。由于初中教育样本众多(3 213 个)，有可能会导致统计结果的偏误。为此，剔除初中样本，职业教育样本仅包含中等职业教育和高等职业教育样本，普通教育样本仅包含普通高中和本科教育样本，分别进行多元回归分析和结构方程模型分析，考察前述分析结论的稳健性。

多元线性回归的结果见表 8 7，在模型 1—4 中，教育类型、个人受教育年限、父亲 ISEI、家庭收入对数、初职社会地位等关键自变量，在显著度上均保持一致，影响方向不变，且变量系数估计值大小变化不大，表明多元线性回归分析具有较好的稳健性。进一步建立不含初中教育样本的结构方程模型(图 8-5)，首先模型的主要拟合指标均符合要求，表明模型拟合度良好，自致性因素 - 初职 ISEI、先赋性因素 - 自致性因素、自致性因素 - 现职 ISEI、初职 ISEI - 现职 ISEI 等关键路径的系数均在 1%水平上显著，且数值变化不大，路径系数之间的关系保持不变，仍然支持自致性因素是影响社会地位的主要因素这一结论。基于线性回归和结构方程模型的稳健性分析，本章的分析结论是可靠的。

表 8-7　多元线性回归分析的稳健性检验

个体 ISEI 变量	(1) 初职 社会地位	(2) 现职 社会地位	(3) 初职 社会地位	(4) 现职 社会地位
初职社会地位	—	0.665***	—	0.666***
个人受教育年限	2.485***	0.605***	0.921*	0.625*
父亲受教育年限	－0.073	0.013	－0.091	0.011
父亲 ISEI	0.069***	0.003	0.063**	0.003
家庭收入对数	1.801***	1.240***	1.746***	1.217***
教育类型	－1.483**	－0.147	－30.552***	－0.430
性别	－1.385**	0.373	－2.870**	－0.885
户籍	0.083	0.789	－1.626	1.879**

（续表）

个体 ISEI 变量	(1) 初职社会地位	(2) 现职社会地位	(3) 初职社会地位	(4) 现职社会地位
东部地区	-3.64***	-0.787	-3.553***	-0.770
中部地区	-1.020	-0.663	-1.017	-0.599
教育类型·个人受教育年限	—	—	2.086***	0.094
教育类型·户籍	—	—	2.480*	-1.575
教育类型·性别	—	—	2.242**	1.873*
常数项	-5.338	-4.998	17.146**	-5.061
R^2 Adj	0.077	0.489	0.085	0.490
样本数	1 916			

注：*，**，*** 分别表示在 10%，5%和 1%的水平上显著。

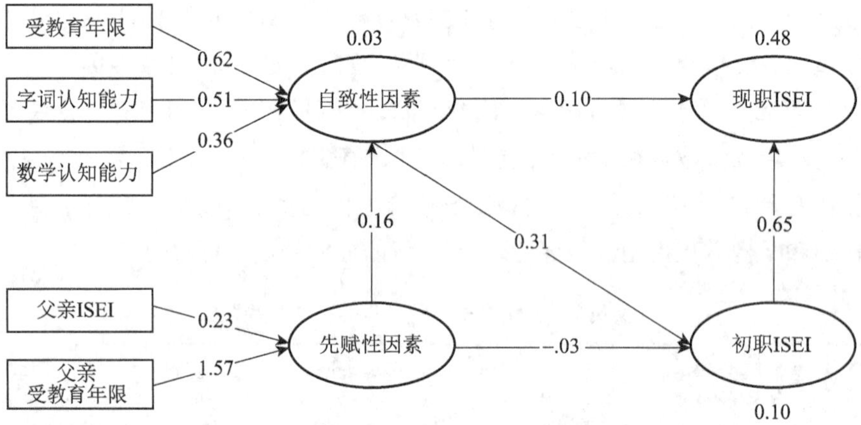

Xsquare=27.619 df=11 p=0.004
RMSEA=0.029 GFI=0.995
CN=1 276.000 CN=1 604 NC=2.511

图 8-5 SEM 整体模型的稳健性检验

四、结论与讨论

本章关注职业教育这一特殊的教育类型对个体社会地位及社会流动的影响，构建基于地位获得模型的结构方程模型，分析比较职业教育与普通教育、先赋性因素与自致性因素以及户籍、性别等重要因素对社会地位的影响，得到以下结论。

首先，接受职业教育对个体社会地位提供了有力的保障。从自致性因素与先赋性因素对社会地位影响的比较可以看出，教育仍然是重要的地位获得机制，以教育为主的自致性因素不仅对个体社会地位的影响显著超过先赋性因素的直接影响，也是后者对社会地位间接影响的重要中介因素。接受职业教育群体同样呈现类似的特点，表明接受职业教育对个体的社会地位提供了有力的保障，并且与接受普通教育相比，接受职业教育为个体的初职社会地位提供了相对较高的起点。

其次，接受职业教育对弱势群体社会地位的提升更为显著。SEM 模型的分析结果显示，接受职业教育对于农村户籍者的社会地位的促进优于城镇户籍，对女性的社会地位的提升优于男性，表明接受职业教育对于弱势群体社会地位有着更显著的提升作用，是实现农业转移人口合理社会流动的重要机制（曾阳和黄崴，2015）。

职业教育是一种生存教育，走的是教育平民化的道路，是社会地位低下者的生存权得到保障的基本路径（徐桂庭，2019）。中上阶层的学生通过接受高等教育成为精英，而底层群体学生通过接受职业教育更可能成为技术工人。职业教育为下层阶级提供了一种靠个人努力来改变其不利地位的途径，从而弱化了下层阶级或下层群体的“内固”程度，促进弱势群体向中间阶层转化，扩大中间阶层的比重（曾阳和黄崴，2015）。

同时，职业教育对个体社会地位的提升存在局限性。相较于普通教育，职业教育对社会地位的影响由初职地位的影响显著转变为现职地位的不显著，以及随受教育年限增长，接受普通教育比接受职业教育对社会地位有更好的促进作用，表明职业教育虽然能够为个人提供一个相对好的社会地位的起点，但缺乏可持续的支持，难以像高等教育为个人职业生涯的发展提供强有力的支持。职业教育的社会流动功能受制于社会结构，首先是阶层结构，接受职业教育群体在社会结构中仍处于中下位置（曾阳和黄崴，2015）。Erikson 和 Goldthorpe 提出社会流动的“封闭性命题”，表征阶层内代际显著的继承倾向，这种封闭性使向等级最高点的流动受到很大限制。而接受职业教育群体的父代处于社会中下层，其先赋性因素的不利，制约了该群体的向上流动；其次是劳动力市场结构，在等级化的劳动力市场中，接受职业教育背景的劳动者大多进入次级劳动力市场，社会流动较为困难。近年来，以就业为主的中等职业教育就业率大幅度下降，与职业教育对社会流动的制约不无关联。

较高的社会流动率是一个社会开放与否的主要衡量标志之一，对社会的稳定与发展具有重要作用。随着中国改革开放向纵深推进，由自身努力形成的自致性因素会对社会地位获得产生日益重要的影响。教育作为一个中立而自主的系统，是促进社会底层向上流动的最主要机制，也是改变阶级分裂状况的有效体制，但也要认识到教育功能的限度，抵制阶层再生产需要加强顶层设计（杜连森，2018），弱化职业教育的阶层再生产转变效应，促进社会弱势阶层的向上流动。

第九章

职业教育影响社会流动的个案研究

本书第六章和第八章基于 CFPS 数据库，分别通过回归分析和建立结构方程模型探究了职业教育对个体社会地位的影响，显示职业教育为受教育者提供了社会地位的基本保障，同时也限制了其向上社会流动的空间。基于数据库的定量分析探究了关键变量之间的关系，如教育对社会经济地位的影响，以及教育作为重要的自致性因素与家庭背景等先赋性因素如何影响个体的社会地位，为揭示职业教育对社会地位的影响提供了客观的依据。但仍然存在以下不足：首先，个体的社会地位受诸多因素影响，定量分析并未全部纳入考虑。例如，家庭的教育期望对个体的教育选择和教育成就有较大的影响，这与父母自身的教育背景并无必然联系；又如，个体从事的职业受到机遇等偶然因素的影响，从而影响其未来的职业发展。需要获取关于个体更多的信息，包括个人成长经历、家庭影响、成长环境等因素，才能更全面地揭示教育对社会地位的形塑。其次，定量分析是通过问卷调查掌握样本的相关信息信息的数据处理和分析，虽然提供了关于个体的客观信息，但是个体的主观感受和评价缺失，而这部分信息恰恰能提供揭示现象背后原因的依据和线索，否则定量分析只能基于某种可能性进行推测，说服力不足。最后，定量分析所揭示的是平均意义上的影响，而某一群体中的个体是千差万别的，必须通过对典型个体的定性分析弥补定量分析的不足。因此，本章通过对接受职业教育的从业群体的深度访谈获取更加充分的信息，以期全面而深入地揭示职业教育对新型城镇化进程中个体及家庭社会地位和社会流动的影响。

一、 研究设计

(一) 设计思路

深度访谈的内容需保持与定量分析的一致性，应同样以社会流动的相关理论为基础，围绕地位获得模型，询问受访者关于先赋性因素、自致性因素对教育、职业和社会经济地位的影响。基于数据库的定量研究是通过随机抽取足量的样本得出具有普遍性的结论，而基于深度访谈的个案研究注重深度，充分挖掘代表性样本的信息，并遵循样本饱和度的原则，从而形成多个与个体相关的较完整故事。因此需要从信息的广度和时间的长度两方面挖掘更多的信息，包括主观信息和客观信息。前者包括：关于职业教育对个体影响的主观评价，受访者个体与不同教育背景同期人群的比较，受访者对教育选择的看法，对自身及家庭社会地位、城镇化融入状况的评价等；后者包括受访者的教育经历，职业状况，经济状况，社会流动情况，家庭状况（包括父母及自身）等。

（二）研究对象

为保证样本的代表性，分别从东部（上海、浙江）、中部（江西、河南）、西部（云南、广西、甘肃、四川、重庆）等不同地区抽取接受职业教育的从业人员。抽取方式是通过分布在这些地区的职业院校，提供会计、汽车维修、房地产营销、智能楼宇、计算机、学前教育等若干专业毕业生的联系方式，每个专业随机抽取5～6名毕业生，共50人。样本的工作年限包括新进入劳动力市场（3年以内），较丰富的工作经历（4～10年），丰富的工作经历（10年以上）等。样本大多数来自农村家庭（与接受职业教育群体中农村户籍者较多的情况一致），男女比例约为6∶4。

（三）访谈方案

本研究采用半结构化访谈，对受访者逐一进行深度访谈，访谈时间为2020年2—5月，每次访谈持续约45分钟至1小时，客观信息部分与主观访谈的时间比约为1∶2。由于受访者分布在全国各地，且受新冠疫情影响，少数访谈是现场进行，大部分访谈通过电话或微信进行，并在征得受访者同意的情况下，使用录音笔进行录音，并对访谈录音进行了转录和整理。

访谈主要包括以下内容：

（1）受访者的先赋性因素，包括家庭经济资本、文化资本和社会资本等；

（2）成长环境对受访者的影响，包括家庭环境、学校环境和区域环境等；

（3）接受职业教育对受访者个体成长的帮助和影响；

（4）受访者个体及家庭的社会经济地位以及职业教育所施加的影响；

（5）接受职业教育对受访者城市融入的影响；

（6）受访者与其初中、高中、大学等不同教育背景的同学职业发展状况的比较；

(7) 受访者选择职业教育的因素及对教育选择的看法。

二、调研发现

(一) 家庭条件环境对个体教育和成长的影响

1. 文化资本

多数受访者来自农村家庭，其父母的学历水平普遍不高，且大多离家外出打工，其子女成为留守儿童，他们无力为子女提供高质量的学习指导和支持，即使有也仅限于小学低年级阶段。他们抱有“读书肯定是好的”的朴素思想，希望子女有好的前途，对于子女的教育抱有一定的期待，至少要高于他们的学历，正如一名受访者谈到“我们村里面就是我这个年龄，除了我以外全部都辍学了，但我爸爸说再怎么苦也让我去读书”。他们通常告诉子女要好好努力，“只有读书才有出息”，否则“就会和他们一样”。这种期待会产生一定的正向影响，但并不强烈，多名受访者均提到对子女的教育总体持“顺其自然”的态度。

大多数受访者表示学习主要“靠自己”，因为“如果父母的学历高，那他对孩子的整个素质会有一些影响，能够更好地引导孩子和教育孩子”“高学历、高情商的父母能够给孩子更准确的引导和教育，学历低的父母在教育方面做不到这么好的引导和教育”，但学历低的父母也会教给子女为人处事的道理，如“多吃点苦，不要在意计较太多的得失”“做会计不能捞钱”等。有些也会通过言传身教影响子女，如父母的勤劳使子女养成了勤奋的习性。但总体而言，由于缺乏来自父母的教育指导和要求，大部分受访者的学习总体处于自由放任的状态，自我的教育期望也并不高。在选择是否就读职业教育的决定上，多数受访者由自己决定，只要愿意接受职业教育，父母一般持支持态度。部分受访者由于年龄小无法做出独立判断，由父母为其确定就读职业学校并选定专业。还有少部分受访者通过父母、老师、亲戚朋友、已在职业学校就读者的建议或推荐，在一致认同的情况下进入职业学校学习。选择职业教育的原因主要有成绩不佳，学习一门手艺容易找到工作，家庭经济状况不好想早点出来工作，职业教育有国家政策扶持，受父母职业影响自己对职业技能感兴趣等，少数受访者因为初中学历无法找到合适的工作而继续就读中职学校。但也有个别受访者的父母具有初中或高中的教育水平，且有哥哥或姐姐已就读大学，在选择职业教育时遭到家庭的反对，认为中等职业教育就是“断头路教育”，大部分已组建家庭的受访者均对自己子女未来的教育抱有较高的期望，认为“只有读书才有出息”，有受访者明确提出子女的教育目标“必须是大学本科”。

2. 经济资本

大多数受访者的原生家庭经济条件一般，其父母由于学历不高且大多为农村户籍，大多数以务农或务工为生，有些受访者父母具有高中及以上学历，并担任管理人员。他们中大部分人收入有限，但并不会因此要求子女放弃高中和大学而选择职业教育，也不要求子女干农活（或者即使干农活，也不会影响学习）。仅有个别人因为有弟弟妹妹需要上学，为给家庭减轻经济负担而主动选择就读中职，多数人选择就读职业学校还是因为个人的喜好或者考虑到自身的学习成绩而“不想上高中”。此外，除个别人因成绩不理想而参加过短期辅导班，多数受访者没有参加过课外辅导班。

3. 社会资本

大部分受访者来自农村家庭，其父母的社会经济地位不高，社会资本比较缺乏，难以为其求职提供有力的支持，大多数受访者的就业及职业发展与父母的关系不大。但父母不利的社会境遇反而会激励子女靠自身努力摆脱社会地位的代际复制，“如果自己不努力就会和父母一样”。少数受访者的父母会提供求职建议或有限的经济资助。在这种情况下，不少人主要通过职校班主任和学长推荐工作，或通过实习争取留用，“他们对我求职的帮助蛮大的”。根据职业学校的教学计划，毕业前的半年至一年，由学校安排学生到合作企业实习，这为毕业生就业提供了便利，也构成了相对于普通高中毕业生在求职上的比较优势。部分受访者表示由于学校提供的帮助很少，“主要靠自己找”。

4. 社会环境

家庭是个体社会地位获得的首要环境因素，除此之外，个体的社会地位也受到其他环境因素的影响，如学校环境、社区环境以及区域环境等。多数受访者就读的中小学学习氛围还不错，但教育质量一般，教师对待学生比较好，但学习要求比较宽松。部分受访者认为成绩不好主要不是因为学校质量，而是自身不够努力。大部分人的居住地相对偏僻、落后，城乡之间差异巨大，“要车没有车，要路又没有好多路，出去一趟都难，公交车我都不会坐”，在闭塞的环境中视野狭隘，“乡下跟镇上完全是两个世界，一个天上、一个地下，乡下很穷的”，多数人渴望有机会离开家乡去往城市。随着城镇化建设的推进，交通条件较以前大大改善，不少地方城乡差异逐步缩小。有受访者提到在县里名列前茅的镇学校读了小学和初中，在这种情况下，城乡差异对教育质量及个人成长的影响并不显著。

综上所述,深度访谈中受访者的家庭基本状况与 CFPS 数据库中的样本分析大致相同,接受职业教育群体大多来自农村户籍的原生家庭,且家庭的文化资本、经济资本和社会资本均处于社会中下层,无法与处于社会优势地位的家庭一样为子女提供教育与职业上的支持。而职业教育恰恰为这些缺乏先赋性优势的群体提供了获得相比其父辈更优社会地位的可能性。通过职业教育,他们获得一技之长,并且由于职业教育与行业企业之间天然的内在关联,使他们能更为便利地获取就业的机会,从而摆脱不利社会地位的代际传递。

(二) 职业教育对个人成长的影响

1. 职业教育对个体的成长产生正面影响

受访者谈及关于职业教育对个人成长的影响,总体上肯定其正面作用,“学校教的东西能用到”,体现在“职业技能、人际关系、人生阅历”等方面,同时“学校教的东西都挺正面的”。具体而言,职业教育对于个体发展的正面影响有以下两个方面。

(1) 职业教育为受教育者的职业与人生发展打下了基础。职业教育的专业对应着具体的职业,经过专业学习和实践技能的训练,受教育者收获了一技之长,如财务会计操作技能,相对容易地进入与之对应的行业,使其职业生涯有良好的开端。有受访者提到“从学校学到了基本的技能”,尤其是对于学习能力较为薄弱的学生来说,“简单、容易入手,容易学会”,同时“中专学习的东西还是比较实用的”。

职业教育除了传授专业技能,还提供了极好的培养非认知能力的机会,中等职业教育阶段的学生正处于由未成年人向成年人过渡的关键期,接受职业教育有助于树立正确的人生观。不少受访者提到,“遇到了很好的同学和老师”,对自己的帮助很大。有受访者提到,职业学校与社会有较密切的衔接,“很多为人处世啊,或者说跟陌生人、跟其他人打交道啊,可能是在学校的时候受到了很大的影响”“培养我独立的性格,以前我是很依赖别人的,出门就必须有人陪着,不然我连门都不想出,没有出门的勇气,现在我就可以一个人去吃饭、一个人去逛街,让我一个人去买东西都是能接受的。之前做决定比较难,虽然现在做决定也比较难,但是下手是会比较果断。可能在父母眼里我看起来不怎么独立,但是我觉得跟以前相比,我真的感觉自己独立了很多”。

有受访者认为“我觉得虽然中职学生成绩方面比不上普高,但是我们在为人处事方面并不差”,而良好的人际关系对于事业的成功至关重要。职业教育还帮助不少人重新建立学习的信心，有受访者在读小学初中时成绩不好，对学习缺乏兴趣和信心，却在以实践技能培养为主的职业学校表现突出，“可以算是我人生当中的一个转折点”“参加了很多技能比赛，拿到了全班第一”，重塑了信心，“我发现我也可以变成很厉害的人”。受访者的主观评价也能反映其具备较好的非认知能力：对于人缘关系和与人相处能力，受访者认为自己有“较好的人缘关系”或“较强的与人相处能力”。

也有受访者认为职业教育影响其人生轨迹，有受访者认为“其实它对我影响挺大的，毕竟是我的第一份工作，并在此成家立业”，还有受访者认为就读职业学校“感觉就像人生的一个机遇，一个转折点吧，把我从农村带到城市，然后找到适合自己的工作，有了自己的收入”，职业教育“改变了整个人生”。

(2) 职业教育使受教育者离开乡村进入城镇，增长见识、开阔眼界，并有更多的发展机会。多数受访者来自农村，而其就读的职业学校大多处于城市，部分受访者甚至有机会到省会城市甚至上海的职业学校学习(包括随迁子女和参与职业教育东西协作精准扶贫项目的学生)。有受访者谈到自己“从乡下来的，没见过世面”，由于家庭资本的缺乏，学校的帮助“非常大，不是说有一点”。在校期间，学校组织的各类社会实践活动提供了接触社会的机会，开阔了眼界，社团活动也锻炼了与人交往的能力。因此在某种意义上，学校的学习生活为其走上社会、融入城市奠定了一定基础。也有受访者表示“老家当地没有职校，这(指就读职业学校)是我人生第一次来到广西南宁”，并且毕业后就留在当地就业，有不少受访者在沿海发达城市就业，只有少数回到家乡的县城工作。与此形成对比的是，那些没有接受职业教育进入城市的人，“只能留在本地，对外面的大城市没有概念”。因此接受职业教育本身就为其提供了摆脱不利环境、进入城市学习和就业的机会，也可认为进入职业学校即意味着开始了一次向上的社会流动，初步确立了一定的社会地位。

2. 职业教育对于个体发展的负面影响

职业教育虽然能为个体发展提供了一定的基础，但受访者认为“职业教育的起点太低，社会认同感低，教的东西也不够多”“光靠职业教育没法在这个社会上立足”。

职业教育(主要是中等职业教育)与普通高等教育相比在学历上处于不利地位，所学知识比较基础，属于“入门级”，还不能满足较高层级职业的知识和技能要求。中职学历限制了个体的职业发展空间，例如“考取幼师证要求大专学历”

“虽然我们能力不比大学毕业生差，但是现在哪里都要看学历，不看个人的能力”“学历是进入职业的敲门砖，无论阅历多好，其他方面多优秀，很大程度学历是决定能否进入一个行业的重要原因之一”。

长期来看，职业教育对个体职业发展也存在制约效应，有工作年限超过 20 年的受访者，就读职校时职业教育还具有较高的社会地位，毕业后也顺利就业，虽然工作较为稳定，但到目前仍然只是一线普通员工，而未能进入管理层。

（三）职业教育对经济地位和职业地位及其变化的影响

1. 职业教育对个体职业地位的影响

受访者的专业分布包括：汽车维修，智能楼宇，房地产营销，会计，物业管理，计算机，学前教育等，大部分专业有较广泛的市场需求，较容易入职。

大部分受访者从职业学校毕业后，通过学校推荐，进入与所学专业对口的行业，“第一份职业是中职时的老师和学长介绍推荐的，价值在于获得了一份专业技能，利于就业”，表明职业教育对受教育者初职有积极的影响。首份职业往往从一线操作岗位起步，职业教育帮助受教育者在社会中立足，“就业比较有保障”“找了一份好工作，家里的状况也有变好”。经过较系统的专业技能训练以及企业实习积累的经验，他们通常能较快适应企业和岗位要求。

经过一段时间的历练，受访者往往能获得职称或职位上的晋升。由于拥有专业技能，他们比较容易取得技术职称的提高，有受访者在毕业两年多时间经历了技术职称的提升，“一直在某机电设备工程有限公司工作，从实习生到维保员，再到技术员后备员，到现在的管理员加技术后备员”，并作为主管指导徒弟，认为自己今后还有晋升机会，在公司付出的努力会得到相应的回报。部分有较长工作经验者（10 年以上）能获得更高的职位晋升，进入企业的管理层，例如，有受访者首份工作是银行柜员，后转入财务管理岗位，目前是公司的财务总监。

多数受访者都参加过职后培训（包括公司内部和外部的培训），培训内容与工作岗位有较高的相关度，有的是关于技能或新技术培训，有的是关于销售和管理，大部分受访者表示职后培训效果良好，对于职业生涯的发展都有帮助，尤其是与职业技能证书相关的培训，“证书的含金量比较高”，因而更有价值。

同时，调研访谈的结果也显示：中等职业教育在一定程度上制约了受教育者的职业发展空间。不少受访者进入劳动力市场之后，进一步在职攻读大专或本科学历，通过接受更高层次的学历教育为自己进一步拓展职业发展空间，摆脱学历水平的不足对自身发展的限制。值得注意的是，多数人目前的工作与毕业后首份工作不同,换工作的原因有:工作单调,上升机会少,学到的东西比较少等,但新的工作与原有工作有一定程度的关联性,或者仍然是相同行业,或者与之前积累的人脉资源有关。

也有个别受访者在职业发展中遇到问题,有受访者对与所学专业对口的工作不满意,转行从事其他工作,但由于与自身期望有较大差别,工作频繁变动,毕业至今平均每年换工作超过 1 次,目前仍处于不稳定就业状态,有的“找了几份不是很正规的工作,但是都不满意后来还是选择回来做专业对口的工作”。这也从另一方面反映了职业教育对于受教育者提供稳定就业的价值。

另一点值得关注的是,部分受访者利用自身在某一行业积累的工作经验和人脉关系,创办了自己的企业,实现了职业发展的一次跃迁,也突破了一般意义上职业教育给受教育者带来的职业发展的瓶颈制约。如有一名受访者所学的是汽修专业,毕业后进入一家奥迪 4S 店从事汽修工作,2 年前创办了自己的汽修公司,“这个专业出来很多都去自己做了。我在那家单位做了 7 年,整整 7 年的维修,然后我们有一些客户一些经验,有一些包括想出来创业时那种意识就出来了。就直接出来了”。有创业成功的受访者表示,“自己规划好了未来,不一定要读大学”“拥有更多社会实践的中专生并不一定会比大学生差”“想要提升学历可以有其他的方式,最重要的是要有一技之长”。

2. 职业教育对个体经济地位的影响

职业教育通过帮助受教育者找到稳定的工作,确保其有稳定的收入,由于有一技之长,他们的收入水平与普通高中乃至本科毕业生相比并不低,并且随着工作经验的积累和技能水平的提高,收入也不断提高。工科专业背景者收入普遍较高,有受访者从事电梯维修服务工作,工作不到三年年收入就达 10 万元,这即使与本科毕业生相比,也处于较高的水平。一名计算机专业毕业的受访者,毕业后一直从事计算机网络相关的工作,经过两年多的努力,从入门级的网络管理员,发展到目前的高级网络管理员,收入和福利都有显著的提升。部分受访者能获得职位升迁的机会,收入则有更大幅度的增加。这样的收入水平对于家庭收入的贡献很大,承担了大部分的家庭开支,给家庭提供了有力的经济支持,对改善原生家庭父母的生活也有较大帮助。相对而言,一些文科专业如财务专业毕业生的收入不高,“只能够自己花”,不过随着工作年限的增加,收入也会相应提高。

从性别看,女性接受职业教育也能获得稳定的工作和收入,女性受访者中,即使从事的是普通岗位工作,其收入也足以维持家庭的日常开销。例如,有女性受访者的专业背景是电梯维修(这本来是以男性为主的专业和职业),选择了与之有一定关系的房地产公司,从事行政助理类工作,年收入也能达到10万元。有的女性受访者从房地产经营与管理专业毕业后进入房地产企业,利用工作积累的经验和人脉关系,创办了自己的企业,且经营状况良好。这与之前实证分析发现的"职业教育对女性更有利"的结论一致。表9-1为一名女性受访者在某中职学校幼儿教育专业学习,从实习开始到毕业后五年间的职业发展轨迹、工作内容和收入变化的情况。该表清晰地表明了,职业教育为受教育者提供了某一职业领域的就业机会及稳步提升的职业发展通道(受访者认为未来还有进一步的职业晋升发展空间)。

表9-1 某女性受访者的职业发展轨迹和收入变动情况

工作历程	主要工作内容	月收入/元
实习生 (2015年12月—2016年12月)	1. 负责打扫班级卫生; 2. 每天进行听课学习	1 200
配班老师 (2017年2月—2018年7月)	1. 按时完成保教计划,完成备课、准备教具; 2. 协助主班老师管理班级孩子的每日活动常规; 3. 统计每日幼儿考勤,对没有来园的幼儿进行及时联系; 4. 每周制作班级各项表格	2 000
主班 (2018年9月至今)	1. 制订班级教育工作计划,并有计划、有秩序地组织实施,开展各类教育活动; 2. 观察、分析并记录幼儿发展情况,记录各项活动和效果; 3. 制作幼儿各项表格; 4. 积极参加教育研究活动和业务学习活动; 5. 认真备课,制订一周的教育计划、游戏和每日活动计划; 6. 与班内保教老师、卫生老师配合管理本班幼儿生活; 7. 每天与家长保持联系,了解幼儿家庭教育环境; 8. 每学期进行两次家访,了解家长对老师或幼儿园的意见或建议; 9. 设计班级环创、主题墙及区域角	2 800
年级组长 (整个幼儿园分为大、中、小三个年级组长) (2018年9月—2019年2月)	1. 管理年级组的老师; 2. 制订每学期的学期计划、月计划及周计划; 3. 组织班级老师进行每月的节日教育活动; 4. 组织老师进行新早操的学习	3 200

（续表）

工作历程	主要工作内容	月收入/元
数学组组长 （整个幼儿园分为数学组、语文组两组） （2019 年 9 月至今）	1. 协助教育教学主任进行教育教学工作； 2. 每学期开学初制订数学组组长的工作计划； 3. 每周二、周三组织老师进行一次业务学习； 4. 每周五检查各班级老师的备课情况及教学情况； 5. 整理、汇集每学期的档案、材料； 6. 每月收集老师的月工作总结并进行汇总； 7. 每学期组织老师进行听课、评课	3 400

值得注意的是，即使是创办公司、具有较高收入的受访者，对于自身社会地位的主观评价也并不高，在他们看来，经济收入只是社会地位的一方面。另外，关于收入的满意度，大部分受访者认为“一般”，部分受访者认为“不太满意”或“比较满意”，个别受访者认为“非常不满意”或“非常满意”，对于收入的主观评价与收入的客观水平不完全一致，前者低于后者，表明大部分人对收入有更高的期待。

综上所述，职业教育的受众大多来自农村家庭，社会经济地位不高。职业教育打破了城乡二元结构对受教育者职业发展和社会身份的制约，接受职业教育帮助其实现了就业并获得相应的社会经济地位，提供了摆脱阶层代际传递的契机：相关专业的学习使其获得一技之长，帮助其实现了稳定的就业，相对于其父辈实现了职业的非农化和社会经济地位的向上流动；而职业教育促进受教育者在城镇寻求就业与发展的机会，通过职业教育习得的专业技能为受教育者融入城市提供了有利条件，实现其社会地位的向上流动。从某种意义上说，职业教育帮助个体实现社会地位的提升并非起始于其毕业进入劳动力市场的时刻，而是始于其接受职业教育的时刻。随着工作年限的增加，他们中的一部分人能实现技术职称或职务的晋升，进一步提升社会经济地位，但中等职业教育学历也在很大程度上构成向上发展的制约。此外，受所学专业、职业选择、非认知能力等因素影响，接受职业教育群体的社会经济地位呈现出一定的内部差异和分化。

（四）关于职业教育对个体影响的主观评价

1. 是否已融入城市

大部分受访者明确表示自己在经济、文化、社会生活等方面已融入城市，“学习专业知识有助于在城市扎根”。不少受访者就读职校期间，就有机会接触和了解所在城市，毕业后如果继续留在该地工作，职校的经历使其自然地融入城市。但在被问及是否会在当前城市定居时，很多受访者尤其是较年轻的受访者认为难以承受城市的高房价，未来会选择回老家，表明对于接受职业教育的外来人群，要在经济上实现完全的城市融入绝非易事。

2. 教育对于融入是否有帮助

不少受访者毕业后留在学校所在城市或家乡所在省份的省会城市或地级市就业，相对于职业的变动，受访者较少有城市的变动，多数人在当前城市工作、生活的时间较长，少数人从个体职业发展的角度选择向其他城市流动。职业融入是城市融入的第一步，由于有了稳定的就业，对于是否喜欢所在城市，大部分受访者都给予了较高的评价，个别受访者提到当地人对外地人“有一定偏见”。在满分为 10 分的评分中，多数人给了 8 分或 9 分，有的甚至给出 10 分的评价，表明受访者大多较好地融入了所在城市。值得注意的是，较好的城市融入得益于职业教育，有受访者表示，如果没有接受职业教育，“找工作都成问题”，而“职业教育教给了自己专业技能，让自己能在城市发展”，并且“很多人缘人脉都是在这之后攒起来的”。

3. 对收入、社会地位的主观评价

大部分受访者对于幸福度和生活满意度均给了“较满意”的评价，而对于未来和前途的信心，多数人也选择了“比较有信心”或“很有信心”。但关于在本地社会地位的相对位置，多数人认为“一般”或“较低”，少数人甚至认为“很低”，虽然有些受访者收入水平不低，但仍然属于“平民”，表明他们认为自身虽然已融入所在城市，但社会经济地位并不高，有的受访者甚至认为自己没有社会地位可言。有趣的是，受访者对自己在老家的社会地位的评价高于所在城市的社会地位，从侧面也反映了接受职业教育群体的社会流动方向是从总体社会经济地位水平较低的地方向较高的城市流动。

（五）受访者与其初中、高中、大学等不同教育背景同学的比较

为了更客观、全面地评价职业教育对于个体的影响，通过受访者了解其同学中最高学历为初中、高中和大学等不同教育背景者的情况，他们在家庭背景、成长环境和教育经历上存在一定的相似度，而在社会经济地位上的差异在一定程度上反映了教育对个体的影响。

1. 初中学历者境遇不佳

最高学历为初中的同学由于学历太低，除了少数通过打拼后创业，大部分在

工厂打工，收入不高，“可能一辈子就从事那种行业”。有的与职校毕业生相比，“虽然工资差距不大，但是他们没有五险一金”，由于市场和技能要求都在变化，跟不上则可能陷入“不稳定的工作和生活状态”。他们中的很多人尤其是女性，很早就结婚生子。为了谋生，大部分人离开家乡，无暇顾及子女，只能将孩子留在老家，由父母照顾，留守儿童的局面又会对下一代的教育和成长造成不利影响。

当问及“如果没有接受职业教育而是初中毕业直接工作，与现在会有何不同”时，多数受访者认为自己“应该更差一点，工作稳定度、收入都没有现在好”。

2. 普通高中学历者与中职学历者大体相当，但职业教育有独特的优势

普通高中和中等职业教育各有优缺点，“如果你只是读高中的话，有可能学不到这些技能方面的东西了，你学到的可能只是知识，然后如果读中专的话，你可能技能方面学得都比较多，各有各的好处”。

有受访者认为“读高中出来也可能会做苦力活，但是读了中专，学了技术，工作会没有那么辛苦”“别人不会的东西自己会，主要是比别人有更多的实践经验，在实际操作这一块比较强”。

有计算机专业毕业的受访者比较了自己与初中和高中毕业同学的状况，“没有升学也没有读职校直接出来打工的同学工资极其不稳定，大多在工地干活，一个月四天休假”“读了高中的同学很久不联系了，月工资在 4 000 元左右，大多已经结婚生子”“工资较稳定，目前月工资 7 000 元，有一定的技术性的职业，一个月 8 天休假”。

以上可以看出，接受中等职业教育相对于初中学历具有较显著的优势，相对于普通高中享有技术专长带来的人力资本溢价优势。

3. 本科学历总体而言对个体发展更有利，但并非必然

在受访者的本科学历同学中，大部分从事技术工作或管理工作，收入水平较高，工作比较稳定，且工作环境较好。

但值得注意的是，即使是受访者的本科学历同学中，如果就读非名牌大学，在职业发展中并非必然具有优势，甚至工作机会和工作稳定性也会遇到挑战。有受访者这样评价本科学历与中等职业教育学历：“读高中考大学的同学，他们可能找到了相对稳定的工作，收入也相对固定，但不一定说有机会挣比我们更多的钱”，二者很难比较，“取决于个人选择”“我们的工作挑战性大一些，不是像那种按部就班、朝九晚五”。有受访者提到他的同学“基本上都是一些虽然说是一本的，但很多人不是名牌大学。什么××大学、什么××理工、××理工大学啊，不是很出名嗯。但是他们现在都是处于找工作的状态，因为疫情期间他们就没工作了”。这也是很多受访者没有选择读高中考大学的教育路径，接受职业教育对他们而言是更现实的选择，因为中等职业学校毕业相比大学毕业更早工作，具有工作经验上的优势，可以部分抵消学历上的劣势，并且通过在职读大专或本科，会进一步缩小二者的差距。

有受访者认为职业学校与高中及大学并没有本质不同，“我不觉得他们比我更好”或者“在我看来一般”，即使上了大学如果只是普通大学，如一些地方性大学，职业发展状况也只是一般。有创办了自己企业的受访者提及同学中的大学毕业生“目前都没有自己好，大学毕业的也只是一般公司职员”。

有的则认为职业教育和普通教育走的是两条不同的路，很难进行比较，“只不过说读高中会认识高中那些圈子、人脉，然后可能读了大学，会有大学的圈子，可能这个会对后期有一定的帮助，可是不管你走哪一条路，你都会结识一些小伙伴”。

当被问到：如果重新选择，你是否会读高中考大学，是不是比现在更好？有的受访者认为如果有机会读大学，“我会比现在更好，因为见识不一样，至少有拿得出手的学历”。但不少受访者明确表示“不会选择读高中考大学”，因为“不会比现在过得好”，有的则认为“如果当初家里条件允许的话，会读大学，但是并不一定会比自己现在的情况要好，这个还是靠机遇”“不管学历多高，都会面临着融入社会问题”。

有一名受访者的观点具有一定的代表性：“如果不读中职直接毕业工作，选择应该会比较差；如果选择普高读大学，现在可能也是比较平庸，也要看时间节点，我不能保证我不读中职直接出来工作会碰到什么样的人群，也不能保证我读了大学出来就一定能找到很好的工作，毕竟现在大学生的占比比较高，就业压力比较大，选择的职业不一定很理想，但是也不能完全否认学历对工作没有影响。”

（六）对选择职业教育的评价和未来的发展规划

多数受访者表示当初选择职业教育还是基于现实的考量，“考虑到进不了好高中，感觉选择职业教育学一项技能挺好的”。有的受访者认为即使读了高中，也考不上大学，所以不会选择读高中，“如果上不了好的高中，里面的竞争也大，也会影响学习的信心，这个时候，选择一项技能进行学习也未必不是一件好事。”“重新选择的话，我可能还是会做同样选择，职业教育”。

对于自己所选择的职业教育，大部分受访者认为是正确的选择，“不后悔选择职业教育”。读了职业学校有机会留在城市就业，机会更多一些。有受访者认为，“我们本身农村出来的孩子，父母肯定不可能后面帮你很多，我不选择技校，而去读高中，也没有任何意义”，而职业教育提供了平台、人脉、职业生涯入门的机会。同时专业的选择很重要，“不好的专业出来没有用”。

中等职业教育的学历会在一定程度上制约个体的上升空间，但之后的继续教育能够帮助个体拓展职业发展的空间，有效缩小与接受高等教育者的差距。因此不少受访者表示要继续提升学历，有受访者认为，“虽然自己没有读(全日制)大学，但会找机会(通过在职教育)把学历提升上去，和直接读大学也差不多”。有的受访者正在在职进修大专或本科，主要考虑的因素有：管理岗位对学历有一定要求，学历对寻求新的工作机会有影响。而对于大专或本科学历，考虑到自身的能力和工作需要，多数受访者认为已经足够了。不少受访者在规划提升学历的同时，也考虑参加职业技能证书的考试，为将来进一步的职业发展打好基础。也有受访者表示不会追求更高的学历，“现在从事这个行业(汽车销售和房地产销售)，学历对我不是最重要的，只是对能力有要求”。不过也有人持不同观点，即使创业取得初步成功的受访者，也认为很有必要提升学历，由于行业变化很快，必须加强学习才能跟上行业发展的要求。

(七) 结论与讨论

1. 职业教育带来了个体的身份转换，促进了向上的空间流动

多数受访者来自农村家庭，这与 CFPS 数据库中职样本中接近 60%来自农村相匹配，如果不选择职业教育，他们可能沿袭父母的发展轨迹，成为“农二代”，即使外出务工，其身份也只能是“农民工”或“新生代农民工”。选择了职业教育后，准确地说，在进入职业学校的那一刻起，他们的身份已然转换为未来城市产业大军的一员，成为一名技术技能型职业人才，实现了社会身份和职业身份的双重转换，拥有了比其父辈更好的社会经济地位。职业教育也带来了受教育者向上的空间流动。中国大部分职业院校分布在城市，以区县作为举办职业教育的基层政府机构，产业较为集中，经济较为发达，因此职业教育带来了个体由农村向城镇，由乡镇、县城向大中城市的流动。同时，职业教育还具有跨区域流动的功能，体现在接受职业教育和完成职业教育进入劳动力市场两个阶段。前者指接受职业教育者中不少是异地教育，既包括全国范围内普遍存在且规模较大的随迁子女，也包括近年来实施的职业教育东西协作精准扶贫项目；后者指职业院

校学生就业地的范围广阔，主要体现为在东部沿海发达地区就业成为中西部地区职业院校毕业生就业的主要去向，与普通高中毕业生更多在本地就业相比，职业教育帮助个体实现了更大范围的流动，也在宏观层面了实现了劳动力资源的优化配置。因此就读职业学校也使个体自然进入城镇，虽然在多数情况下，选择职业教育的决策并非由受教育者本人作出，或者受到某种偶然因素影响，但选择职业教育彻底改变了个体的命运，重新塑造了其人生发展轨迹。

2. 职业教育提供了有效的技能和人力资本形成机制，帮助个体获取稳定的职业地位

职业教育从认知能力和非认知能力两条路径培养受教育者的人力资本。首先是认知能力，尽管职业教育的质量经常被人诟病，但接受职业教育的对象大多数是应试教育体系中的失败者，因而用传统的标准来衡量职业教育有失公允，职业教育强调实践能力的培养，主要提供专业技能的训练，实践证明这样的培养模式尽管还存在不少问题，但不失其有效性，职业教育一直保持较高的就业率是最有力的证据，表明职业教育至少被劳动力市场的需求侧所接受。个体通过接受职业教育提升了人力资本水平，使其在劳动力市场中有更多的选择机会，尤其是对于一些具有技术含量的职业，相较于家庭背景相似、初中或普通高中学历的务工人员，职业教育背景从业者显然具有一定的优势。职业教育所传授的专业技能扩展了个体的选择机会和职业空间，也构建了一定的就业壁垒，避免了落入劳动力市场底层的可能性，提高了就业的稳定性，也为未来的职业发展打下了基础。

其次，职业教育对非认知能力的培养同样具有重要价值，职业教育为个体获取非认知能力提供了极好的场域：既有普通教育的知识传授场域，也有企业实践场域，尤其是后者，在社会化组织中的历练，使沟通能力、团队合作能力等非认知能力得到有效的锻炼，为个体进入社会、适应现代企业的生产经营要求奠定了良好的基础。在中低技能群体中，非认知能力（尽责性）的回报率最为突出，为14.3%。[①]而职业教育个体在非认知能力基础上并不逊于普通教育个体，这就解释了为什么接受职业教育者能够凭借较强的非认知能力抓住职业发展的机会，实现职位的升迁或者创办自己的企业，从而获得较高的社会经济地位。

① 李晓曼.中等技能劳动者因何获得了更高收入？——基于新人力资本的视角[J].人口与经济，2019(1)：110-122.

3. 职业教育在一定程度上成为家庭资本的替代物，弥补了个体先赋性因素的缺失

大部分接受职业教育者的家庭社会资本贫乏，无力为其在就业等方面提供有力的支持，职业教育从两方面填补了先赋性资本的不足：一是来自学校的组织支持，二是来自教师的个体支持。个体通过接受职业教育获得以应届毕业生求职就业的机会，多数由学校组织和推荐，受惠于职业院校与企业之间较密切的关联，职校毕业生较易获得就业的机会，学校在其中发挥了社会资本的功效。在接受职业教育的过程中，个体也获得来自教师的关心和帮助，也在一定程度上弥补了家庭社会资本和文化资本的不足，不少受访者提到，“老师都特别好”“老师帮了我很多”“我们的老师态度都很端正”。因而，职业教育的自致性因素对先赋性因素产生了一定的替代效应，这为受教育者的职业发展，尤其是职业生涯初期顺利进入劳动力市场提供了有力的支撑。大多数职业院校毕业生进入与本专业相关的行业及职业领域，因此由职业教育衍生的社会资本，随着受教育者进入劳动力市场而接续、巩固或转化，不少人在工作中建立了自己的人脉资源，社会资本的积累为个体进一步的职业发展提供了持续的支持。

4. 职业教育对个体社会经济地位的发展存在较强的制约

大多数接受职业教育的个体进入劳动力市场后，从事基层一线工作，从初级专业技术人员起步，按照我国学者陆学艺的中国十大阶层划分，属于中间阶层，而其父辈大多数属于底层或中下层，职业教育使其摆脱了阶层复制的命运。但总体而言，接受职业教育的从业者大部分处于次要劳动力市场，随着工作经验的积累，主要沿着技术职称的上升通道发展，但想通过职务提升的通道进入主要劳动力市场则非常困难。他们通常面临接受普通高等教育群体的竞争和压制，除少数人能获得职务的晋升进入管理层外，大多数人总体仍然属于基层员工序列，被打上“蓝领”标签，社会地位难以获得进一步提升。

为突破职业教育文凭对其个人发展的制约，接受职业教育的从业者必须通过进一步提升学历突破职业发展的瓶颈。这在新近进入劳动力市场的职业教育从业者中比较普遍，即使较早进入劳动力市场、已经进入到管理层的人员，也认同学历提升的重要性。职业教育的“安全网”和“分流器”效应均显著。

5. 职业教育对个体社会地位的影响存在较强的异质性

我国职业教育规模庞大，职业教育对受教育者职业发展和社会经济地位的影响存在较强的异质性，主要体现在户籍、性别和区域等因素上。

（1）户籍。接受职业教育对农村户籍群体社会地位的影响比城镇户籍更显著，前者由于家庭资本的缺乏，渴望通过职业教育改变自身的命运，尽力为自己争取向上流动发展的机会，相较于城镇户籍更专一，也更能吃苦，这成为许多工作中非常重要的职业素养，在不少城镇户籍接受职业教育的从业者难以坚持而选择转行时，他们却能坚守较长时间，最终获得个人职业的发展。

（2）性别。受性别的社会角色差异影响，职业教育对女性社会地位的影响有别于男性，女性需更多地承担照顾家庭的责任，倾向于选择会计、学前教育等专业，收入水平低于男性，但更加稳定。虽然男性的平均收入高于女性，但呈现两极分化，职业发展较成功和较失败的比例均高于女性。这可能与男性需更多地承担家庭的经济压力有关，需要不断更换工作获取更高的收入，从而带来更大的不确定性。

（3）区域。区域因素包含在哪里接受职业教育和在哪里就业两方面。前者涉及职业学校的教学质量，这也是影响个体成长和职业发展的重要因素。发达地区，如上海的职业教育质量较高，学校管理比较规范严格，中西部地区则存在一定的问题。教学质量直接影响人力资本的价值，并体现在个体职业发展质量上。后者与劳动力市场的机会有关，东部地区经济发达，个体有更多的就业机会和更好的职业发展空间。两类因素的综合作用，使东部地区对职业教育群体社会地位影响具有显著的比较优势。

总体而言，个案调研发现的职业教育群体在户籍、性别和区域等维度的异质性与本书第七章 CFPS 实证研究所揭示的异质性基本一致，同时为深入挖掘职业教育影响个体在新型城镇化进程中的社会流动提供了更翔实和更丰富的信息。

第十章

发达国家职业教育促进社会流动的国际比较分析

前面章节通过CFPS数据的定量研究和职业教育背景从业者的调研访谈，实证分析了职业教育对于个体社会经济地位的影响和塑造，并比较了职业教育与其他不同类型和层级教育对个体影响的差异，结论显示职业教育具有较显著的“安全网”效应，但对于个体的社会流动存在一定制约作用，甚至通过“分流器”效应导致阶层固化。在以农业转移人口为主体的新型城镇化进程中，职业教育应有所作为，要充分发挥职业教育促进向上社会流动的功效，同时避免其可能带来的负面影响。发达国家在职业教育促进社会流动方面开展的实践取得了一定成效，对我国探索职业教育如何有效促进社会流动具有一定借鉴价值，本章以德国和美国为例，剖析发达国家的政策思路和实践经验。

一、德国

（一）德国社会阶层和社会流动总体状况

总体而言，德国的社会阶层分布相对稳定，但德国西部和东部地区存在较显著的差异。图10-1为一个简单的社会阶层模型，显示了1991年、2000年以及2012年三个年份德国西部（1991年为西德）和德国东部（1991年为东德）的社会各阶层占比情况。从上至下的四个阶层分别为：上层中产阶级（obere Mittelschicht），中产阶级（Mittelschicht），工人阶级（Arbeiterschicht），下层阶级（Unterschicht）；左半部分代表德国西部（Westdeutschland）的社会阶层情况，右半部分代表德国东部（Ostdeutschland）的社会阶层情况。①

在两德统一后的第一个十年中，社会阶层流动几乎没有改变，德国西部长期以来都以“中产阶级社会”为主，德国东部则扮演着“工人阶级”的社会角色。直

① GEIßER R. Facetten der modernen Sozialstruktur[EB/OL].（2014-12-16）[2020-12-23]. https://m.bpb.de/izpb/198045/facetten-der-modernen-sozialstruktur.

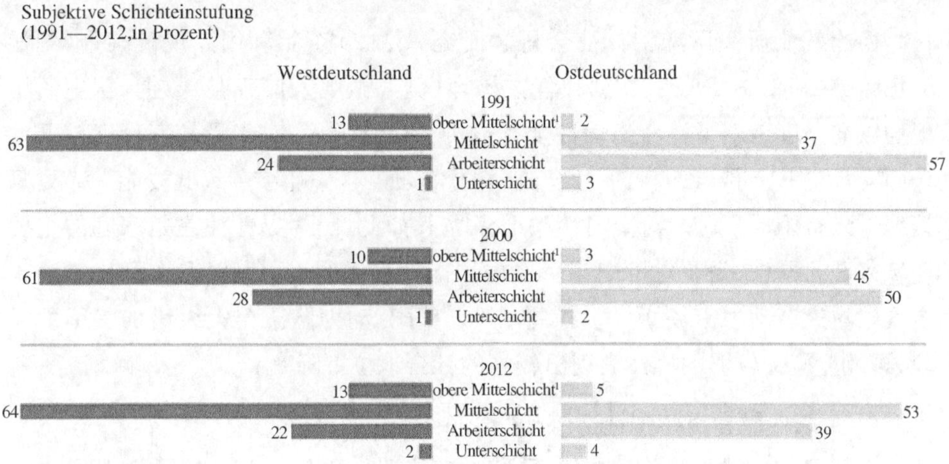

[1]einschließlich oberschicht
Datenquelle: Bundeszentrale für politische Bildung (Hg.), Datenreport 2013, Bonn 2013

图 10-1 德国东西部社会阶层分布

到 2000 年,德国东部的社会地位才开始朝着“中产阶级社会”的方向改变,2012 年,有 53%的德国东部人认为自己属于中产阶级,39%的德国东部人将自己归为工人阶级,相比之下,德国西部的中产阶级和工人阶级的比例分别为 64%和 22%。① 从整体上来说,德国西部以中产阶级为主体,社会流动基本保持稳定;德国东部的社会流动随着时间变化总体呈向上趋势。

虽然德国的总体经济形势发展良好,但并非所有民众都从中平等受益。据 2018 年德国联邦统计局调查分析,德国社会的不平等日益加剧,越来越多的人生活在贫困之中,尤其是德国东部地区越来越多的人感到被社会抛弃。② 德国社会阶层固化状况比较明显:农民、熟练工人、非熟练工人以及服务人员,大都来自相同社会阶层的家庭,尤其是工人阶级及下层阶级群体具有较强的社会继承性。根据欧洲改善生活和工作条件基金会 2017 年发表的报告显示,德国女性的社会流动性下降,而男性的社会流动性有所上升,年轻一代的社会流动性正在

① HRADIL S. Soziale Schichtung[EB/OL]. (2012-05-31)[2020-12-23]. https://www.bpb.de/politik/grundfragen/deutsche-verhaeltnisse-eine-sozialkunde/138439/soziale-schichtung.

② Statistisches Bundesamt (Destatis). Datenreport 2018 — Kapitel 7: Sozialstruktur und soziale Lagen [EB/OL]. [2020 - 12 - 23] https://www.destatis.de/DE/Service/Statistik-Campus/Datenreport/Downloads/datenreport-2018-kap-7.pdf? __blob = publicationFile.

较小程度地下降。①

德国就业研究所和柏林社会科学研究中心 2011 年利用大规模调查（例如 SOEP，ALLBUS，PASS）数据和官方统计（例如微观人口普查）数据，从生活历程的纵向角度考察了社会流动性及其成因。研究显示，对于受教育程度较低的人而言，因失业而导致的向下社会流动的风险最大，失业会导致低技能工人更频繁地进入贫困风险区。对于男性失业者尤其如此，因为男性往往是家庭的主要经济来源。同样，失业对不同年龄段的影响存在差异，50 岁以上人群比年轻人更难以重返劳动力市场。② 总之，非自愿离开劳动力队伍会大大增加贫困的风险，再就业机会较弱的群体表现出较高的社会地位下降率。

（二）职业教育对德国社会流动的影响

在德国“双元制”职业教育体系中，教育培训与社会就业紧密连接，丰富多样的培训形式满足了劳动力流动中的多样化需求，同时，职业教育经费得到合理配置。高质量的职业教育是为德国职业教育提供社会经济地位保障的关键因素。2010 年，初中毕业但无职业资格证书（完成双元制或学校职业教育）的人平均税前月收入为 2 395 欧元，而初中毕业有职业资格证书（完成双元制或学校职业教育）的人平均税前月收入为 2 934 欧元③，后者的收入显著高于前者。同时，职业教育在避免弱势群体持续被迫失业和社会地位下降也发挥了关键作用。相比之下，缺乏职业资格意味着存在相当大的失业风险和贫困风险，特别是在德国东部和德国西部的部分地区。④ 在德国 25 岁以下的失业青年中，未经职业培训的年轻人占绝大多数，约占 65%。

有学者提出，长期以来，德国教育系统中的学生受家庭所在社会阶层影响，分别进入不同的教育轨道，从初等教育到中等教育、再到高等教育，通过双轨制在各自的轨道内运行，在很大程度上实现了教育阶层和社会阶层的复制。同时，

---

① European Foundation for the Improvement of Living and Working Conditions. Social mobility in the EU[M]. Luxembourg：Publications Office of the European Union，2016.

② ALLMENDINGER J，EHLERT M，GATERMANN D，et al. Ursachen für Auf- und Abstiege：Studie für den 4. Armuts- und Reichtumsbericht der Bundesregierung im Auftrag des Bundesministeriums für Arbeit und Soziales，2013.

③ 李俊，何多明.教育结构对社会分层与教育互动关系的影响——对中国、德国和美国的比较分析[J].比较教育研究，2017(3)：3-14.

④ BMAS. Der Fünfte Armuts- und Reichtumsbericht der Bundesregierung[EB/OL]. [2020-12-24] https://www. armuts-und-reichtumsbericht. de/SharedDocs/Downloads/Berichte/5 - arb-langfassung. pdf? __blob = publicationFile & v = 6.

德国的教育与劳动力市场联系紧密，个人进入劳动力市场的职业成就主要取决于学历与职业资格。总体而言，个人的家庭背景很大程度上决定了其教育路径的选择，而个人的受教育程度决定了其未来的经济收入。德国应用科技大学毕业、研究性大学毕业教育背景的劳动力，2010 年税前平均月收入分别为 4 253 欧元和 5 504 欧元，而德国月平均收入为 3 221 欧元，明显高于职业教育背景劳动力的收入水平。这一数据显示，职业教育受教育者的收入不仅低于德国的平均水平，与高等教育受教育者相比存在更大的差距，较难达到德国中上层社会地位。同时，受过较高教育的人的贫困风险大大降低，即使他们确实经历了贫困阶段，也会因接受高等教育而更有可能再次摆脱贫困。①

但是，有学者认为这种社会阶层复制的观点忽略了一点，即德国的教育和培训体系为个体获得和提升职业资格提供了充足的机会。在德国接受职业教育并不完全意味着远离高等教育，德国的职业教育与高等教育的融通成为推动教育公平、促进社会流动的重要举措。德国的教育和培训体系在个体进入劳动力市场之前提供了多样化、高水平的教育和培训支持措施，同时也为进入劳动力市场的个体提供重新进入教育系统以获得更高层次教育或职业资格的机会，并且在德国职业培训系统中获得的各种各样等级的职业资格证书大多数可以在继续教育机构获得。德国的职业教育与高等教育的融通措施包括：2013 年《德国资格框架》为职业教育与高等教育的融通提供了基本制度保障；联邦政府出台的“通过开放大学实现向上流动”（Aufstieg durch offene Hochschule）大型项目开拓了职业资质群体获得就读大学资格的可能性；“双元制高等教育”（duales Studium）以及“本科职教”（Studienintegrierende Ausbildung）进一步促进了职业教育与高等教育的融合，从职业教育通向高等教育的路径更加广阔。② 简而言之，德国的教育和培训系统为将教育或职业学位提升到更高水平的资历提供了充足的机会。

（三）德国通过职业教育促进社会流动的政策分析——以难民职业教育为例

联邦政府积极发展职业教育与培训，以支持弱势群体就业和再就业，帮助他

① ALLMENDINGER J, EHLERT M, GATERMANN D, et al. Ursachen für Auf- und Abstiege: Studie für den 4. Armuts- und Reichtumsbericht der Bundesregierung im Auftrag des Bundesministeriums für Arbeit und Soziales, 2013.

② 陈莹.教育公平的“德国模式”研究[J].比较教育研究，2020，42(10)：34-42.

们避免社会地位的下降和促进向上的社会流动。采取的措施有：通过“ESF 加强青年”计划（ESF-Programm JUGEND STÄRKEN），联邦政府支持 177 个城市建立青年社会工作机构，以稳定在校初期有困难的年轻人，并帮助他们成功地从学校过渡到劳动力市场。

近年来，大批难民涌入德国，他们通常教育水平较低，同时还存在语言障碍，这些低学历、低技术和具有移民背景的人由于失业而更有可能进入贫困风险区，成为德国社会阶层中新的底层弱势群体。德国政府希望通过职业教育帮助其解决在德国社会的生存问题，进而能够独立发展乃至融入德国社会。

1. 背景分析

1）难民群体的融入挑战——脆弱性问题

德国目前已成为世界第二大移民目的国，2019 年移民数量占总人口的 29%。德国的移民缘起于 20 世纪 50 年代德国经济腾飞时期，经历了 80 年代经济难民、政治难民及 90 年代两德统一滞留在外的德意志民族人的回归，2015 年和 2016 年大量来自叙利亚、阿富汗、伊拉克等国及东欧的难民涌入德国寻求庇护，掀起新的移民浪潮。从 2015 年至 2018 年，共有 180 万人提出庇护申请，截至 2017 年 12 月，已有 120 万人获得难民身份。这不仅是欧洲各国中最大的难民潮，也是德国有史以来最大的移民潮。①

这轮难民潮给德国社会带来的冲击不仅在于庞大的难民规模，更重要的是与其他移民相比，难民通常处于不利地位表现出显著的脆弱性（Vulnerability）。根据联合国经济和社会事务部在 2003 年发布的报告，“脆弱性可以被视为很可能遭受特定风险和不确定因素影响的状态，同时伴随着下降的应对风险和不确定性以及相关消极影响的自我保护能力。它存在于社会的各个层面和各个维度，并构成人类状态不可或缺的一部分，对个人和整个社会均产生影响”。与普通移民相比，难民的脆弱性是整体性的，集中体现在社会身份、人力资本、就业能力等方面。②

（1）社会身份的不确定性。与一般移民相比，难民往往要克服更大的法律和其他体制障碍：受政治、经济和社会等因素影响，难民经常遭受就业的变动或

① BRÜCKER H，JASCHKE P，KOSYAKOVA Y. Refugee Migration to Germany Revisited：Some Lessons on the Integration of Asylum Seekers XXI European Conference of the fRDB on “How to manage the refugee crisis”[M]. Institute for Employment Research（IAB），Berlin Institute for Integration and Migration Research（BIM），Humboldt-University Berlin，2019.

② 朱圆.脆弱性理论与国家治理责任新解[J].学术月刊，2017，49(3)：81-90.

中断；大多数难民涌入德国是一种在外力驱动下的被动行为，他们并未为移民做好充分准备。此外，庇护程序中的法律不确定性，导致难民身份获取的不确定性，使得难民相较于一般移民"更脆弱"。

(2) 人力资本水平较低。难民的总体受教育水平与德国平均受教育水平相比存在较大差距。以职业教育为例，来德国之前在来源国接受过职业教育的难民比例很低，只有约6%。2016年德国所有130万个双元制学徒职位中，来自八个主要庇护国家之一的难民占比不足1%。[①] 难民进入德国初期，还普遍存在语言问题，德语能力不足，对其理解德国文化历史、法律制度、价值观念，进行社会交流造成不利影响。德语水平低下的难民在社会生活中面临更多的社交困难、文化价值冲突，难以融入德国的生活中。

(3) 就业能力不足。难民的职业资格存在明显的不足：职业资格尚未达到所从事工作要求的难民比例约为三分之一，而在高技能岗位，这一比例则增加到二分之一。[②] 根据联邦劳动力市场与职业研究所的统计，来自欧洲以外的难民来源国的就业者中，有70%未完成相应的职业培训，这不仅明显低于德国人的平均水平，而且低于普通移民，职业资格不达标成为该群体顺利进入德国劳动力市场的重要障碍。

受教育水平、职业资格水平、语言能力等因素制约，难民的就业率较低。2017年，来德国1年的难民就业率仅有9%，2年的为19%，3年和4年的也只分别提升至36%和37%。并且大部分难民主要集中于低技能岗位，受自动化等技术影响，中长期被边缘化的风险很高。

脆弱性理论认为：源于个人社会经历以及拥有的社会经济地位而产生的嵌入性差异(embedded difference)，对个体脆弱性程度和潜在可能性产生重大影响。难民所面临的多重嵌入性差异决定了其融入德国社会之路将异常艰难。

2) 德国劳动力市场的挑战——劳动力短缺

与难民低就业率形成对照的是，德国面临严重的劳动力短缺问题。德国社会正经历快速老龄化，未来很长一段时期将存在高达每年50万的劳动力缺口，

---

① JEON S. Unlocking the Potential of Migrants[R]. OECD, 2019.

② 李海峰.浅论多元文化背景下的德国移民教育[J].教育文化论坛，2019，11(2)：46-52，136.

预计到2035年,德国的工作年龄人口还会进一步减少400万～600万。① 以手工业为例,德国约有100万家手工业企业,雇佣约540万名员工。该行业面临25万左右的劳动力短缺,尽管采取了提供学徒岗位的形式吸引劳动力,但2018年仍有17 000个学徒岗位空缺。

在这种情况下,德国不得不依靠外部的人口输入以解决劳动力短缺问题,正如德国劳动力市场与职业研究所(Institut für Arbeitsmarkt und Berufsforschung, IAB)提出的,德国劳动力市场需要吸引大量国际工人才能弥补这一缺口。默克尔政府也表示,由于德国人口迅速老龄化和选择职业培训的年轻人数量减少,希望移民的涌入能解决该国的劳动力短缺问题。事实上,自2005年实施《移民法》以来,德国政府就致力于促进移民进入该国劳动力市场。移民人口已成为填补德国在人口不断老龄化后出现的劳动力资源缺口的重要资源,从2005年至2015年,德国移民劳动力数量的增幅在所有OECD国家最高。

2. 应对难民潮的战略思路——通过职业教育促进融入

难民潮给德国社会带来了严峻挑战,同时也为德国解决劳动力短缺问题提供了可能性。当前难民潮呈现以男性为主和年轻化的显著特点：其中74%的难民年龄在30岁以下,且三分之二为男性,这较好地匹配了德国劳动力市场的需求,成为德国潜在劳动力的重要组成部分。但是难民群体在人力资本水平上与德国劳动力市场要求仍存在显著差距,为了弥合这一不足,德国政府希望通过教育提升难民的文化素质和职业能力。由于职业教育与劳动力市场联系密切,与学术型教育相比,职业教育更适合处于社会中下层的移民家庭。同时,德国拥有发达的职业教育体系,因此德国政府一贯注重发挥职业教育与培训(VET)促进移民就业的作用。

近年来德国学徒培训职位供需的宽松也为难民在德国接受职业教育提供了可行性：与2015年相比,2017年德国公开培训职位的数量增加了3%,报名人数却下降了0.6%。整体来看,约有8%的岗位出现空缺,主要涉及酒店业、商务、烘焙、物业等行业,其中酒店业仅有29%的申请率,这为难民接受VET提供了较好机会。而进入德国的难民也对职业教育抱有很高的期望：18—25岁的年轻难民中,有高达84%的人希望继续在德国接受职业教育以获得一定的职业

① TRINES S. The State of Refugee Integration in Germany in 2019[EB/OL]. (2019-08-08)[2020-03-20]. https://wenr.wes.org/2019/08/the-state-of-refugee-integration-in-germany-in-2019.

资格。

但是由于难民自身的知识和技能有所欠缺，尤其是语言能力存在不足，给其接受职业教育与培训造成障碍，必须进行有针对性的干预，制定针对难民的职业教育解决方案。

脆弱性理论认为，应对人类脆弱性的方法是由社会机构提供社会资源，帮助个体获得从不幸遭遇造成的伤害或挫折中恢复的复原能力(resilience)。自2006年起，德国联邦教育部就对移民教育制定了三个明确的核心目标：每个人能自主自立，机会均等，个人的工作与个人能力和兴趣相适应。德国充分利用现有的VET体系，将难民的职业技能培训纳入其中，并在此基础上进一步改进和创新，制定、开发针对性的政策和项目，帮助难民获取必要的职业技能和就业能力，形成了独具特色的难民职业教育融入策略。

3. 德国难民职业教育融入的主要策略

针对难民的特殊性，德国采取了多方面的策略，形成了独具特色的难民职业教育融入体系：为不同难民提供针对性的职业教育融入方案；构建纵向责权划分，横向职能协调，社会公众广泛参与的治理架构；建立针对难民脆弱性的职业教育质量保障机制。

1）充分关照难民个性化诉求的职业教育融入方案

德国的职业教育融入方案充分考虑到难民的个性化诉求，循序渐进地帮助难民确定未来的职业领域，给予充分的职业指导，并帮助其找到适合的实习岗位，获取必要的职业技能。以下分别是针对成年难民和未成年难民的职业教育与培训的典型项目。

（1）面向成年难民的职业培训项目："难民培训途径"

2016年，联邦教育和研究部(BMBF)、联邦职业介绍所(BA)以及德国中小企业联合总会(ZDH)共同启动了资格认证计划"难民培训途径"(Wege in Ausbildung für Flüchtlinge)，旨在帮助18岁以上处于未上学状态、且具备一定德语知识的年轻难民成为学徒，接受手工业领域的职业教育与培训。该计划将多达10 000名难民纳入手工业培训。

准入条件：难民须已参加联邦移民与难民局(BAMF)的融合课程(Integrationskurs)。通过融合课程的学习，年轻的难民将掌握语言技能，并了解德国社会的基本价值观以及德国的法律制度、历史和文化。最终，参与者的德语水平应达到欧洲共同语言参考框架(CEFR)的B1级。

第一阶段：参与由 BMBF、BA 和 ZDH 联合举办的“青年难民的手工业展望”(Perspektiven für junge Flüchtlinge im Handwerk，PerjuF-H)项目。在这里，年轻难民将获得四至六个月的手工业领域的初步体验，通过了解手工业中的不同职业，找到适合自己的职业，并获得对德国培训和就业系统的全面了解。① 在“难民培训途径”项目之外，BA 还提供了“青年难民展望”(Perspektiven für junge Flüchtlinge，PerjuF)计划和“女性难民展望”(Perspektiven für weibliche Flüchtlinge，PerF-W)计划。其中，PerjuF 计划旨在为青年难民提供不同职业领域的职业指导，帮助他们做好进入 VET 的准备；PerF-W 计划旨在支持难民女性融入劳动力市场或接受进一步的教育。

第二阶段：参与 BMBF 负责的“难民职业指导”(Berufsorientierung für Flüchtlinge，BOF)计划。2019 年联邦培训署(BIBB)发布的一份报告显示：到目前为止，约有 2 500 名难民参加了该活动。在 BOF 计划中，年轻难民可以参与 9～18 周的职业体验和 4～8 周的培训职业探索。在职业体验阶段，参与者可以选择 1～3 个感兴趣的培训职业，通过职业体验确定所从事的培训职业，并在培训职业探索阶段进一步检验是否适合这个职业。

第三阶段：以学徒身份参与企业培训。培训从每年 8 月或 9 月开始，在公司和职业学校间交替进行，通常持续三年。ZDH 提供必要的培训职位，帮助年轻难民找到合适的培训公司，并帮助他们申请培训职位。

(2) 面向未成年难民的职业教育：纳入“教育链计划”

2010 年，BMBF、联邦劳动和社会事务部(BMAS)、BA 联合启动了“教育链计划”(Initiative Bildungsketten)，旨在支持青年从学校走向学徒实习，帮助其发现职业兴趣，获得学徒实习资格并成功完成职业教育和培训。“教育链计划”也将未成年难民纳入其中，各州提出了专门针对难民的支持措施，在结合原有的支持措施下，使未成年难民更好地融入。

职业导向阶段：提供职业指导。

BMBF 主要通过“潜力分析”(Potentialanalyse)和“工作日”(Werkstatttage)提供初中阶段的职业指导，该举措被纳入“职业指导计划”(Berufs orientierungs programm，BOP)。“潜力分析”通常为期三天，在七年级的第二学期进行，旨在

① Kompetenzzentrum Fachkräftesicherung. Perspektiven für junge Flüchtlinge im Handwerk (PerjuF-H)[EB/OL]. [2020-04-15]. https://www.kofa.de/dossiers/fluechtlinge-integrieren/unterstuetzungsangebote/detailseite/initiative/perspektiven-fuer-junge-fluechtlinge-im-handwerk-perjuf-h.

激发学生参与职业规划,帮助学生对自己的素养和能力进行初步评估,并作为后续支持措施的基础。"工作日"一般为期两周,在八年级举行,学生们可以至少在三个职业领域中尝试实际工作。

在职业导向过程中,由于难民学生缺乏德语知识,各州还提供了相应的语言支持措施。例如在布莱梅,开设了有语言支助的职业定向班,帮助难民学生在义务教育结束后能够顺利参加入门培训课程、双元制职业教育或职业培训;在柏林,为难民提供的工作日项目中,实用语言支持是其中一部分,并且考虑到难民女孩的特殊性,还为她们开设了特殊班。

准备阶段:为进入高中职业教育与培训(VET)或学徒培训做准备。

准备阶段主要针对那些尚未顺利进入高中 VET 或学徒培训的青年,各州提供的支持措施主要有入门培训课程(Einstiegsqualifizierung, EQ),职业入职支持(Berufseinstiegsbegleitung, BerEb)和职前培训措施(Berufsvorbereitende Bildungsmaßnahme, BvB)等。这些措施的主要目的是提供针对性的支助,提升青年的资格和技能,使其尽快获得学徒实习资格,顺利进入高中 VET 或学徒培训。

此外,为了应对新近涌入的大量难民,大多数州为那些没有继续读高中或找不到学徒的年轻难民开发了专门的 VET 预备课程,课程持续 1～2 年,通常将语言课程、技能培训、职业导向和实习机会结合起来。例如,巴伐利亚州的职业融合课程(Berufs Integrations Klassen, BIK),其目的是使年轻难民能够进入职业教育体系,并使他们了解各种可能的教育毕业证书。该课程为期两年:第一年重点是语言习得、价值形成和第一职业取向;第二年更加强调职业取向,为年轻人成为学徒或进入中学做准备。

职业培训阶段:持续向个体提供支持,防止学业中断。

从未成年难民学生离校前倒数第二年起,专职的职业入门指导者即开始为其提供个人发展帮助,一直持续到进入工作岗位参加培训的第一年,从而将从学校到培训的整个职业导向过程整合在一起(图 10-2)。

为了使青年顺利完成职业培训,各州提供了支持个人职业培训的各种措施。例如,辅助职业培训(Assistierte Ausbildung, AsA),伴随培训援助(Ausbildungsbegleitende Hilfen, abH)和志愿者指导(Verhinderung von Ausbildungsabbrüchen, VerA)等。通过这些优惠乃至免费的社会教育支持,可以帮助青年难民解决培训过程中遇到的困难,确保培训取得成功并防止辍学。

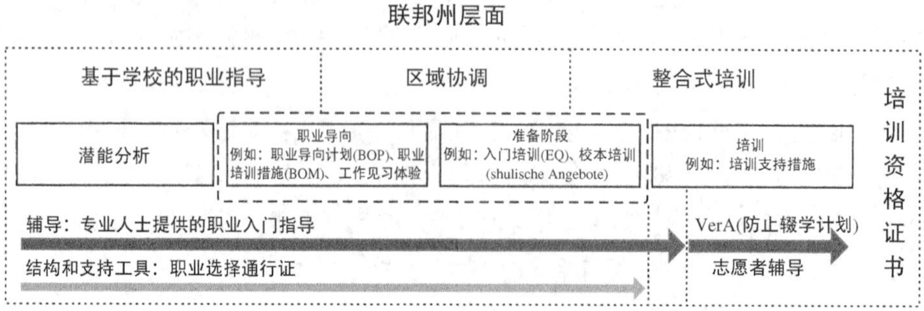

图 10-2　贯穿于教育全过程的移民职业指导

各州的职业学校普遍提供了专门针对移民和难民语言障碍的支持措施。例如，在勃兰登堡州的职业学校中，为降低难民的语言理解障碍，没有采用常规的理论授课方式，而是通过演示和模仿来传授知识和技能。在巴伐利亚州职业学校的专业课中，为所有特殊语言需求的学生提供专业语言支持（Berufssprachliche Förderung），作为常规教学的补充，支持学徒计划的顺利完成。

(3) 所有难民——语言项目

除了职业技能培训，德国难民教育的另一关注点是语言的学习。语言作为移民成功进入德国劳动力市场的前提，对移民的工作、学习质量影响极大。但难民德语能力不足的问题非常突出，很多难民学生在过渡到德国的双元制职业教育系统时，专业语言问题对他们的学习造成了很大困扰。一项针对德国企业的调研显示，绝大多数用人单位认为就业期间的职业语言培训非常重要，无论公司规模大小，普遍认为良好的德语是必要条件。即使是低技能岗位，有 50%的企业有相应的语言要求。对于中等技能岗位，这一比例增加到 90%以上。①

为提升难民的语言能力，2016 年，德国将职业语言促进课程引入《居留法》(第 45a 条)，留德概率高的避难申请者也可参加该课程。难民在接受职业教育期间，职业学校特别强调掌握与专业相关的德语术语和知识，在进行专业课程教学时，将基于具体职业与工作岗位的德语知识融入其中。例如，汉堡为 16—18 岁的青年移民准备了为期 2 年的双元制职业培训，青年移民能够系统地接受德语培训、通识教育和初级职业能力培训。德国政府也将语言学习与劳动力市

① DEGLER E，LIEBIG T. Finding their Way Labour Market in Tegration of Refugees in Germany[R]. Organization for Economic Cooperation and Development，2017.

场支持措施结合起来，将语言能力作为获得学徒岗位的必要条件。

2）针对难民脆弱性的职业教育质量保障机制

脆弱性问题给难民融入的稳定性和持续性带来挑战。德国政府分别建立了职业教育体系内部和跨体系的质量保障机制，不遗余力地扫除难民接受职业教育与培训中可能存在的障碍。

首先是德国职业教育制度的规范性。德国劳动力市场遵循严格的职业资格认证制度，为促进难民进入德国劳动力市场，当地政府为初来德国的难民主动提供职业咨询、职业培训机会（非学龄人员）、普通教育及职业教育（学龄人员）、学徒制保证下的实习机会，使难民在德国拥有合法就业的渠道，并且为获得职业资质的移民提供适合的工作岗位。难民在明确的职业导向下，只要认真接受培训和工作，便可安居乐业。

其次是难民职业教育项目的广泛性和针对性。难民的职业教育融入项目包括公民普适、移民适用和难民专项三种类型：第一类项目将德国公民的项目扩展到难民群体，如"职业教育与培训""教育链计划"等；第二类项目是针对移民的项目，而作为移民群体的一部分，难民同样有资格参与，如"培养技能，促进融入"项目，"职业语言培训项目"等；第三类是针对难民群体而专门开发的项目，如"难民培训途径""职业融合课程"等，三类项目共同构成了系统的难民职业教育融入的解决方案。进一步地，通过将众多应对难民融入的孤立措施进行整合，增强了项目之间的有机联系，提升了职业教育融入措施的可靠性和有效性。例如"教育链计划"将职业指导计划、入门培训课程、志愿者指导等项目串联成一个有机整体，实现了各教育阶段之间的无缝衔接，大大减少了移民学生辍学现象，并较好地避免了学生在过渡系统中的等待拖延。

此外，为提高难民学习成效，职业教育机构还采取了更加灵活的策略，如更短或更长的学徒周期，模块化学习等，以满足难民学习的个性化需求。

4. 职业教育促进社会流动的效果

与其他国家相比，德国的失业风险较低，并且劳动力市场具有较高的稳定性。自 2009 年以来，德国失业率持续下降。在欧盟 28 国中，德国年轻人的平均失业率为 7.2%，而欧盟的平均失业率为 20.4%。① 对于年轻人，长期贫困风险

---

① BMAS. Der Fünfte Armuts- und Reichtumsbericht der Bundesregierung[EB/OL]. [2020-12-24] https://www.armuts-und-reichtumsbericht.de/SharedDocs/Downloads/Berichte/5-arb-langfassung.pdf?__blob=publicationFile&v=6.

不在于收入状况本身，而是缺乏融入培训和劳动力市场的机会。德国青年失业率低主要得益于双元培训制度，高质量的实践和理论培训，不仅为德国青年提供了工作机会，也为防止其失业提供了良好保护。此外，职业教育也是青年人参与社会的关键前提。

德国的职业教育虽然在社会地位的托底方面功效显著，但在社会地位的发展空间上与高等教育相比仍然存在较大的差距。虽然德国在职业教育与高等教育融通上采取了不少举措，但从德国教育体系与社会分层和流动性现状看，融通尚未达到预期效果，这方面还需进一步加大力度。

通过一系列针对性的措施，德国已构建起通过职业教育与培训支持劳动力市场融入的治理体系，较好地实现了不同教育阶段之间的衔接和不同类型教育的融合，为各类社会中下层人员进入德国劳动力市场提供了必要的技能准备，也为德国专业技术人力资源的供给提供了重要的补充。

以难民职业教育为例，其促进难民群体社会融入的成效已初显，主要体现在：首先，难民参与职业技术培训的数量快速增加。通过公共职业介绍所申请职业培训的合格难民人数在 2015 年至 2018 年间几乎翻了两番。其中，2018 年有 28 000 人实际参加了正式职业课程，比 2017 年大幅增长了 50%。2017 年至 2018 年，申请学徒岗位的难民数量也大幅增加了 45%。① 其次，难民就业率显著改善。自 2017 年初以来，难民的就业人数已增长了约三倍。截至 2018 年，超过三分之一的难民已顺利进入德国劳动力市场。与此形成对照的是，2017 年 12 月至 2018 年 12 月，德国所有移民正式求职或就业不足的人数分别减少了 6.7%和 10.6%。同时，难民的职业技能得到雇主的认可。2017 年对 2 000 名德国雇主进行的一项调查显示，超过 80%的雇主对难民员工完全满意或比较满意。

值得注意的是，德国为难民提供的培训项目，在多数情况下并非单独设立，而是建立在已有面向本国学生或学徒培训项目基础上，这种借鉴成熟项目的做法，效果事半功倍。更重要的是，德国本土与难民受训者共同参与实践的方式，自然构成了社会融合的有机组成部分，使职业教育在统一的体系中为广泛的群体提供支持，有力地促进了社会融入和向上的社会流动。

---

① BERGSENG B, DEGLER E, LÜTHIS. Unlocking the Potential of Migrants in Germany[EB/OL]. (2017-10-11) [2020-03-22].https://doi.org/10.1787/82ccc2a3-en.

二、美国

(一) 美国社会分层和社会流动总体状况

总体而言,美国社会存在分层加剧和阶层固化的趋势,主要体现在家庭经济资本与教育获得的关系中。全美教育统计中心的数据显示:1975 年,进入大学的高中毕业生中,来自低收入家庭和高收入家庭的比例分别为 34.7%和63.7%,相差 29%。到了 2011 年,来自低收入家庭的高中毕业生进入大学的比例增加到 52.1%,但来自高收入家庭的高中毕业生进入大学的比例为 82.3%,二者之间的差距进一步拉大。①

在美国劳动力总体构成中,低技能劳动力的比重很高,根据 OECD 2013 年国际成人能力评价项目(PIAAC)关于基本技能的研究,16—65 岁的美国成人中,约 3 600 万人读写能力较低,6 200 万人(约 30%)计算能力较低。而在美国失业人口中,这两项能力缺失的比例更高,分别为 23%和 42%。成人的技能显著影响其社会流动,在低技能成人群体中,2 400 万人(约占三分之二)为就业人口,技能的缺失使他们难以获取更高收入的工作机会。在月收入居于后 40%的就业人口中,25%读写能力较低,37%计算能力较低,与此形成对照的是,月收入居于前 20%的就业人口中,读写能力和计算能力较低的比例仅有 6%和 9%。在美国低技能群体中,相当比例为弱势群体——三分之一为移民,超过一半为黑人或西班牙人。

美国政府认为不平等是阻碍经济发展和稳定的重要因素,提出必须把机会扩展到最需要的人群——男性和女性劳动者,他们代表经济发展和繁荣的支柱。外来人口融入度长期以来被作为衡量社会流动的预测指标,Portes 和 Zhou (1993)提出三种可能的同化路径。第一种是经典的同化理论,融入进入美国中产阶层,实现向上的社会流动。第二种是同化进入城市底层,导致贫穷和向下的社会流动。第三种是"选择性文化适应",既保留原有的社群文化和价值观,同时伴随经济上的融入,促进向上的社会流动。②

然而,美国联邦政府资助的成人教育系统每年能提供的培训不到 200 万人,

① GIANI M. The postsecondary re- source trinity model: exploring the interaction between socioeconomic, academic, and institutional resources[J]. Research in Higher Education, 2015, 56(2): 105-126.

② DUNN M. Educational Pathway and Social Mobility in Children of Immigrants[J]. International Education Studies, 2019, 12(12): 44-54.

远低于需求。2019年,全美有740万个新增岗位需求,连续第14个月超过失业人口数。高企的未满足岗位数表明企业难以找到适合的高技能型劳动力。① 在通过开展技能培训促进移民的社会流动上,美国面临巨大的挑战。

(二) 职业教育对社会流动的影响

生涯和职业教育(CTE)是当前美国高中和高中后教育中经历最大变革努力的部分,其资金来源包括联邦政府、州政府以及学区,旨在为学生提供取得成功的多样化路径。CTE受到联邦和州两级政策制定者的重视,全美范围内,每年有800万高中毕业生和接近400万高中后学生进入该项目,联邦政府每年投入高达11亿美元,另外还有来自各州充足的资金投入。生涯和技术教育项目被很多州视为填补“中等技能”工作缺口的有效途径。

研究显示参与CTE培训的高中学生拥有更高的就业率——掌握结构化技能和经验帮助个体做好进入劳动力市场的准备,从学校到工作的转换过程更平顺。美国高中阶段职业教育毕业生和普通高中毕业生相比,在控制了各种主要变量后,前者的经济收入高出后者17%,而获得大学学历的比例却与后者不相上下。② 学徒制被证明是实现就业和进入中产阶层的有效途径:87%的学徒在完成培训项目后顺利就业,平均年薪超过50 000美元。证据显示,在岗的教育和培训项目能使工人和雇主均受益。帕特南(2017)在《我们的孩子》中提出,CTE对于收入的正向影响主要体现在短期,长期来看,收入效应并不显著。高中后CTE也呈现类似的优势:职业导向的副学士学位相对于学术型的副学士学位,能帮助个体获得更高的收入。同时,CTE的参与度和职业获得因种族、性别而不同。③

参与CTE项目还能为个体提供非货币化的收益,即心理-社会收益。研究显示,许多学生进入高中时的自我效能感很有限。CTE项目能够帮助学生增进学习效能感,自我效能感和自我价值感的改善是学生在校阶段取得成功的重要指标,并最终有利于其在劳动力市场的表现。

① The Council of Economic Advisers. Government Employment and Training Programs: Assessing the Evidence on their Performance[EB/OL]. www.whitehouse.gov/cea, 2019.6.

② REED S, DOUGHERTY S M, KURLAENDER M, et al. A Portrait of California Career Technical Education Pathway Completers[R]. Technical Report. Getting Down to Facts II, 2018,9.

③ 罗伯特·帕特南.我们的孩子[M].北京:中国政法大学出版社,2017.

（三）职业教育促进社会流动的相关政策法规

美国教育政策的出发点是兼顾公平与效率，效率反映了政府资源配置的有效性，公平反映的是社会价值分配的合理性。美国长期以来秉承罗尔斯正义论所主张的“补偿原则”，将教育公平放在制定教育政策的核心位置，尤其在弱势群体学生获得公平和均等的学校教育、提高教育质量方面给予高度的重视。①

20 世纪 70 年代，针对当时社会普遍存在的性别和种族歧视问题，联邦政府陆续出台了一系列相关政策法案，扩大职业教育中女性、少数族裔的教育机会和教育资助，显著提升了这两类人群受教育比例。

1976 年，联邦政府颁布的《职业教育法案》（修订案）指出：“各州在职业教育领域要尽量避免性别歧视，为每个人提供不受性别限制的职业教育机会。”

进入后大众化时期，美国联邦职业教育政策的制定已经开始超越单纯以“公平、效率”作为价值方向的引导，从注重职业教育的工具价值逐步转向注重人的综合能力、人文素养及生涯发展，即从注重职业教育的工具价值到注重职业教育的本体价值。“以人为本”既是对“公平与效率”价值观的升华，也成为 21 世纪美国联邦职业教育政策新的价值取向。

21 世纪初的美国政府继续倡导“兼顾公平与效率”的职业教育政策。2009 年通过的《美国振兴与再投资法》（*American Recovery and Reinvestment Act*），将教育置于优先发展的地位，为失业工人提供更多的职业教育培训机会，帮助其顺利就业。这一法案既强调职业教育培训质量，又注重保障弱势群体，兼顾了公平与效率的立法原则。②

美国政府进一步认识到，各类技能培训项目是使更多美国人摆脱低收入状态、通往中产阶级的可行之道。奥巴马在 2015 年的国情咨文中提到：中产阶级经济学意味着帮助工薪家庭在一个不断变化的世界里有更多安全感。为了确保人们将来继续挣更高的工资，我们将采取更多措施来帮助美国人提升他们的技能。

2019 年美国发布行业认可学徒制计划（Industry-Recognized Apprenticeship programs，IRAPs），通过工学结合模式帮助参与者低成本、高效率地获取工作技能和全国通行的认可证书，进而满足先进制造业对技术人才的需求。

---

① 郝永林.美国教育政策制定中的公共价值取向分析[J].教育理论与实践，2013，33(25)：16-20.

② 刘旭东.大众化以来美国联邦政府职业教育政策价值取向的历史变迁[J].东北师大学报（哲学社会科学版），2020(3)：129-135.

近年来，美国联邦政府层面关于职业教育最重要的两部政策法规分别是奥巴马政府颁布的《美国劳动力创新与机遇法案》和特朗普政府颁布的《增强的21世纪生涯与技术教育法案》(简称《帕金斯法案V》)。同时，各州也在通过职业教育促进弱势群体获得稳定就业和收入方面进行了积极的探索尝试。以下分别对两部法案和华盛顿州的综合基础教育和技能培训项目进行分析。

1.《美国劳动力创新与机遇法案》

《美国劳动力创新与机遇法案》(*The Workforce Innovation and Opportunity Act*，WIOA)于2014年7月22日颁布，该方案对1998年开始实施的《劳动力投资法案》(*The Workforce Investment Act*，WIA)进行了修订和完善，并整合、修订了《成人教育和家庭文化法案》《Wagner-Peyser法案》和1973年的《康复法案》，成为美国联邦政府关于劳动力开发最大的资金来源。① WIOA致力于使职业教育更好地契合劳动力开发和经济发展的需要，在国家、州和地区等不同的层面上共同应对经济和劳动力市场的挑战，构建更具合作性和更加健全的劳动力开发与职业教育体系。

WIOA扶助的主要对象正是各类在社会经济中处于弱势的群体，为其提供必要的教育和培训机会。

1）WIOA的目标

WIOA追求多方共赢的目标，其主要目标包括以下六个方面。②③

(1) 增进个体尤其是存在就业障碍的人接受教育、培训和实现就业的机会，并为其提供在劳动力市场取得成功所需的支持服务。

(2) 促进劳动力投资、教育和经济发展系统的协调一致，以支持综合性、易进入、高水平的劳动力开发系统。

(3) 改进劳动力投资、教育和经济发展的质量及与劳动力市场的相关性，为美国劳动者提供所需的技能及证书，以保障与提升就业及获得维持家庭开支的

---

① Workforce Innovation and Opportunity Act (WIOA) "Driving Innovation, Collaboration, and Performance" [EB/OL]. http://www.workforcesnohomish.org/inform/wioa/documents/overview.pdf: 2014-10-02/2014-12-16.

② WIOA Bill Public Law No: 113-128 [EB/OL]. https://www.congress.gov/113/bills/hr803/BILLS-113hr803enr.pdf: 2014-7-22/2014-12-22.

③ Analysis of the White House National Job-Driven Action Plan [EB/OL]. http://www.nationalskillscoalition.org/resources/publications/file/2014-08-07_WhiteHouseActionPlan-NSCAnalysis.pdf: 2014-08-07/2014-11-30.

收入，为雇主提供高技能劳动力资源，从而帮助企业在经济全球化环境中取得成功。

（4）改进劳动力开发系统的结构及所提供的服务，使其能更好地适应劳动者、求职者的就业需求和雇主的技能需求。

（5）增进劳动者和雇主的福利，促进社区、地区、州层面的经济增长，以及美国在全球的竞争力。

（6）通过州与地方劳动力开发系统提供劳动力投资活动，以增进参与者的就业、满意度和收入，增加其获得受认可的高中后证书的可能性，从而改进劳动力质量、减少福利依赖性、提高经济自足率；满足雇主对员工技能水平的要求；增强国家总体生产率和竞争力。

2）WIOA 的主要内容

WIOA 授权了劳动力开发系统中以下四个核心项目（core programs）的立法。①②

（1）核心项目一。针对低收入成人、青年人和失业人员项目，帮助他们取得就业所需的技能和证书，并将在他们就业后持续帮助其获得所需技能。联邦政府劳动力开发基金是这类项目的首要资金来源。

（2）核心项目二。成人教育和文化素质提升项目，包括英语语言服务。该项目致力于加强成人教育、高中后教育和劳动力之间的关系，重点是在州和本地层次上提供成人教育和技能发展培训，加快其获得文凭和证书的速度。同时使成人成为其子女教育的伙伴，并改善家庭未来的经济状况。

（3）核心项目三。Wagner-Peyser 就业服务项目，主要提供劳动力交流，使雇主与合格的求职者相匹配，并提供高质量的劳动力市场信息。相较于之前的 Wagner-Peyser 法案，WIOA 将其纳入统一的州发展规划中，并制定了相应的绩效考核指标。此外，还制定了工作人员专业化发展的措施，以加强服务水平。WIOA 之下的 Wagner-Peyser 强化了工作培训、就业服务、劳动力系统及失业保险系统之间的联系。

（4）核心项目四。职业能力康复项目（vocational rehabilitation）。该项目由

---

① U.S. Department of Labor the Workforce Innovation and Opportunity Act Overview［EB/OL］. http://www.doleta.gov/wioa/pdf/WIOA-Overview.pdf：2014-09-05/2014-12-12.

② Workforce Innovation and Opportunity Act（WIOA）"Driving Innovation，Collaboration，and Performance"［EB/OL］. http://www.workforcesnohomish.org/inform/wioa/documents/overview.pdf：2014-10-02/2014-12-16.

教育部管辖，为残疾人员提供范围广泛的服务，包括准备和进入有竞争力和经济回报领域的就业，通过该项目保障残疾人经济和个人的独立性。

WIOA 确保核心项目提供的就业和培训服务相互协调和补充，使求职者能获取满足雇主需要的技能和职业资格证书。除了上述四类核心项目外，WIOA 中还授权一些项目，针对一些特殊群体开展职业教育与培训，如工作训练营（job corps），青年建设（youthbuild），印第安人项目，移民和季节性农民项目。

3）WIOA 的特点分析

（1）以工作驱动（job-driven）为导向①

WIOA 具有鲜明的工作驱动导向特色。首先，WIOA 将企业置于中心地位，倡导雇主领导与积极参与，劳动力开发投资直接反映招聘员工的需要。工作驱动导向聚焦于为企业提供充裕的人力资源队伍、人力资本效益最大化及"不让一个劳动者掉队"的目标，通过与雇主合作了解其对当前及未来岗位的技能需求，并设计相应的培训项目，使项目证书的价值为当地雇主所认可。

其次，WIOA 要求向求职者和公众提供全方位的就业服务，包括提供透明和相关的信息，使求职者获取和理解有价值的信息。例如，实现在当地劳动力市场就业的路径和取得成功的关键技能要求；联结当地或区域劳动力市场真实的工作，使个人获得技能和证书从而在劳动力市场获得成功；增加面向所有劳动者和求职者的工作驱动导向培训的机会，并提供关键性支持服务、咨询和职业指导。

针对劳动者的工作驱动导向还体现在允许劳动者将工作和培训有机结合，包括在职培训，有报酬的实习，学徒准备项目，注册学徒项目，将这项项目作为通向就业的培训途径。

最后，从政府层面看，工作驱动导向能够更好地协调和使用联邦政府资源，以实现更好的效果。

WIOA 的工作驱动特色使其有明确的指向性，各利益相关主体能够以工作驱动为导向，目标一致地进行合作和协调。

（2）面向各类群体，重点扶持弱势群体

美国社会各阶层以及个体之间差异较大，WIOA 站在全社会的高度，为各类对象提供适合的职业教育培训项目，从而建立跨越职前和职后、容纳不同年龄层次和不同背景群体的全方位职业教育体系。同时，WIOA 充分考虑了教育的公

① Ready to Work：Job-Driven Training and American Opportunity [EB/OL]. http://www.whitehouse.gov/sites/default/files/docs/skills_report.pdf：2014-07-22/2014-12-23.

平性，向各类弱势学习群体倾斜，使其能够获得一技之长并实现就业。①②

① 青年人（16—24岁）

青年项目的对象包括非在校青年和在校青年两类。非在校青年受到政策倾斜，WIOA要求州及本地青年项目的75%以上资金投入到这类人员。

② 成人与失业人员

a. 成人

WIOA界定成人的范围比较宽泛，年龄跨度为18—72岁，法案中在州及地方一级具有多种形式的项目帮助其实现就业，如州快速反应活动、州际就业和培训活动等。

b. 一般性失业人员

适用于以下几种情况：已经中止合同或被解雇，或已收到中止合同或解雇通知；因所在企业关闭或将在180天内关闭而导致的失业；虽然自我雇佣（如农民、渔民等），但其经济状况等同于失业状态；从事无报酬的家庭服务；弱势成年人，其收入低于贫困线或最低生活收入标准的70%。

c. 因灾难导致的失业人员

适用于两种情况而导致的失业或不充分就业：发生了全国性的紧急或灾难局面；相当数量的人员从灾区安置到另一个地区。上述人员是联邦政府劳动力发展资金首要的资助对象，他们能够通过该项目获得技能和职业资格证书从而顺利就业，同时在就业后持续地获得技能。

d. 失业保险救济人员

该类人员是Wagner-Peyser就业服务项目的核心扶助对象，他们不仅能接受包括失业保险文档准备和资格评估的服务，而且能被推荐参加一系列的培训和教育项目，以使他们能够尽快重新获得工作。

③ 残疾人

残疾人将获得更多的机会改进他们的职业前景与获得就业转移服务。独立生存项目将由教育部转至健康和人力资源服务机构，以更好地支持残疾人达成独立生存并融入美国主流社会的目标。WIOA对职业能力康复法案进行了重要

① An Introduction to Key Provisions in the Workforce Innovation and Opportunity Act, Titles I and III [EB/OL]. https://www.workforce3one.org/view/3001432333369774359: 2014-09-15/2014-11-20.

② WIOA Bill Public Law No: 113-128 [EB/OL]. https://www.congress.gov/113/bills/hr803/BILLS-113hr803enr.pdf: 2014-07-22/2014-12-22.

修订，将残疾人就业的机会及满意度作为拨款给该法案下培训项目的重要依据，同时规定州职业能力康复代理处至少要将15%的资金投入到为残疾青年人提供从高中向高中后及就业的转移服务中。

④ 其他类别人员

WIOA覆盖了各类需要帮助的人群，除了向残疾人提供资助外，也提供向退伍老兵及军人家属、印第安人等特殊人群就业的资助。

4）项目运行效果的保障——问责制（accountability）

问责是美国职业教育持续改革的重要手段，WIOA要求第三方对项目效果进行统一的绩效评估，并要求确保联邦政府用于就业和培训项目的经费是基于证据（evidenece-based）和数据驱动（data-driven）的，以保证项目效果的可核查和透明性，项目的实施效果要对参与者和纳税人负责。为此，WIOA制定了核心绩效指标，州及本地管理劳动力投资系统的相关机构必须满足，否则将受到处罚。相对于WIA，WIOA增加了一系列绩效衡量指标，例如针对成人和失业人员的培训后资格证书的获取率和某一项目技能的通过率；针对青年人的工作满意度、教育或培训满意度，就业后的收入水平。

（1）项目运行效果的考核①

① 核心项目要求提交关于通用绩效指标的报告，提供关键性就业信息，如就业的人员比率，获得实习机会的青年人数量，工资中位数，是否获得职业资格证书，所掌握的可测量技能服务于雇主的有效性等。

② 对于成人和失业人员项目，主要绩效指标有就业率、工作满意度、平均收入，如成人项目完成后第二季度和第四季度的就业率；对于青年人项目，主要绩效指标有实习或教育机会、学位或证书获取率、读写或数学能力改进情况。

③ 核心项目必须测量向雇主提供服务的有效性。

④ 劳动部和教育部基于利益相关者提供的信息，建立针对核心项目的通用绩效考核系统。

⑤ 通用绩效指标根据经济条件和参加者的特征进行调整，包含若干等级。

⑥ 各州、地区和培训提供者的绩效报告需公开。

⑦ 项目将接受独立第三方至少四年一次的评估。

WIOA允许各州和地区除符合通用指标（common identifier）外，制定适合

---

① WIOA Information Session 4 — Performance Accountability System［EB/OL］. http://www2.ed.gov/about/offices/list/ovae/pi/AdultEd/wioa-info-session-4-transcript.pdf：2014-09-11/2014-12-27.

自身需要的指标，同时考核的标准可以根据各地的经济状况和参与人的实际情况进行适当调整，保证了原则性和灵活性的统一。

(2) 考核结果的应用

州一级的考核，设定了5%的处罚比例，适用于没有提交项目执行年度报告或者在两个连续项目执行年度内没有实现绩效达标的州。绩效问责必须保持高度的公开透明，州、本地一级培训提供者的绩效报告必须公布于众。

2.《增强的21世纪生涯与技术教育法案》

2018年7月，美国总统特朗普签署《增强的21世纪生涯与技术教育法案》(*the Strengthening CTE for the 21st Century Act*)，这是《卡尔·帕金斯职业与技术教育法》(*Carl D. Perkins Career and Technical Education Act*)的第四次修订法案。新法案致力于使更多的学生有机会学习21世纪经济竞争中所需的技能与知识，同时进一步解决美国经济目前所面临的严重"技能危机"。①

新法案重新定义了"职业与技术教育"和"符合条件的机构"的概念，使该法案与《美国劳动力创新与机遇法案》保持一致。新法案中使用的关键术语与《美国劳动力创新与机遇法案》中的术语相互呼应，并强调了职业与技术教育计划与《美国劳动力创新与机遇法案》计划之间在州和地方层面的协调。

法案资助州政府和其他授权机构改进高中和高中后的生涯与技术教育项目(CTE)以及为学生进入真实世界做准备的项目。并且，该法案要求州一级提供贯穿高中和高中后的教育项目，从而在学术学习和技能培训(含就业技能)之间实现无缝链接，并强调改进项目效果的问责机制使其能获得高技能、高收入或者进入热门行业。

同时，新法案秉承了1984年《卡尔·帕金斯职业与技术教育法案》颁布实施以来的一贯理念，即致力于扩大接受职业教育的群体，关注残障人士、少数族裔以及英语水平有限者的就业。②

新法案面向所有学生，包括特殊人群，使其满足进入热门与新兴行业就业的要求。法案增加了对高阶推理能力、问题解决技能、工作态度以及就业技能的要求。除了聚焦技术教育内容外，法案提出了较高的学术要求，与其他所有学生一

① 周蕾，赵中建.技能危机下的职业教育改革——美国《加强21世纪生涯与技术教育法案》述评[J].职业技术教育，2019，40(15)：67-73.

② 杨院，张慧凝.美国职业教育演进历程、逻辑与启示——基于经济社会学视角的分析[J].职教论坛，2020(3)：165-169.

样向参与CTE项目的学生传授具有挑战性的学术课程，例如，在CTE项目和教学中纳入严格的学术课程作业要求。

新法案明确定义了对于承担CTE项目机构的绩效问责指标：高中后教育机构必须测量学生在非传统领域的参与度、高中后教育的持续度以及受认可的高中后证书的获得率；高中教育机构必须测量学生在英语/阅读、数学和科学等课程的掌握程度、毕业率、学生参与CTE项目的程度以及参与高中后实习的比例。此外，还要评估以下指标之一：基于工作岗位学习的参与度；理实一体课程学分的获得；高中后证书（如行业认可的证书、学徒制证书、大学学历证书等）的获得率。

新法案规定建立多元主体共同治理框架，州或地方层面生涯与技术教育项目报告的开发和实施需要与八类关键利益相关者进行协商与制定，分别为中等或中等后教育机构、社区代表（包括家长、学生和社区组织）、劳动力发展委员会、特殊人群代表、企业或产业代表、特殊青少年组织代表、印第安部落代表、残疾人士代表。

3. 综合基础教育和技能培训项目①

综合基础教育和技能培训项目（Integrated Basic Education and Skills Training, I-BEST）由华盛顿州推行，融合了成人基础技能培训和职业技能培训，专门针对低技能或仅有基本技能的成人，及以英语为第二语言的外来人口或移民人群，帮助他们顺利掌握基础文化知识，并获得求职所需的职业技能，或适应并过渡到更高阶段的学习。

I-BEST项目围绕低技能成人的学习特征和需求，从学生选择、师资培养、课程设计、学制安排等方面进行规划。

I-BEST项目的学生大多来自低收入家庭，基础技能课程阶段的费用很低，而如果希望进一步求学则需要借助奖学金。为I-BEST学生提供的奖学金来源渠道很多，与项目最密切的是机会奖学金（opportunity grant），这是专门针对低收入成人继续接受教育或培训而设立的拨款资助，此外也有学生曾获得佩尔奖学金（pell grant）、国家需求奖学金（state need grants）等资助。

华盛顿州为I-BEST项目提供的拨款资助是全日制学生的1.75倍。拨款中还包括一部分额外资助，用于补偿学院在教学、支持服务和项目管理上的开支。该项目对参与者的收入有显著的提升作用——参与I-BEST项目学生平均年收

① 桂敏.成人综合基础教育和技能培训模式研究——基于美国经验的分析[J].职教论坛，2020（1）：163-169.

入比没有接受过培训的同龄人多 2 310 美元。

(四) 政策法规实施后的成效

相关政策法规的制定与实施，帮助美国建立促进不同群体技能提升和就业的培训项目体系。2019 年，联邦政府共有 47 个就业和培训项目，涉及 15 个不同的政府部门，这些项目的投入达 189 亿美元。2019 年，政府投入最大的培训群体为成人项目，高达 75 亿美元，以后依次为残疾人、青年人、退伍军人、失业人员及其他群体。就业和培训项目涉及的主要项目包括：就业咨询和评估、工作推荐、求职/实习、职业培训、成人读写能力或英语补习等。①

这些项目不仅受众面广泛，且参与人数众多。以 WIOA 为例，自 21 世纪以来，参与该项目的人数显著增加，2015 年，大约 600 万人参与了 WIOA 的成人服务项目，约 50 万人参与了失业人员项目。截至 2013 年，共有超过 800 万人参与了 WIOA 的培训项目。②

政策法规的实施取得了较显著效果。例如，成人培训项目对于收入有小的正向促进作用，虽然一些低质量的培训项目在提高劳动力的收入方面表现不佳，但不少培训项目在帮助长期失业者重新进入劳动力市场上显示出价值，即使效果低于预期，向没有收入的个体提供技能、帮助他们获得相对低收入的工作仍然实现了向上的社会流动，使其摆脱对政府救济的依赖，并且潜在地向其提供了应对变化的劳动力市场所需的技能。

政策法规也注重兼顾与平衡对不同群体的帮扶。以性别差异为例，目前学徒制参与者中，女性仅占 7%，这意味着她们可能成为企业所需的潜在技能型劳动力。为此，美国劳动部奖励三个学徒制帮助中心，表彰其支持企业招收女性进入学徒制的行为。学徒制办公室计划修订规则，以增强女性、少数族裔和残疾人参与学徒制的机会。③

三、 发达国家职业教育促进社会流动的启示

从德国和美国的社会阶层状况、职业教育对于社会流动的影响、政府相关政

① The Council of Economic Advisers. Government Employment and Training Programs: Assessing the Evidence on their Performance[EB/OL]. www.whitehouse.gov/cea, 2019, 6.

② BAUMAN K, CHRISTENSEN C. Improving Skills through America's Workforce Development System[R]. American Enterprise Institute, 2018.

③ REED S, DOUGHERTY S M, KURLAENDER M, et al. A Portrait of California Career Technical Education Pathway Completers[R]. Technical Report. Getting Down to Facts II, 2018, 9.

策法规的制定及实施效果等方面的分析发现，发达国家对于职业教育有明确的目标和角色定位，并努力发挥职业教育改善社会阶层分化、避免弱势群体落入社会底层、促进社会流动的功能，建立覆盖全社会各类群体的劳动力开发与职业教育体系。发达国家的实践也表明，职业教育并不必然成为社会文化再生产和阶级复制的工具，如德国的职业教育群体拥有较高的社会地位。

发达国家关于职业教育的制度设计和实践经验，对我国在新型城镇化进程中如何更好地发挥职业教育促进社会流动的作用有较好的借鉴价值。主要有以下三点启示。

(1) 在宏观社会系统中确定职业教育的功能定位。发达国家并未局限于职业教育本身孤立地看待其功能定位和所发挥的作用，而是将其置于社会经济系统中，从宏观视角审视其与劳动力市场、产业经济发展、社会流动等社会经济各子系统的联系和相互作用。首先发挥职业教育帮扶弱势群体的功能，这对于改善社会阶层固化、促进社会公平具有积极作用。例如，美国 WIOA 法案设立各类项目，以“工作驱动”为导向，帮助弱势群体接受教育与培训，掌握一技之长以实现就业，充分体现了教育公平的理念。从社会视角看，也增强了其经济独立性，减轻了其对社会的依赖，增进了整个社会的稳定。同时，发达国家也充分重视职业教育对于平衡劳动力供给侧和需求侧两端所起的作用，这不仅能充分发挥职业教育的功效，使职业教育系统的运行能更持久有效。

(2) 努力扩大职业教育的覆盖面，增强其针对性。德国和美国均面临社会阶层构成复杂、社会两极分化和阶层固化的挑战，政府试图通过职业教育为所有弱势群体提供必要的支持。例如，美国对于劳动力开发可谓不遗余力，不仅投入巨资，且覆盖各类弱势群体，其中不乏残疾人、失业人员、问题学生、困难家庭等。同时关照不同弱势群体的个性化诉求，通过系统的、针对性的职业教育和培训项目最大化地发挥职业教育的功效，为处境不利群体的社会融入提供有力支撑。尤其是注重对青年弱势群体的扶持，支持青年顺利实现从学校到职业培训、从职业培训到劳动力市场的过渡。

(3) 政府在职业教育促进社会流动中发挥主导作用。职业教育既是一种准公平产品，同时又影响着社会经济的不同领域，政府在其中应发挥主导作用，因为仅依靠以私营企业为主的市场机制，无法实现社会视角最优的培训供给。尤其是对于长期失业或缺乏基本技能的求职者而言，政府起到了不可替代的作用，其经费投入能帮助受低收入限制的人员参与劳动力开发项目。德国政府通过制定相应的法律法规，明确了对不同群体的职业教育帮扶政策以及相应资源的投入，同时构建了政府部门分工明确、社会公众广泛参与的职业教育治理体系，制定了注重实效的职业教育质量保障机制，使职业教育促进社会流动的功能得以充分发挥。高质量的教育和培训系统是使个人在劳动力市场上获得良好起点的关键，而劳动力市场的政策及企业培训可以对其整个职业生涯的收入流动中产生重大影响。同时，政策和相关机构需要覆盖人的整个职业生涯过程，包括从职业指导计划、安置实习到积极的劳动力市场政策以及成人教育和培训计划等政策，这些政策尤其需侧重于低技能的人。要客观认识职业教育的局限性，针对教育分层导致的社会分层，加强职业教育与高等教育的融通，这对促进更高质量的社会流动至关重要。

第十一章

职业教育促进社会流动的相关政策分析与建议

中国是人口大国,就业问题一直是决定社会稳定的关键,虽然我国的职业教育已有比较好的基础,但在整个社会体系中还处于弱势和边缘化地位,服务对象的覆盖面也需进一步拓展至社会各阶层,将劳动力开发与职业教育提升到人力资源国家战略的高度对待,构建联结职前培养与职后培训、覆盖各类劳动者的劳动力开发与职业教育终身培养体系,使之为全民所共享的并成为社会经济可持续发展的重要动力。本章在前述各章内涵解析、效应测度、机理探究以及国际比较分析的基础上,结合对我国职业教育政策的系统的回顾梳理,为在新型城镇化背景下更好地发挥职业教育促进社会流动的功能提出建议。

一、职业教育政策理念和发展脉络变迁——由效率导向转变为公平效率并重

作为社会经济综合系统的一个子系统,职业教育必然伴随着社会经济的发展而发生变化。习近平总书记指出:职业教育是国民教育体系和人力资源开发的重要组成部分,肩负着培养多样化人才、传承技术技能、促进就业创业的重要职责,要加快培养高素质劳动者和技能人才,努力培养数以亿计的高素质劳动者和技术技能人才,努力让每个人都有人生出彩的机会,为推动经济发展和保持比较充分的就业提供支撑。

相应地,看待职业教育有两个基本视角:经济视角和社会视角。前者主要从效率效力、责任机制、吸引力、适应性和反映性等方面出发探讨职业教育的发展,后者主要关注促进职业教育的机会、公平和包容性,并在此基础上提高职业教育与培训的质量。①

同样地,职业教育的政策理念也应遵循两条主线:效率和公平。公平是社会制度的首要价值,是职业教育政策的基本价值;效率是国家经济社会发展的永

① 李玉静,杨明.世界职业教育与培训的转型:理念、行动与趋势——基于对2012年以来UNESCO行动及政策文本的分析[J].职业技术教育,2017,38(21):23-28.

恒主题，发展职业教育必须重视对效率的追求。总体而言，我国长期以来将职业教育的效率追求置于优先地位。改革开放初期，国家制定教育政策的指导思想基本上都是为社会发展和经济建设服务的，重点强调速度和效率。职业教育被作为服务社会发展和经济建设的重要手段，自1985年《中共中央关于教育体制改革的决定》首次提出“大力发展职业技术教育”，一直到党的十八大提出的“加快发展现代职业教育”，职业教育经济发展助推器的定位始终未变。《现代职业教育体系建设规划(2014—2020年)》提出：现代职业教育是服务经济社会发展需要，面向经济社会发展和生产服务一线……的教育类型，……建立现代职业教育体系，是促进现代职业教育服务转方式、调结构、促改革……的制度性安排，对打造中国经济升级版，……实现中华民族伟大复兴的中国梦都具有重要意义。《国家职业教育改革实施方案》也提出，为促进经济社会发展和提高国家竞争力提供优质人才资源支撑。上述政策反映了职业教育长期以来的“国家本位”和“工具理性”倾向。①

近年来，学术界更加关注社会经济差距拉大带来的社会问题，强调通过国家干预和社会政策的作用扶助弱势群体，抑制收入差距扩大，促进机会公平，畅通社会流通渠道，扩大中等收入群体，使社会分层向着合理形态演进。随着社会经济的发展，公众对教育公平的诉求越来越强烈，党的十九大报告指出，优先发展教育事业，办好人民满意的教育，……推进教育公平，……，努力让每个孩子都能享有公平而有质量的教育。尤其是进入21世纪后，职业教育政策更多地转向社会视角，关注职业教育的社会价值，强调职业教育机会、过程和结果的公平，更多地关照弱势群体的诉求，这与职业教育自身的类型属性相契合。政策话语中出现“发展职业教育是促进社会公平、实现社会和谐的有效途径”等典型的社会价值导向的表述。《国家职业教育改革实施方案》开宗明义地指出：职业教育与普通教育是两种不同教育类型，具有同等重要地位，为职业教育的社会定位确定了总的基调。职业教育的政策理念由“效率优先”转变为“公平和效率并重”，并不断扩展公平的范围和内涵，反映了职业教育的“价值理性”。

因此，正如习近平总书记指出，职业教育在劳动力开发的作用应体现在两个层次上，“我们一定要进行富余劳动力资源的开发工作。这主要包括两个层次的内容：一是进行就业前的针对性培训，努力把现有的富余劳动力培训成为具有

① 祁占勇.我国职业教育政策的变迁逻辑与未来走向[J].华东师范大学学报(教育科学版)，2018(1)：104-112.

一定技术知识的合格劳动者;二是加强战略性培训,重视智力投资,兴办各级职业教育,培养专门人才,努力把富余劳动力培养成为未来社会所需要的劳动力”。

总体而言,我国的职业教育发展从遵循工具理性、培养技术技能型人才的效率逻辑,逐步转向遵循价值理性、强调其社会功能的公平逻辑,形成了公平与效率并重的格局。在新型城镇化背景下,职业教育应“努力提高农民工融入城镇的素质和能力”“努力让劳动者实现体面劳动、全面发展”。

二、我国城镇化发展与职业教育促进社会流动的相关政策文件概览

通过对近年来我国新型城镇化发展与职业教育相关的重要政策文件(表11-1)进行梳理,可以发现新型城镇化、职业教育与农业转移人口社会流动之间存在密切的关联。

(一)新型城镇化与职业教育之间相互支撑

在城乡一体化发展的前提下,新型城镇化建设将促进农业转移人口的就业作为一项主要目标,拓展就业渠道和提升就业质量,并将职业教育和职业技能培训作为提升农业转移人口人力资本、推进新型城镇化建设的重要手段。职业教育的若干发展规划均充分考虑新型城镇化的重要背景,依托城镇化建设开展职业教育与培训,聚焦城镇化的非农产业,适应产业升级的需要,贴近和精准服务区域和产业发展需求。

(二)强调通过职业教育提升人力资本和促进社会公平

这些文件虽然在不同的时间出台、主题不尽相同,但均强调职业教育对于农业转移人口人力资本提升的重要性,为农业转移人口适应城镇化建设非农产业、实现稳定、可靠的就业提供必要的技能保障。同时,这些文件强调向农业转移人口提供职业教育和技能培训,尤其是向弱势和困难家庭倾斜,彰显了教育公平理念,不断提升教育质量,推进其融入城市与市民化进程,促进人的全面发展和社会的公平正义。

(三)职业教育的影响持续扩展和深化

首先,职业教育的受众面不断拓宽,从面向最初进入城市的农村剩余劳动力,到全面全体城乡劳动者,开展普及性职业技能培训,并突出新生代农民工和新增劳动力的职业技能培养。其次,职业教育的时间周期不断向两端延伸,强调

终身教育的理念，贯穿从劳动预备制培训到职业生涯的全过程。与此同时，职业教育的层次也不断提升，为适应产业转型升级的需要，加强高技能人才培训，提升人才培养层级，拓展农村转移人口在城镇化进程中流动的渠道和向上发展的空间。

三、职业教育促进社会流动的政策内涵评析

纵观近年的政策文件，贯穿其中的一条主线是：通过职业教育促进社会流动，具体体现在以下三个方面。

（一）不断扩大政策扶持的范围

21 世纪初，国务院《关于大力推进职业教育改革与发展的决定》的出台，在继续向弱势群体倾斜的基础上，进一步将职业教育的对象扩大至包括城乡新增劳动者、下岗失业人员、农村劳动力在内的全体国民，彰显了职业教育是“人人教育”的本质内涵。

1. 贫困人口

教育扶贫作为脱贫攻坚战的重要组成部分，一直以来都备受国家关注。2015 年发布的《中共中央国务院关于打赢脱贫攻坚战的决定》中提出：着力加强教育扶贫，加快实施教育扶贫工程，让贫困家庭子女都能接受公平有质量的教育，阻断贫困代际传递。《教育脱贫攻坚“十三五”规划》将精准扶贫作为基本方略，以国家贫困县及建档立卡等贫困人口为重点，大力发展职业教育和培训，以提升建档立卡贫困人口的基本文化素质和技术技能水平为重点，提升贫困地区人口就业创业、脱贫致富能力，促进教育强民、技能富民、就业安民，打赢教育脱贫攻坚战。规划明确指出，要“以提高贫困人口基本文化素质和贫困家庭劳动技能为抓手，瞄准教育最薄弱领域”的同时，特别强调要加快发展职业教育，推动落实东西部地区联合招生，加强东西部地区职教资源对接，启动职教圆梦行动计划，实施中等职业教育协作计划，确保建档立卡贫困家庭的学生能够参与多种形式的职业教育。

教育部办公厅国务院扶贫办综合司关于印发《贯彻落实职业教育东西协作行动计划（2016—2020 年）实施方案》的通知（教职成厅〔2017〕3 号）中明确指出，要全面实施东西部地区职业教育协作计划，落实东西部地区中职招生协作兜底行动，支持职业院校全面参与东西部地区劳务协作。在中央确定的东西部地

区扶贫协作框架下，以职业教育和培训为重点，以就业脱贫为导向，瞄准建档立卡贫困人口精准发力。其中一项重要行动是实施东西部地区中职招生协作兜底行动，招收西部地区建档立卡贫困家庭子女接受优质中职教育，毕业后根据学生意愿优先推荐在东部地区就业，实现就业脱贫。京、津、沪、苏、粤等东部发达地区已响应教育扶贫号召，对西部地区（滇、藏、青等地）展开职业教育对口帮扶工作。该计划实施三年来，已按省签署职业教育东西部地区协作落实协议 104 份，参与院校 800 余所，中职学校招收建档立卡贫困家庭学生达 31.48 万人。职业院校东西部地区协作共建示范性专业点 421 个，选派优秀教师 8 803 人。开展各类培训 469 期，共培训 83 704 人。

为进一步发挥职业教育在脱贫攻坚中的重要作用，完善滇西职业教育东西部地区协作内容、模式和机制，加快落实滇西扶贫工作的总体目标，教育部办公厅同年印发了《职业教育东西协作行动计划滇西实施方案（2017—2020 年）》（教职成厅〔2017〕4 号），文件强调搭建上海、天津、江苏、浙江[以下简称东部四省（市）]和东部地区 10 个职教集团对口帮扶滇西 10 州市职业教育发展的平台，精准识别和组织动员滇西地区建档立卡贫困家庭“两后生”到东部地区省（市）接受优质职业教育，完善滇西职业教育东西部地区协作长效机制，进一步增强滇西人民脱贫致富的能力，实现滇西地区贫困人口就业脱贫与东部地区劳动力缺口补充的有效对接，完成好“发展教育脱贫一批”的重要任务。

习近平总书记在决战决胜脱贫攻坚座谈会上的讲话指出，对退出的贫困县、贫困村、贫困人口，要保持现有帮扶政策总体稳定，扶上马送一程。可以考虑设个过渡期，过渡期内，要严格落实摘帽不摘责任、摘帽不摘政策、摘帽不摘帮扶、摘帽不摘监管的要求，主要政策措施不能急刹车。因此，东西部地区协作行动计划及滇西实施方案在未来一段时间内也将继续发挥其作用。

（1）人才培养方面

滇西实施方案采取了东部地区 3 年整段培养和“2 + 1”分段培养两种方式，计划每年总计招收不少于 6 000 名。一是东部四省（市）统筹安排省（市）内优质中职学校 3 年培养为主，招收滇西 10 州市建档立卡贫困家庭不少于 3 000 名“两后生”，按照现代学徒制、订单式等模式进行校企联合培养，实现入校即入企，毕业即就业。二是东部四省（市）统筹安排各自优质中职学校，招收 3 000 名滇西 10 州市在校建档立卡贫困家庭学生，采取“2 + 1”分段培养方式开展教学，毕业后根据学生意愿优先在东部四省（市）安排就业。以上海为例，自 2017 年年底起重点推动滇西建档立卡的“两后生”(未升学的应往届初、高中毕业生)来沪接受优质中职教育。精心遴选29所中等职业学校的46个专业,面向云南的丽江、保山、楚雄、西双版纳等滇西4地州的“两后生”,开展对口单独培养和分段培养兜底式招生,每年安排招生计划2 300人(单独培养1 150人,分段培养1 150人)。

(2) 资助政策方面

滇西实施方案涉及以下五个方面:①到东部四省(市)接受中职学校教育的建档立卡贫困家庭学生,享受免学费、国家助学金及当地学生同等奖(补)政策。②云南省从财政扶贫资金中按照每生每年5 000元左右的标准给予资助。③上海市从东西扶贫协作财政援助等资金中按照每生每年不少于1 000元标准给予资助。④中国教育发展基金会向接受中等职业教育的建档立卡贫困家庭学生资助每生每年1 000~2 000元。⑤滇西10州市根据各自实际在地方财政中安排一定的经费对到东部地区接受职业教育的“两后生”予以生活和交通补贴。根据受教育者问卷调查情况显示,超过半数认为补贴够用甚至能够结余或补给家用。

2. 农村人口

鉴于农村户籍人口是接受职业教育的主体,近年来有不少针对农村户籍的职业教育专项培训项目。

(1) 农民工职业技能提升计划“春潮行动”实施方案

2014年由人力资源社会劳动保障部实施,方案的重点对象是农村新成长劳动力,方案的目标是进一步提高农村转移就业劳动者在新型城镇化背景下的就业创业能力。方案要求根据不同类型农村转移就业劳动者的需求,分类组织实施各具特色的职业培训,大力开展就业技能培训、岗位技能提升培训、高技能人才培训和创业培训。方案同时要求根据不同类型农村转移就业劳动者的需求,分类组织实施各具特色的职业培训,大力开展就业技能培训、岗位技能提升培训、高技能人才培训和创业培训。培训的内容包括三类:面向农村新成长劳动力和拟转移就业劳动者开展就业技能培训,面向在岗农民工开展岗位技能提升培训,面向有创业意愿的农村转移就业劳动者开展创业培训。

(2) 雨露计划

2015年由国务院扶贫办牵头出台的《关于加强雨露计划支持农村贫困家庭新成长劳动力接受职业教育的意见》,旨在提高贫困人口素质,促进贫困地区经济社会发展。雨露计划通过引导和支持农村贫困家庭新成长劳动力接受职业教育,培养技能型人才、促进稳定就业、实现脱贫致富,目标是通过政策扶持,农村贫困家庭子女初、高中毕业后接受中、高等职业教育的比例逐步提高，确保每个孩子最少学会一项有用技能，贫困家庭新成长劳动力创业就业能力得到提升，家庭工资性收入占比显著提高，实现一人长期就业，全家稳定脱贫的目标。贫困家庭子女参加中、高等职业教育，给予家庭扶贫助学补助。学生在校期间，其家庭每年均可申请补助资金，可按每生每年 3 000 元左右的标准补助建档立卡贫困家庭。

此外，2017 年出台的《新时期产业工人队伍建设改革方案》，实施对象是包括农民工在内的产业工人，目的是创新产业工人发展制度，拓宽产业工人发展空间和流通渠道。2019 年，人力资源和社会保障部实施《新生代农民工职业技能提升计划（2019—2022 年）》，从资金、政策等方面加大对新生代农民工职业培训和就业创业扶持力度，帮助农民工特别是新生代农民工增加受教育培训机会，提高专业技能和胜任岗位能力。

3. 中西部地区人口

根据 2018 年国家统计局发布的城乡数据，西部 12 个省中有 10 个省的城镇化率低于 59.58%的全国平均城镇化率，城镇化率最低的 5 个省份都在西部。第六次全国人口普查显示，西部地区整体学历水平偏低：初中及以下学历比例超过了 80%，大专及以上仅占 8%。根据对 CFPS 数据库西部地区样本的分析，中等职业教育学历比例仅占 3%，远低于东部地区的 6%和中部地区的 5%。西部地区的社会阶层分布并不是金字塔形，而是接近“倒丁字”形结构。按照国际社会经济地位指数（ISEI），65.3%的人口处于社会底层，主要以农民为主。西部地区中等职业教育样本的 ISEI 平均值为 44.74，显著高于西部地区整体平均水平的 29.99，大部分中等职业教育学历者从事相对稳定的技能型工作。值得注意的是，虽然西部地区接受中等职业教育群体的 ISEI 均值不低于甚至略高于中东部地区，但在西部地区接受中等职业教育群体内部，社会经济地位的分布呈现较大的异质性，表明接受职业教育对不同个体的社会地位和社会流动影响存在差异。

早在 1998 年，教育部即出台了《关于加快中西部地区职业教育改革与发展的意见》，而 2002 年《关于大力推进职业教育改革与发展的决定》和 2005 年《关于加快发展中等职业教育的意见》，同样将“工作重点放在推进中西部地区和农村中等职业教育的发展上”。中共中央办公厅和国务院办公厅印发的《加快推进教育现代化实施方案（2018—2022 年）》将实施中西部教育振兴发展计划作为重点任务之一，提出补齐中西部地区教育发展短板，支持中西部地区加快普及高中阶段教育，实施乡村振兴战略教育行动，大力发展现代农业职业教育。

表 11-1　城镇化发展与职业教育相关的政策文件

序号	发文时间	印发部门	文件名称	指导思想	重点相关内容
城乡发展相关文件					
1	2014.3	中共中央国务院	国家新型城镇化规划(2014—2020 年)	强调以人为本,推进以人为核心的城镇化	完善农民工随迁子女在流入地接受中等职业教育免学费政策,建立健全农民工随迁子女接受义务教育后在流入地参加升学考试的实施办法。 加强农民工职业技能培训提高就业创业能力和职业素质
2	2018.9	中共中央国务院	乡村振兴战略规划(2018—2022 年)	解决好"三农"问题是关系国计民生的根本性问题。 坚持乡村振兴和新型城镇化双轮驱动,从城乡融合发展和优化乡村内部生产生活生态空间两个方面,明确了国家经济社会发展过程中乡村的新定位,提出了重塑城乡关系、促进农村全面进步的新路径和新要求	提升农村劳动力就业质量：拓宽农村劳动力转移就业渠道,引导农村劳动力外出就业,支持就地就近就业;结合新型城镇化建设引导产业梯度转移,创造更多适合农村劳动力转移就业的机会,推进农村劳动力转移就业示范基地建设;乡村就业促进行动,开展农村劳动力职业技能培训,继续实施春潮行动。 加快农业转移人口市民化。加快推进户籍制度改革,促进有能力在城镇稳定就业和生活的农业转移人口有序实现市民化。保障农民工随迁子女接受义务教育,面向农业转移人口全面提供政府补贴职业技能培训服务
城乡劳动力接受职业教育相关文件					
3	2014.6	教育部等五部委	现代职业教育体系建设规划(2014—2020 年)	以服务发展为宗旨,以促进就业为导向,系统设计现代职业教育的体系框架、结构布局和运行机制,为建设人力资源强国和创新型国家提供人才支撑	优化职业教育城乡布局,充分发挥职业教育就业导向作用,引导农村剩余劳动力向城镇和非农产业有序转移。重点加强农民工、农民工子女和城市转岗就业人员的职业教育和培训。在城镇化建设中科学规划职业教育,院校布局更加贴近所服务的产业和社区
4	2019.1	国务院	国家职业教育改革实施方案	牢固树立新发展理念,服务建设现代化经济体系和实现更高质量更充分就业需要,对接科技发展趋势和市场需求,着力培养高素质劳动者和技术技能人才	使绝大多数城乡新增劳动接受高中阶段教育;加大对民族地区、贫困求和残疾人职业教育的扶持力度,落实职业教育东西协作行动计划;精准服务区域发展需求。积极招收初高中毕业未升学学生、退役军人、运动员、下岗职工、返乡农民工接受中等职业教育;发展高等职业教育,使城乡新增劳动力更多接受高等教育

（续表）

序号	发文时间	印发部门	文件名称	指导思想	重点相关内容
5	2017.6	中共中央国务院	新时期产业工人队伍建设改革方案	把产业工人队伍建设作为实施科教兴国战略、人才强国战略、创新驱动发展战略的重要支撑和基础保障，造就一支有理想守信念、懂技术会创新、敢担当讲奉献的宏大的产业工人队伍	围绕构建产业工人技能形成体系提出 6 大举措，包括完善现代职业教育制度和改革职业技能培训制度，尤其是促进农民工融入城市、稳定就业，实施农民工学历与能力提升行动计划、农民工职业技能提升计划；创新产业工人发展制度，拓宽产业工人发展空间、畅通产业工人流动渠道，创新技能导向的激励机制
6	2019.1	人力资源社会保障部	新生代农民工职业技能提升计划（2019—2022 年）	将新生代农民工职业技能培训作为实施人才强国战略、创新驱动发展战略、乡村振兴战略的具体举措和打赢脱贫攻坚战的重要抓手，围绕国家经济社会发展对高素质劳动者需求和农民工技能就业、高质量就业需要，保障就业局势稳定，聚焦新生代农民工，针对群体和时代特点，开展大规模、多层次、高质量、有保障的职业技能培训，促进多渠道转移就业，提高就业质量	实现新生代农民工职业技能培训“普遍、普及、普惠”的目标，即普遍组织职业技能培训，普及课程资源，落实普惠性补贴政策。 广泛开展就业技能培训，实现转移就业前至少掌握一项职业技能，对初次到城镇就业的新生代农民工开展引导性培训。 支持企业对农民工广泛开展技能培训，提高其就业稳定性。 精准开展技能扶贫培训，助力脱贫攻坚。 建档立卡贫困人员免费参加技工教育和职业培训
7	2018.6	国务院	国务院关于推行终身职业技能培训制度的意见	推行终身职业技能培训制度，大规模开展职业技能培训，建设知识型、技能型、创新型劳动者大军	面向城乡全体劳动者，完善从劳动预备开始，到劳动者实现就业创业并贯穿学习和职业生涯全过程的终身职业技能培训政策。深入实施农民工职业技能提升计划“春潮行动”，将农村转移就业人员和新生代农民工培养成高素质技能劳动者。对城乡未继续升学的初、高中毕业生开展劳动预备制培训；对贫困家庭开展技能脱贫攻坚行动。适应产业转型升级需要，加强高技能人才培训
8	2012.8	教育部等四部委	关于做好进城务工人员随迁子女接受义务教育后在当地参加升学考试工作意见的通知		坚持有利于保障进城务工人员随迁子女公平受教育权利和升学机会，坚持有利于促进人口合理有序流动。上海市随迁子女可就读上海市中、高等职业院校

4. 随迁子女

接受更高阶段的教育是随迁子女的普遍诉求,《中国流动儿童教育发展报告(2016)》显示,在初中随迁子女中,有58.2%的省内跨县流动学生,51.8%的跨省流动学生明确希望能接受义务教育后的教育。

随迁子女在流入地升学考试政策包括流入地中考政策和高考政策。2012年8月30日,国务院办公厅转发教育部等四部委联合发布的《关于做好进城务工人员随迁子女接受义务教育后在当地参加升学考试工作意见的通知》,对随迁子女在流入地参加中考做出特别规定,保障随迁子女在流入地参加中考的权利,并逐步由"两为主"(以输入地政府管理为主,以公办中小学为主)政策向"两个全部纳入"(把常住人口全部纳入教育发展规划,将随迁子女全部纳入财政保证范围)及实施居住证管理制度转化。

至2012年年底,大部分省份都出台了相关政策方案,但大多设置了一定的报考条件,如居(暂)住证、社保缴纳年限、就读年限等。以北京、上海为代表的特大城市只向务工人员随迁子女开放职业学校。以上海为例,上海市的流动人口规模巨大,占全市人口40%以上,2016年,上海市0—17岁随迁子女达132万人,占当地儿童总量的46.2%,这意味着上海市接近一半的儿童都是随迁子女。其中超过四成的随迁学生就在上海出生,而随迁学生在上海生活平均年限超过10年。① 2015年全国普通高中招收初中随迁子女的平均升学率为31.56%,远低于全国平均56.19%的升学率水平。

2014年,国务院印发《关于进一步推进户籍制度改革的意见》,保障随迁子女平等享有受教育权利,逐步推行随迁子女在当地参加中考和高考,不断提高高校、职业院校毕业生城镇落户率。教育部2017年的工作要点提出,要促进入学机会公平,落实和完善进城务工人员随迁子女在当地的升学考试政策。

仍以上海为例,上海市2008年起开始实施随迁子女就读中等职业学校政策,允许上海市全日制普通中等职业学校自主招收随迁子女,随迁子女参加招生中职学校入学考试,并与上海本地生源一样,享受职业教育免学费待遇。但从职业教育的普惠性原则来衡量,像上海这样具备条件和需求的发达地区,仍然需要进一步开放职业教育资源,为更多的流动人口和随迁子女家庭提供接受职业教育的机会。

① 吴霓.随迁子女在流入地升学考试政策的实施状况与相关问题的解决路径[J].教育科学研究,2018(9):93-96.

5. 更广泛的群体

《职业教育改革实施方案》提出进一步拓宽职业教育的服务范围：中等职业教育要面向人人、面向社会招生，积极招收初高中毕业未升学学生、退役军人、退役运动员、下岗职工、返乡农民工等；服务乡村振兴战略，为广大农村培养以新型职业农民为主体的农村实用人才。发挥中等职业学校作用，帮助部分学业困难学生按规定在职业学校完成义务教育，并接受部分职业技能学习。

高等职业教育则要扩大招生数量，实现高质量发展，使城乡新增劳动力更多接受高等教育，尤其是高等职业教育实施扩招 100 万人的计划，实施针对退役军人、下岗失业人员、农民工、新型职业农民等群体的单列招生，同时加大残疾学生培养力度，推动职业教育不断面向更广泛的群体。

（二）逐步推行职业教育免学费制度

为切实发挥中等职业教育的公益性及普惠性，我国逐步实施中等职业教育免费政策。2002 年，《国务院关于大力推进职业教育改革与发展的决定》提出“对家庭经济困难学生适当减免学费”以来，我国不断加大对中等职业教育的资助力度，陆续出台《关于完善中等职业教育贫困家庭学生资助体系的若干意见》《关于中等职业学校家庭经济困难学生和涉农专业学生免学费工作的意见》《关于扩大中等职业学校免学费政策覆盖范围的通知》《关于调整职业院校奖助学金政策的通知》等政策。从 2009 年起，我国开始面向部分学生实行中等职业教育免学费政策，加大中等职业教育对弱势群体的关注，并将这一举措作为提升职业教育公平效度的首要环节。目前我国逐渐形成了以国家奖助学金、免学费为主的中等职业教育资助体系，并且免学费政策范围不断扩大，资助标准不断提高，有效保障了弱势群体的受教育权利。到 2012 年，国家中职免学费政策受益学生占全部中职学生的 90%左右，基本实现了中等职业教育免学费的全覆盖。

（三）不断推出的政策红利

当前正在实施中的职业教育相关政策中也包含不少其他有利于职业教育发展及促进社会流动的措施。《国家职业教育改革实施方案》指出：随着我国进入新的发展阶段，职业教育的重要地位和作用越来越凸显。从政策导向上，把职业教育摆在教育改革创新和经济社会发展中更加突出的位置。例如，方案中对于中等职业教育，提出使绝大多数城乡新增劳动力接受高中阶段教育，重点支持集中连片特困地区每个地市原则上至少建设一所中等职业学校。同时要逐步提高技术技能人才特别是技术工人的收入水平和地位，推动形成人人皆可成才、人人尽展其才的良好环境。积极推动职业院校毕业生在落户、就业、参加机关事业单位招聘、职称评审、职级晋升等方面与普通高校毕业生享受同等待遇。经费投入要注重向中西部、贫困地区和少数民族地区倾斜。进一步扩大职业院校助学金覆盖面，完善补助标准动态调整机制，落实对建档立卡等家庭经济困难学生的倾斜政策，健全职业教育奖学金制度。

可以预见，在未来一段时期内，职业教育群体的社会地位会更加受到重视，其"价值理性"将会提升到一个新高度。

四、优化职业教育促进社会流动的政策建议

职业教育由强调效率为主转向公平效率并重，反映了我国经济社会发展对职业教育诉求的变化。首先是职业教育在经济发展中的作用日益突出。效率与公平虽然是职业教育两条不同的政策理念主线，但二者之间并非互斥关系。实质上作为劳动力市场供给侧的两端，二者相互影响：对效率的追求，在某种程度上体现了技能型人力资本的重要性在增强，客观上增强了该群体对经济社会地位的追求。

其次，职业教育日益成为教育体系不可或缺的组成部分。当前我国仍然施行以初中阶段教育为主的义务教育，高中阶段总体上属于非义务教育，而中等职业教育率先实施免学费制度，即由准公共产品演变为公共产品，体现了职业教育作为类型教育的特殊地位和重要性。

最后，社会进入转型发展期和新的发展阶段，技能型劳动力逐渐形成社会阶层的重要组成部分，其社会经济地位及社会流动影响到社会整体的稳定性。而当前社会的主要矛盾正是人们日益增长的需求与社会经济发展不平衡、不充分之间的矛盾，尽快形成具有一定社会经济地位的技能型产业工人阶层是社会发展考虑的重要问题。

基于全国性样本数据库 CFPS 的量化研究和代表性样本的调研分析均显示：对于家庭先赋性因素欠缺的个体，职业教育能较好地发挥自致性因素的功效，帮助个体获得较稳定的社会经济地位，但与更高层级教育相比，职业教育促进个体向上社会流动的动力不足，甚至可能导致阶层固化。面向未来，随着新型城镇化的持续推进，会有更多的农业转移人口进入城镇。根据《中国农村发展报告 2020》，预计到 2025 年，中国城镇化率将达到 65.5%，保守估计新增农村转移

人口 8 000 万人以上。要进一步发挥城镇化进程中职业教育促进社会流动的作用,需回答的两个基本问题是:如何更好地发挥职业教育的"安全网功能",为弱势群体的社会地位提供托底保障?如何突破职业教育对职业流动的限制,帮助受教育者取得更高的社会经济地位?对于前者,政策设计需要考虑:如何使职业教育更广泛地面向需要帮扶的对象?如何使政策更好地促进帮扶对象的社会流动?对于后者,政策设计则需考虑:能否实现高质量的职业教育,转变职业教育的负面信号效应,扭转其给社会公众传递的低质量教育和培养中低技能劳动者的刻板印象,提升职业教育群体人力资本价值,推动职业教育群体经济社会总体地位的上升?进一步地说,职业教育能否有助于受教育者突破劳工阶层地位的制约性,摆脱阶层固化和社会分层的桎梏,从而形成新的中产阶级?

(一) 确立职业教育尤其是中等职业教育在教育体系中的应有地位

曾经占据中国高中阶段教育半壁江山的中等职业教育,自 2010 年招生和在校生数量达到峰值、与普通高中招生接近 1∶1 之后出现拐点,近年来中职在高中教育所占比重快速下降。《2016 年全国中等职业学校办学能力评估报告》指出,2015 年全国中等职业学校在校生数占高中阶段教育在校生总数的 41%,这一趋势仍在强化,各地普遍存在中等职业学校招生困难的问题。

与中等职业教育招生快速下降并存的现象是近年来出现的中等职业学校"升学热"现象,中等职业学校学生毕业后并未进入就业市场,而是通过各种渠道升学。例如,上海市 2017 年中等职业学校毕业生中升入高一级院校的比例为 56.23%,比上一年度上升 9 个百分点,增幅高达 20%。中等职业学校教育升学热不仅存在于东部发达地区,而是在全国范围内较普遍地出现和增长,欠发达地区也存在升学率高的现象。

中等职业教育入口与出口两端同时出现的问题引起社会的广泛关注和担忧。首先是关于职普合理招生比例的激烈争论。一种观点认为中职与普通高中具有同等重要地位,《现代职业教育体系建设规划(2014—2020 年)》明确提出"中等职业教育在现代职业教育体系中具有基础作用,总体应保持普通高中和中等职业学校招生规模大体相当"。加固中等职业教育的基础地位,是合理的劳动力结构的诉求,也是人本化的教育公平性的追求。[①] 但也有人质疑中职与普通

① 姜大源.关于加固中等职业教育基础地位的思考[J].中国职业技术教育,2017(12):5-30.

高中招生规模1∶1的依据，认为招生数下滑说明了中等职业教育对接受该教育的个体发展是不利的，提出大力普及普通高中教育，减少甚至取消中等职业教育。同样，中等职业学校“升学热”倾向也引发激烈争议：有的观点认为选择中等职业教育是在通过普通高中进入大学无法实现之后人们的无奈之选或次优选择，是“技术选择”的结果。目前很多家长将就读中等职业学校并非为就业做准备，而是视为通往高等教育的第二渠道，并认为更多的中职生升学也有助于提升职业教育吸引力，实现在更长的学制内优化职业技术人才培养质量。但是有质疑认为中等职业学校招生的快速下滑和将接受中等职业教育作为跳板的“升学热”现象是许多家长追随潮流的盲目选择或有限理性选择，对职业教育的健康发展造成不利影响。例如，过度的“升学热”使中等职业技术人才的供给数量不仅大幅度减少，质量也明显下滑，甚至在江苏太仓这样德国双元制本土化最为成功的地方，开展双元制人才培养的德资企业也遭遇生源危机。

对于中等职业教育“招生难”和“升学热”的问题及其争议，既需要反思职业教育自身存在的不足，更需要站在宏观社会经济系统的高度审视职业教育的定位，给予职业教育应有的地位。《国家职业教育改革实施方案》提出：“职业教育与普通教育是两种不同教育类型，具有同等重要地位”，强调职业教育是一种“同等重要”的“类型”，并不是“低层次教育”，指明了职业教育在教育系统中的基本定位和地位。发展职业教育的指导思想应是公平优先、兼顾效率，如果能更有效地发挥职业教育对经济社会的促进作用，长远来看，既有利于总体社会经济的持续发展，也有助于个体经济社会地位的进一步发展和提升。美国、德国、英国等大多数发达国家都仍然坚守着职业教育的稳定地位，尤其是德国的职业教育拥有较高的社会地位，[①]而且中等职业教育的地位并没有因为职业教育的高移而削弱。[②] 新加坡确立了“职业教育配合经济”的发展理念，将提高技术工人素质作为国家发展战略的先导性基础部分，进一步提升了职业教育群体的社会经济地位。

必须明确的是：职业教育不等于低层次教育，也可以是高层次教育。现代职业教育体系除了有作为重要基础的中等职业教育和高等教育重要组成部分的高等职业教育教育，本科层次乃至研究生专业学位层次的职业教育也应是职业教育体系的重要环节。目前正在试点的职业教育本科是一个好的开端，但必须坚持职业教育的类型属性，重在培养适应产业经济需要的高素质技术技能型人才。

---

① 何杨勇.德国双元制职业教育的社会公平问题[J].比较教育研究，2015(1)：102-108.

② 褚宏启.城镇化进程中教育如何促进社会融合与社会稳定[J].教育理论与实践，2016(16)：15-18.

(二) 进一步放大职业教育的“安全网”功能,抑制“分流器”效应

接受职业教育的群体以农村地区的贫困人口为主体,这也恰好是新型城镇化进程中进入城镇的主要群体。习近平总书记在 2014 年全国职业教育工作会议上提出,“要加大对农村地区、民族地区、贫困地区职业教育支持力度,努力让每个人都有人生出彩的机会”。当前的职业教育政策导向正以该群体为核心,不断向其他弱势群体扩展,表明职业教育对于促进中下层群体的向上流动发挥着越来越重要的作用。未来,要继续改善职业教育促进社会流动的功能,进一步放大其“安全网”功能,抑制“分流器”效应。

1. 扩展职业教育的服务面向,放大“安全网”功能

首先,进一步发挥职业教育对于促进西部地区和农村家庭社会流动的作用。加大对西部地区职业教育的扶持力度,为个体提供充足、优质的职业教育机会;通过相应的政策倾斜,鼓励、引导农村家庭选择职业教育,促进落后地区和弱势家庭的社会流动。

其次,针对女性群体,要拆除其接受职业教育与就业的性别藩篱。女性接受职业教育对社会地位的改善比男性更显著,但当前女性技能型人才的培养与开发面临着很多障碍,其中突出的问题是教育机会和劳动力市场均存在性别隔离的现象。两性在教育机会获得方面存在差异,相对于男性,低学历女性进入劳动力市场的情况更为普遍,而性别隔离也会直接导致男女两性在职业获得以及经济社会地位上的差异,总体而言对女性不利。因此要充分重视针对女性的职业教育,为她们创造和提供更多接受中等及高等职业教育的机会,开发适合女性的职业教育专业项目,提升其人力资本的价值,实现与男性的均衡发展。同时,要致力于改变劳动力市场中的性别区隔和职场的隐性性别歧视,打破性别分工的固化,为女性青年创造更加平等的就业机会和实现更高质量的就业,促进女性社会地位的提升。

最后,优化职业教育发展的制度环境和舆论环境。当前存在不少制约职业教育发展的制度性障碍,要消除这些不利因素,抑制职业教育可能导致的阶层复制的负面影响,根本路径在于国家资历框架的建立。通过职业教育与普通教育学习成果等量互换关系的建立,保障技能型人才的公平社会地位①,推动职业教育由人

---

① 徐国庆.确立职业教育的类型属性是现代职业教育体系建设的根本需要[J].华东师范大学学报(教育科学版),2020(1):1-11.

们的“无奈选择”转变为“自愿选择”，吸引更多适合接受职业教育的个体由普通教育转向职业教育，更好地发挥职业教育对社会流动的促进作用。同时，加强舆论的宣传引导作用。要使职业教育成为与普通教育同等重要的教育类型，必须给予充分的认可或态度上的接受。通过职业教育培养大国工匠事迹的报道，以及对职业教育阻断贫困代际传递功效的宣传，引导公众形成对职业教育的正确认知，为职业教育正名，去除社会公众对职业教育“标签化”的刻板印象，营造有利于职业教育发展的制度环境和舆论环境。

2. 提高职业教育的针对性和有效性，突破“分流器”限制

虽然面向不同弱势群体的职业教育帮扶政策已基本建立，但还需进一步精细化，不断增强其针对性和有效性。一方面，要转变以往将扶助对象作为同质的群体，实施同一化帮扶的思路。正如《贫穷的本质》所揭示的，导致贫穷的原因是多维的，并不存在通用的帮扶政策，每个弱势群体家庭的处境不同，需要根据导致其困境的原因制定相应的解决方案。当前的职业教育帮扶政策更多采取的是一种标准化、均一化的思路，忽略了不同个体间的差异，对个体的个性化诉求关注不够，这也在一定程度上影响了帮扶政策的效果。借鉴德国等发达国家的做法，应给予个体充分自主的选择，如在专业或培训项目的选择上向帮扶对象提供必要的体验和评估，帮助个体确定适合自身的职业教育解决方案，从而最大化地实现职业教育促进社会流动的效果。另一方面，加大帮扶的投入和力度，不断提升人力资本培养的质量和价值。虽然覆盖农村地区、西部地区、贫困人口的职业教育帮扶政策已相继实施，但作为职业教育与培训载体的职业院校，与东部经济发达地区相比，不论在教学场地、设施设备等硬件基础条件，还是在师资队伍的数量和质量方面，都存在较大的差距，这在很大程度上构成了对职业教育人才培养质量和人力资本价值的制约作用，也必然影响职业教育促进社会流动作用的发挥。因此，需加大西部地区、农村及乡镇、贫困地区职业教育基础设施建设的力度，建立生均经费投入和职业院校建设标准等制度化保障机制，提升职业教育人才培养的质量，促进职业教育群体向中间阶层转化，逐步扩大中间阶层的比重。

（三）改进职业教育治理，提升人力资本质量

职业教育人才培养质量是使接受职业教育者具有不可替代性和可持续发展的关键因素，但一直以来，我国职业教育质量饱受诟病，人才培养质量问题难以达到企业用人需求，影响企业对校企合作的积极性，缺乏产教融合的职业教育难

言人才培养质量。职业教育长期未能跳出“质量怪圈”，使职业教育理应具有的市场价值并未充分体现，这也在很大程度上影响了社会公众对职业教育的选择意愿。

当前我国职业教育领域普遍推行的中高贯通和中本贯通，虽然使更多的人在更高的学历层次上接受职业教育，但并未从根本上解决我国职业教育总体质量偏低的问题。这种片面追求职业教育的升级导致的问题在其他国家或地区曾出现过。

反观职业教育发达国家并不主张简单的职业教育升格。例如在德国、瑞士等发达国家，以培养中级职业劳动者为目标的中等职业教育，仍然占据主体位置，长期以来其中职教育保持较高比重。即使在金融危机、工业 4.0 背景下，职业教育规模受产业经济升级、更多的人选择高等教育影响而有所减少，而这直接导致德国出现“技工荒”。这意味着德国以技术工人为代表的中级人才依然缺乏，仍然还要靠“双元制”中等职业教育来培养，因此发达国家坚持将职业教育质量的提升置于首位。

面向中国制造 2025，产业的升级必然要求职业教育的升级。但升级并不等同于升格，升级应该是质量的升级、内涵的升级、观念的升级。[①] 我国职业教育改革的重点仍然是通过专业及人才培养调整适应产业经济转型需要，重在内涵建设，而不是简单的升格，这也是我国职业教育未来发展应坚持的方向。

要着力完善职业教育的治理体系。首先建立跨部门的职业教育协同管理机制，当前我国虽然有教育部门、人力资源保障部门、扶贫办等多部门参与职业教育的管理，但部门之间的联系和联动不足。而以德国为代表的发达国家已经建立起纵向责权划分、横向职能协调、社会公众广泛参与的职业教育治理体系，为充分发挥职业教育的社会功效提供了充分保障。借鉴发达国家经验，我国需打破现有管理分割、各自为政的局面，按照现代职业教育体系的建设要求，加强不同部门间的联系与合作，建立跨部门的职业教育治理机制，构建不同部门各司其职、相互协调的协调机制，特别是要加强教育部门内部以及与人力资源社会保障部门的协调配合。其次，要加强职业教育与区域产业经济的联动发展。以东西部地区协作职业教育精准扶贫行动计划为例，当前对职业教育的扶助主要体现在东西部地区之间的帮扶，西部地区的职业教育与当地产业经济发展尚未形成

① 姜大源.关于加固中等职业教育基础地位的思考[J].中国职业技术教育，2017(12)：5-30.

联动效应。应注重通过深化产教融合和育人模式改革，提升西部地区职业院校的办学水平，推动西部地区职业院校从依靠东部地区职业院校的“输血”到自身的“造血”；发展与当地产业经济关联密切的特色专业，并着眼于未来西部地区承接东部地区产业转移、转型升级的趋势，进行职业教育专业布局的调整优化，实现教育扶贫与产业扶贫之间的联动，形成职业教育与产业经济相互促进的良性发展格局。

（四）职前培养与职后培训结合，职业资格与学历融通互换

党的十九大报告明确提出：推进教育公平；普及高中阶段教育，努力让每个孩子都能享有公平而有质量的教育，使绝大多数城乡新增劳动力接受高中教育。在促进外来人口社会融合的“社会支持”系统中，教育是该系统的重要组成部分，有助于穿越制度性和非制度性障碍。① 进入职业学校学习的大多是来自农村家庭、且家庭经济社会地位较低的学生，而他们通过普通高中考取大学的机会也较低。② 职业教育群体相对于初中教育群体能产生一定的“净收益”，为接受教育者提供“安全网”的基本保障，尤其是在产业转型升级的背景下，职业教育所给予的支持显得尤为基础和重要。虽然接受职业教育所获得的社会经济地位低于接受普通高等教育提升社会经济地位的可能，但初中毕业进入职校学习依然是提升职业经济地位的重要途径，尤其是在当前大量外来务工人员学历层次偏低的情况下，接受职业教育为其掌握职业技能、融入城市提供了切实可行的途径。

应为更多的个体，尤其是先赋性因素缺乏的城市外来务工人员，提供接受职业教育与培训的机会。首先需采取相应措施鼓励完成九年义务制教育的初中毕业生在进入劳动力市场之前接受中等职业教育，获取高中阶段学历并掌握一定的实用技能，为其将来进入并融入城镇提供必要的人力资本保障。应在职业教育资源上向农村地区倾斜，使农村地区未成年群体更容易接受优质的学历职业教育。正如联合国教科文组织和国际劳工组织提出的，要使边缘化的农村地区和偏远地区人口更容易获得职业技术教育与培训，确保培训与经济收入、就业机会联系在一起。为此，一方面要加强县级职业学校的建设，尤其是要加大对贫困偏远农村地区职业教育资源的投入，面向广大农村地区提供便利、优质的职业教育，另一方面要加强对未年成人尤其是初中毕业生的宣传和引导，鼓励其接受职业

① 褚宏启.城镇化进程中教育如何促进社会融合与社会稳定[J].教育理论与实践，2016，16：15-18.

② 李春玲.教育不平等的年代变化趋势（1940—2010）[J].社会学研究，2014(2)：65-89.

教育，掌握职业技能，避免在未具备充分就业能力的情况下而进入劳动力市场。

对于大量非学历成年农业转移人口而言，脱产接受学历教育并不现实，而职业技能培训具有较强的可行性。政府人力资源保障部门与教育部门应积极协作，开发适合该群体、同时具有市场需求较强的职业技能培训项目，通过补贴或政府买单等方式，吸引其参与职业技能培训，帮助其获得必要技能，提升就业竞争力。进一步地说，通过实施“由农民工身份向技术人员身份转化”的认定与竞争机制，解决农民工社会阶层固化的问题。①

同时，推进职业资格证书与学历的融通和互换。学历是现代社会人力资本筛选和晋升的重要信号机制，而对于以技能培养为主的职业教育，职业资格证书理应具备与学历同等的功能。发达国家通过建立国家资格框架确定了学历证书和职业资格证书的等值性，实现了二者之间的互认与转换。我国《国家中长期教育改革和发展规划纲要（2010—2020 年）》明确提出，建立区域内普通教育、职业教育、继续教育之间的沟通机制，进一步打通各级各类教育间的隔阂，《现代职业教育体系规划建设（2014—2020 年）》提出，要强化学历学位和职业资格衔接。但总体而言，由于我国职业资格证书的质量普遍不高，以其作为衡量人力资本价值的重要尺度不具信服力，因而这些政策思想并未有效落实。借鉴发达国家的经验，关键要做好职业资格证书与学历证书互认与转换的制度建设，包括明确互认与转换的标准、互认的内容，并且建立质量保障体系切实保证互认与转换的质量。只有职业资格与学历两类证书体系彻底打通，职业教育的人力资本价值才能得以体现，也才能真正建立适应产业经济发展需要的现代职业教育体系，实现人力资源的优化配置。

（五）与乡村振兴战略有序衔接，以县级职教中心建设为核心

考虑到绝大多数接受职业教育的对象来自农村地区，因此应探索职业教育促进社会流动与乡村振兴的衔接。首先应继续大力开展职业教育跨区域协作，在总结前期工作基础上实施新一轮职业教育东西部地区协作行动计划，重点资助存在返贫风险的脱贫户及存在致贫风险的边缘家庭子女，赴东部发达地区接受优质的职业教育，实现就业脱贫。加大对贫困家庭、西部地区、农村地区、女性等弱势群体的扶持力度，在现有基础上适度扩大职业教育扶贫的范围和规模，将扶持对象由最初的绝对贫困户拓展至相对贫困户，使更多的贫困家庭受益于职

① 褚宏启.城镇化进程中教育如何促进社会融合与社会稳定[J].教育理论与实践，2016(16)：15-18.

业教育,实现更高水平的减贫。

更重要的是,探索纳入乡村振兴战略后职业教育帮扶的转型发展路径。鼓励进行教育扶贫的创新探索,如就业与创业相结合、救助相结合的复合型扶贫项目、推进面向农村的“互联网+教育”工程等。要强化以县管为主的职业教育管理体制。县级职业学校或职教中心是职业教育体系的重要组成部分——2018年全国县级职业中心达1 800余所,也是向农村地区、贫困地区提供职业教育与培训的重要基层载体。但当前县级职业教育面临办学条件有限、投入不足、师资力量薄弱、管理不规范等问题。城乡融合是大势所趋,职业教育管理体制改革势在必行。要充分发挥县级职教中心在县域人才培养中的主体作用和辐射作用,统筹县域范围内的各类职业教育资源,由此促进城乡职业教育资源的统一、均衡配置,实现城乡融合、一体化发展的职业教育建设格局。

参 考 文 献

[1] 蔡瑞明，林大森.教育与劳动力市场的连结：以台湾教育分流为例[M].香港：香港中文大学香港亚太研究所，2000.

[2] 曾阳，黄崴.扩大“中间阶层”：近十年我国职业教育与社会流动研究述评[J].现代教育管理，2015(1)：104-108.

[3] 陈爱丽.教育能促进社会阶层代际流动吗？——基于中国综合社会调查(CGSS)的经验证据[J].教育与经济，2019，35(6)：27-34.

[4] 陈春.新生代农业转移人口垂直流动的影响因素及提升策略[J].城市发展研究，2018，25(1)：48-54.

[5] 陈伟，乌尼日其其格.职业教育与普通高中教育收入回报之差异[J].社会，2016(2)：167-190.

[6] 陈莹.教育公平的“德国模式”研究[J].比较教育研究，2020，42(10)：34-42.

[7] 程诚.社会资本与不平等的再生产：以农民工与城市职工的收入差距为例[J].社会，2014，34(4)：67-90.

[8] 程业炳，周彬，张德化.新型城镇化背景下农业转移人口就业能力提升研究[J].探索，2014(3)：152-156.

[9] 褚宏启.城镇化进程中教育如何促进社会融合与社会稳定[J].教育理论与实践，2016(16)：15-18.

[10] 丁小浩，于洪霞，余秋梅.中国城镇居民各级教育收益率及其变化研究：2002—2009年[J].北京大学教育评论，2012(3)：73-84.

[11] 董良.教育、工作经验与家庭背景对居民收入的影响——对明瑟方程和“布劳—邓肯”模型的综合[J].中国社会科学院研究生院学报，2016(4)：103-109.

[12] 杜连森.阶层视角下的职业教育现代化：基于教育再生产的分析[J].教育发展研究，2018，38(23)：7.

[13] 杜睿云.城市化、社会分层与职业教育[J].职教论坛，2014(19)：74-77.

[14] 范国睿，孙翠香.绩效与问责：美国职业教育治理的发展趋向[J].全球教育展望，2015，44(3)：57-67.

[15] 付雪凌，石伟平.建设和谐社会与职业教育发展[J].职业技术教育，2007(10)：5-8.

[16] 管小青.农民工城镇化视角下职业教育精准扶贫的逻辑[J].职业技术教育，2018，22(39)：61-66.

[17] 桂敏.成人综合基础教育和技能培训模式研究——基于美国经验的分析[J].职教论坛，2020(1)：163-169.

[18] 郝大海.流动的不平等[M].北京：中国人民大学出版社，2010.

[19] 郝永林.美国教育政策制定中的公共价值取向分析[J].教育理论与实践，2013，33(25)：16-20.

[20] 何杨勇.德国双元制职业教育的社会公平问题[J].比较教育研究，2015(1)：102-108.

[21] 侯利明.地位下降回避还是学理下降回避？——教育不平等生成机制的再探讨(1978—2006)[J].社会学研究，2015(2)：192-213.

[22] 黄国英，谢宇.认知能力与非认知能力对青年劳动收入回报的影响[J].中国青年研究，2017(2)：56 64.

[23] 黄颖.异地升学考试政策的演进轨迹与实施效果——以上海市为例[J].青少年研究与实践，2018(4)：5-19.

[24] 姜大源.关于加固中等职业教育基础地位的思考(连载二)[J].中国职业技术教育，2017(12)：5-30.

[25] 中华人民共和国教育部.2019 年全国教育事业发展统计公报[J]，中国地质教育，2020，29(4)：5.

[26] 靳振忠，严斌剑，王亮.家庭背景、学校质量与子女教育期望——基于中国教育追踪调查的分析[J].教育研究，2019(12)：107-121.

[27] 李春玲.城乡移民的社会经济地位获得[J].北京工业大学学报(社会科学版)，2007(4)：5-11.

[28] 李春玲.当代中国社会的声望分层——职业声望与社会经济地位指数测量[J].社会学研究，2015(2)：74-102.

[29] 李春玲.教育不平等的年代变化趋势(1940—2010)[J].社会学研究，2014(2)：65-89.

[30] 李春玲.中国社会分层与流动研究 70 年[J].社会学研究，2019(6)：27-40.

[31] 李丁.跳出农门：农民子女的职业非农化与身份市民化[M].北京：社会科学文献出版社，2017.

[32] 李海峰.浅论多元文化背景下的德国移民教育[J].教育文化论坛，2019，11(2)：46-52，136.

[33] 李俊，何多明.教育结构对社会分层与教育互动关系的影响——对中国、德国和美国的比较分析[J].比较教育研究，2017(3)：3-14.

[34] 李俊，李东书.职业教育产教融合的国际比较分析——以中国、德国和英国为例[J].高等工程教育研究，2019(4)：159-164.

[35] 李俊.职业培训与新生代农民工的职业发展[J].中国青年研究,2014(12): 52-58.
[36] 李练军.新生代农民工融入中小城镇的市民化能力研究——基于人力资本、社会资本与制度因素的考察[J].农业经济问题,2015(9): 46-53.
[37] 李路路,朱斌.当代中国的代际流动模式及其变迁[J].中国社会科学,2015(5): 40-58.
[38] 李培林,田丰.中国农民工社会融入的代际比较[J].社会,2012,32(5): 1-24.
[39] 李强,何龙斌.人力资本对流动人口的城市融入影响研究——兼论就业的中介作用[J].湖南社会科学,2016(5): 147-151.
[40] 李强,王昊.什么是人的城镇化? [J].南京农业大学学报,2017,17(2): 1-7.
[41] 李实,丁赛.中国城镇教育收益率的长期变动趋势[J].中国社会科学,2003(6): 58-72.
[42] 李莹,丁小浩.中等职业教育毕业生待业时间的生存分析[J].教育与经济,2008(2): 26-31.
[43] 李友得,范晓莉.新生代农民工市民化可行能力提升路径研究——基于职业教育"精准扶贫"的视角[J].职教论坛,2019(1): 34-41.
[44] 李佑静.新型城镇化进程中的农民工市民化意愿[J].重庆社会科学,2016(8): 41-47.
[45] 刘斌,邹吉权,刘晓梅.职业教育产教融合的逻辑起点与应然之态[J].中国高教研究,2017(11): 5.
[46] 刘万霞.职业教育对农民工就业的影响——基于对全国农民工调查的实证分析[J].管理世界,2013(5): 64-72.
[47] 刘旭东.大众化以来美国联邦政府职业教育政策价值取向的历史变迁[J].东北师大学报(哲学社会科学版),2020(3): 129-135.
[48] 陆学艺.当代中国社会阶层研究报告[M].北京: 社会科学文献出版社,2002.
[49] 罗丹.职业教育如何应对"中等收入陷阱"——新加坡的经验与启示[J].中国高教研究,2015(1): 5.
[50] 马玉霞,张兵.社会经济地位测量方法的研究进展[J].中国健康教育,2011(5): 372-376.
[51] 宁越敏,杨传开.新型城镇化背景下城市外来人口的社会融合[J].地理研究,2019,38(1): 23-32.
[52] 潘家华,魏后凯.中国城市发展报告[M].北京: 社会科学文献出版社,2013.
[53] 庞圣民.当代中国地位获得模式分析[J].宁夏大学学报,2012(5): 118-124.
[54] 邱浩政,林碧芳.结构方程模型的原理与应用[M].北京: 中国轻工业出版社,2012.
[55] 史振磊,孙燕鲁.劳动技能培训对农民工就业质量影响——基于山东聊城朝城镇政府培训实施情况的调查[J].职业技术教育,2019,40(24): 43-48.
[56] 宋月萍,张涵爱.应授人以何渔? ——农民工职业培训与工资获得的实证分析[J].人口与经济,2015(1): 81-90.
[57] 孙友然.我国农业转移人口市民化研究综述[J].西北农林科技大学学报(社会科学版),

2016,12(2)：61-67.

[58] 天野郁夫.社会选拔与教育[M]//张人杰.国外教育社会学基本文选.上海：华东师范大学出版社,2009.

[59] 田北海,雷华,佘洪毅,等.人力资本与社会资本孰重孰轻：对农民工职业流动影响因素的再探讨——基于地位结构观与网络结构观的综合视角[J].中国农村观察,2013(1)：34-47,91.

[60] 田艳平.家庭化与非家庭化农民工的城市融入比较研究[J].农业经济问题,2014,35(12)：53-62.

[61] 托马斯·雷明顿,杨钋.中、美、俄职业教育中的校企合作[J].北京大学教育评论,2019(2)：2-25.

[62] 王德文,蔡昉,张国庆.农村迁移劳动力就业与工资决定：教育与培训的重要性[J].经济学(季刊),2008(4)：1131-1148.

[63] 王建.正规教育与技能培训：何种人力资本更有利于农民工正规就业？[J].中国农村观察,2017(1)：113-126.

[64] 王奕俊,胡慧琪,吕栋翔.教育收益率发生了变化吗——基于CFPS的中等职业教育招生下滑与升学热原因探析[J].教育发展研究,2019(11)：49-58.

[65] 王奕俊,吕栋翔.新型城镇化进程中教育对农村转移人口外在职业价值影响的实证分析——基于CFPS数据的分析[J].教育发展研究,2018(3)：74-84.

[66] 王奕俊,赵晋.职业教育的规模、结构与质量对经济发展影响的实证分析[J].教育经济评论,2017,2(1)：20-34.

[67] 王宗萍.新生代流动人口的现状、困境及对策[J].人民论坛,2015(12)：21-24.

[68] 魏万青,白芸.职高教育能提升劳动力市场优势吗？——基于CFPS 2010的比较研究[J].社会发展研,2016(4)：1-25.

[69] 吴克明,余晶,卢同庆.大学毕业生与青年农民工就业比较研究[J].教育与经济,2015(4)：23-29.

[70] 吴明隆.结构方程模型[M].重庆：重庆大学出版社,2010.

[71] 谢宇.回归分析[M].北京：社会科学文献出版社,2010.

[72] 熊易寒.底层、学校与阶级再生产[J].天涯,2011(1)：196-202.

[73] 徐桂庭.从教育扶贫看职业教育与贫困阶层的代际传递[J].职教论坛,2019(9)：14-18.

[74] 徐国庆.确立职业教育的类型属性是现代职业教育体系建设的根本需要[J].华东师范大学学报(教育科学版),2020(1)：1-11.

[75] 严敏.技能高中还是普通高中？——中国农村学生的教育选择[J].中国农村经济,2012(9)：37-49.

[76] 严霄云.符应理论视角：职业教育与中国新产业工人的生产[D].上海：上海大学,2013.

[77] 杨冬梅，沈有禄.农民工职业技能培训供需状况调查研究[J].中国职业技术教育，2019(21)：70-79.

[78] 杨菊华，张娇娇.人力资本与流动人口的社会融入[J].人口研究，2016，40(4)：3-20.

[79] 杨菊华，张莹，陈志光.北京市流动人口身份认同研究——基于不同代际、户籍及地区的比较[J].人口与经济，2013(3)：43-52.

[80] 杨菊华.城乡分割、经济发展与乡-城流动人口的收入融入研究[J].人口学刊，2011(5)：3-15.

[81] 杨沫.城镇化进程中农业转移人口家庭的代际职业流动性研究[J].经济科学，2019(2)：117-128.

[82] 杨院，张慧凝.美国职业教育演进历程、逻辑与启示——基于经济社会学视角的分析[J].职教论坛，2020(3)：165-169.

[83] 叶静怡，周晔馨.社会资本转换与农民工收入——来自北京农民工调查的证据[J].管理世界，2010(10)：34-46.

[84] 尹才祥.提升流动人口社会融合水平：实现城市化高质量发展[J].唯实，2018(10)：68-71.

[85] 余秀兰.普通教育抑或职业教育：教育价值观视域下的选择[J].云南教育研究，2020(1)：68-76.

[86] 展进涛，黄宏伟.农村劳动力外出务工及其工资水平的决定：正规教育还是技能培训？——基于江苏金湖农户微观数据的实证分析[J].中国农村观察，2016(2)：55-67，96.

[87] 张放，李明炅.新声代农民工职业技能培训模式创新研究——以家具生产行业现代学徒制为视角[J].职业技术教育，2020，41(7)：20-24.

[88] 张富良.农民工：中国的新产业工人[J].重庆社会科学，2003(6)：30.

[89] 张凯宁.高等教育与收入分配：改变命运还是阶层锁定——基于 CGSS2008 数据的实证研究[J].高等财经教育研究，2014(2)：1-12.

[90] 张延吉.同期群视角下中国社会代际流动的模式与变迁——基于 9 期 CGSS 数据的多层模型分析[J].公共管理学报，2019(2)：105-121.

[91] 张义祯.代际教育流动及其不平等实证研究[J].东南学术，2016(4)：224-232.

[92] 张毓龙，刘超捷.农民工职业培训：教育的积极补偿[J].南通大学学报，2020，36(6)：123-128.

[93] 赵德昭，耿之斌."授人以渔"有效吗？——农民工职业培训的工资效应检验[J].财经研究，2020，46(8)：34-48.

[94] 赵海.教育和培训哪个更重要——对我国农民工人力资本回报率的实证分析[J].农业技术经济，2013(1)：40-45.

[95] 赵华，王正科.从2013—2014年国情咨文看奥巴马新任期美国教育政策走向[J].世界教育信息，2014(4)：7-11，16.

[96] 郑云.中国农业转移人口市民化研究新进展[J].福建论坛，2019(11)：55-63.

[97] 国家卫生健康委员会.中国流动人口发展报告2018[R].北京：国家卫生健康委员会，2018.

[98] 中国教育发展战略学会新型城镇化与教育发展课题组.新型城镇化与职业教育供给侧改革蓝皮书[M].上海：同济大学出版社，2018.

[99] 周蕾，赵中建.技能危机下的职业教育改革——美国《加强21世纪生涯与技术教育法案》述评[J].职业技术教育，2019，40(15)：67-73.

[100] 周世军，刘丽萍，卞家涛.职业培训增加农民工收入了吗？——来自皖籍农民工访谈调查证据[J].教育与经济，2016(1)：20-26.

[101] 周潇.反学校文化与阶级再生产："小子"与"子弟"之比较[J].社会，2011(5)：70-92.

[102] 周怡.布劳-邓肯模型之后：改造抑或挑战[J].社会学研究，2009(6)：206-225.

[103] 朱德全.职业教育精准扶贫的逻辑框架——基于农民工城镇化的视角[J].西南大学学报(社会科学版)，2018，44(1)：70-76.

[104] 朱丽.农民工子女阶层再生产的抵制：教育的功能及其限度[J].基础教育，2015，12(5)：11-16.

[105] 朱圆.脆弱性理论与国家治理责任新解[J].学术月刊，2017，49(3)：81-90.

[106] ActionPlan-NSCAnalysis.pdf：2014-11-30.

[107] ALLMENDINGER J，EHLERT M，GATERMANN D，et al，Ursachen für Auf- und Abstiege：Studie für den 4. Armuts- und Reichtumsbericht der Bundesregierung im Auftrag des Bundesministeriums für Arbeit und Soziales，2013.

[108] An Introduction to Key Provisions in the Workforce Innovation and Opportunity Act，Titles I and III [EB/OL]. https://www. workforce3one. org/view/300/432333369774359：2014-11-20.

[109] Analysis of the White House National Job-Driven Action Plan[EB/OL]. http://www. nationalskillscoalition. org/resources/publications/file/2014 - 08 - 07 _ WhiteHouse - ActionPlan-NSCAnalysis.pdf：2014-11-30.

[110] ARBEIT C A，LEU K，DALTON B. Secondary Career and Technical Education：Differences in Access，Participation，and Outcomes in Two National Studies[J]. Office of Career，Technical，and Adult Education，US Department of Education，2017.

[111] BAUMAN K，CHRISTENSEN C. Improving Skills through America's Workforce Development System[J]. American Enterprise Institute，2018.

[112] BENDEL P. Coordinating immigrant integration in Germany Mainstreaming at the

federal and local levels[R]. Brussels: Migraton Policy Insttute Europe, 2014.

[113] BERGSENG B, DEGLER E, LÜTHI S. Unlocking the Potential of Migrants in Germany [EB/OL]. (2017-10-11)[2020-03-22]. https://doi.org/10.1787/82ccc2a3-en.

[114] BEVELANDER P. The employment integration of resettled refugees, asylum claimants, and family reunion migrants in Sweden[J]. Refugee Survey Quarterly, 2011, 30(1): 22-43.

[115] BMAS. Der Fünfte Armuts- und Reichtumsbericht der Bundesregierung[EB/OL]. [2020-12-24]. https://www.armuts-und-reichtumsbericht.de/SharedDocs/Downloads/Berichte/5-arb-langfassung.pdf? __blob=publicationFile&v=6.

[116] BRANDT L, HOLZ C A. Spatial Price Difference in China: Estimates and Implication [J]. Economic Development and Cultural Change, 2006, 55(1): 43-86.

[117] BRÜCKER H, JASCHKE P, KOSYAKOVA Y. Refugee Migration to Germany Revisited: Some Lessons on the Integration of Asylum Seekers XXI European Conference of the fRDB on "How to manage the refugee crisis"[M]. Institute for Employment Research (IAB), Berlin Institute for Integration and Migration Research (BIM), Humboldt-University Berlin, 2019.

[118] Bundesamt für Migration und Flüchtlinge. Ankommen im deutschen Bildungssystem[R]. Bundesamt für Migration und Flüchtlinge, 2019.

[119] Bundesamt für Migration und Flüchtlinge. Dossier: Integrationskurse[EB/OL]. (2019-06-14)[2020-04-15]. https://www.bamf.de/SharedDocs/Dossiers/DE/Integration/integrationskurse-im-fokus.html? nn=284228&cms_pos=1.

[120] Bundesinstitut für Berufsbildung. Datenreport zum Berufsbildungsbericht 2019: Informationen und Analysen zur Entwicklung der beruflichen Bildung[R]. BIBB, 2019.

[121] Bundesinstitut für Berufsbildung. Maßnahmen der Länder zur Berufsorientierung und am Übergang Schule — Beruf für junge Geflüchtete[EB/OL]. (2018-06-01)[2020-04-15]. https://www. bildungsketten. de/_ media/Ma% C3% 9Fnahmen% 20der% 20Laender%20f%C3%BCr%20junge%20Gefluechtete.pdf.

[122] Bundesministerium für Bildung und Forschung, Bundesagentur für Arbeit, Zentralverband des Deutschen Handwerks. Ausbildung im Handwerk [EB/OL]. [2020-4-15]. https://www. berufsorientierungsprogramm. de/files/Wege% 20in% 20Ausbildung_f%C3%BCr%20Fl%C3%BCchtlinge_Flyer_bf.pdf.

[123] Bundesministerium für Bildung und Forschung. Allgemeine Informationen zum Berufsorientierungsprogramm[EB/OL]. [2020-04-15]. https://www.berufsorientierungsprogramm.de/de/allgemeine-informationen-1694.html.

[124] Bundesministerium für Bildung und Forschung. Berufsorientierung in den brandenburgischen Oberstufenzentren[EB/OL]. [2020-04-15]. https://www.berufsorientierungsprogramm.de/angebote-fuer-fluechtlinge/de/projekt-berufsorientierung-fuer-fluechtlinge-in-potsdam-frankfurt-oder-und-cottbus-1982.html.

[125] Bundesministerium für Bildung und Forschung. Flüchtlinge praxisnah in eine Ausbildung im Handwerk bringen[EB/OL]. (2016-04-20)[2020-04-15]. https://www.bmbf.de/de/fluechtlinge-praxisnah-in-eine-ausbildung-im-handwerk-bringen-2714.html.

[126] Bundesministerium für Bildung und Forschung. Richtlinie für die Förderung der vertieften Berufsorientierung und-vorbereitung Geflüchteter zu ihrer Integration in eine berufliche Ausbildung (Berufsorientierung für Flüchtlinge-BOF)[EB/OL]. (2019-03-29)[2020-04-15]. https://www.berufsorientierungsprogramm.de/files/BMBF%20-%20BOF-Richtlinie%20vom%2029.03.2019.pdf.

[127] CUSHING E, ENGLISH D, THERRIAULT S, et al. Developing a College and Career-Ready Workforce: An Analysis of ESSA, Perkins V, IDEA, and WIOA[J]. College and Career Readiness and Success Center, 2019.

[128] DAMBACH K. About 18,000 refugees in Germany are learning a skilled trade[EB/OL]. (2019-04-01)[2020-03-20]. https://www.infomigrants.net/en/post/16044/about-18-000-refugees-in-germany-are-learning-a-skilled-trade.

[129] DEGLER E, LIEBIG T. Finding their Way Labour Market in Tegration of Refugees in Germany[R]. Organization for Economic Cooperation and Development, 2017.

[130] DUFFY R D, SEDLACEK W E. What is most important to students' long-term career choices[J]. Journal of Career Development. 2017, 34(2): 149-163.

[131] DUNCAN G J, MAGNUSON K. Moving Beyond Correlations in Assessing the Consequences of Poverty[J]. Annual Review of Psychology, 2017, 68: 413-434.

[132] DUNN M. Educational Pathway and Social Mobility in Children of Immigrants[J]. International Education Studies, 2019, 12(12): 44-54.

[133] European Foundation for the Improvement of Living and Working Conditions. Social mobility in the EU[M]. Luxembourg: Publications Office of the European Union, 2016.

[134] GEIßLER R. Facetten der modernen Sozialstruktur[EB/OL]. (2014-12-16)[2020-12-23]. https://m.bpb.de/izpb/198045/facetten-der-modernen-sozialstruktur.

[135] GIANI M. The postsecondary resource trinity model: exploring the interaction between socioeconomic, academic, and institutional resources[J]. Research in Higher Education, 2015, 56(2): 105-126.

[136] HAWLEY J D. Comparing the Payoff to Vocational and Academic Credentials in

Thailand over Time[J]. International Review of Education, 2003, 23(6):607-625.

[137] HRADIL S. Soziale Schichtung[EB/OL]. (2012-05-31)[2020-12-23]. https://www.bpb.de/politik/grundfragen/deutsche-verhaeltnisse-eine-sozialkunde/138439/soziale- schichtung.

[138] https://www.workforce3one.org/view/300143233336977 4359: 2014-11-20.

[139] JEON S. Unlocking the Potential of Migrants[R]. OECD, 2019.

[140] KEILY T. Career and Technical Education: What Is the Issue and Why Does It Matter? Policy Snapshot[J]. Education Commission of the States, 2019.

[141] Koehler and Schneider Comparative Migration Studies. Young refugees in education: the particular challenges of school systems in Europe[EB/OL]. (2019-07-28)[2020-03-22]. https://doi.org/10.1186/s40878-019-0129-3.

[142] Kompetenzzentrum Fachkräftesicherung. Perspektiven für junge Flüchtlinge im Handwerk (PerjuF-H) [EB/OL]. [2020 - 04 - 15]. https://www. kofa. de/dossiers/fluechtlinge-integrieren/unterstuetzungsangebote/detailseite/initiative/perspektiven-fuer-junge-fluechtlinge-im-handwerk-perjuf-h.

[143] KUBAT U, Ayse Kuruuzum An Examination Of The Relationship Between Work Values And Personality Traits In Manufacturing Industry[J]. International Journal of Business And Management, 2009(1).

[144] LECHNER C M, SORTHEIX F M, GLLNER R, et al. The development of work values during the transition to adulthood: A two-country study[J]. Journal of Vocational Behavior, 2017(99): 52-65.

[145] LECHNER M, MIQUEL R, WUNSCH C. Long-Run Effects of Public Sector Sponsored Training in West Germany[J]. Journal of the European Economic Association, 2011, 9(4): 742-784.

[146] LUFKIN M. Special Populations in Perkins V State Plans: Guidance for States[J]. Center for Law and Social Policy, Inc. (CLASP), 2019.

[147] MEER J. Evidence on the returns to secondary vocational education[J]. Economics of Education Review, 2007(26): 559-573.

[148] MOENJAK T C. Worwick. Vocational Educational in Thailand: A Study of Choice and Returns[J]. Economics of Education Review, 2003, 22(1).

[149] NIELSEN I, SMYTH R, Migration and Social Protection in China[EB/OL]. Series on Contemporary China, 2008, 14.

[150] OECD. 1. Overview: Unlocking the potential of migrants through vocational education and training in Germany[EB/OL]. [2020-04-15]. https://www.oecd-ilibrary.org/sites/82ccc2a3-en/1/2/1/index.html? itemId = /content/publication/82ccc2a3 - en&_csp_ =

9502fa1c55ad8b6b26a699a38529b36a & itemIGO = oecd & itemContentType = book # section-d1e641.

[151] OECD. 2. Getting migrants ready for vocational education and training in Germany[EB/OL]. [2020-04-15]. https://www.oecd-ilibrary.org/sites/82ccc2a3-en/1/2/2/index.html? itemId = /content/publication/82ccc2a3 - en& _ csp _ = 9502fa1c55ad8b6b26a699a38529b36a&itemIGO= oecd&itemContentType= book# section-d1e2766.

[152] OECD. Working Together for Local Integration of Migrants and Refugees in Berlin[EB/OL]. (2018-09-06)[2020-03-22]. https://doi.org/10.1787/9789264305236-en.

[153] One-Stop Center Service Design [EB/OL]. https://www. workforce3one. org/view/3001432847563456617/info: 2014-11-24/2014-12-30.

[154] President Obama's 2015 State of the Union [EB/OL]. http://time.com/3675705/full-text-state-union 2015/: 2015 01-21/2015-01-28.

[155] Ready to Work: Job-Driven Training and American Opportunity [EB/OL]. http://www.whitehouse.gov/sites/default/files/docs/skills_report.pdf: 2014-07-22/2014-12-23.

[156] REED S, DOUGHERTY S M, KURLAENDER M, et al. A Portrait of California Career Technical Education Pathway Completers[R]. Technical Report. Getting Down to Facts II, 2018, 9.

[157] SHAVIT Y, MÜLLER W. Vocational Secondary Education: Where diversion and where safety net? [J]. European Societies, 2000, 4(2): 75-86.

[158] SHAVIT Y, MÜLLER W. Vocational Secondary Education[J]. European Societies, 2000 (1): 29-50.

[159] Statistisches Bundesamt (Destatis). Datenreport 2018 — Kapitel 7: Sozialstruktur und soziale Lagen[EB/OL]. [2020-12-23]. https://www.destatis.de/DE/Service/Statistik-Campus/Datenreport/Downloads/datenreport - 2018 - kap - 7. pdf? __ blob = publicationFile.

[160] SYNTHESIS. Peer Review on "Integration of Refugees into the Labour Market"[R]. Berlin, Germany: DG Employment, Social Affairs and Inclusion, 2017.

[161] The Council of Economic Advisers. Government Employment and Training Programs: Assessing the Evidence on their Performance [EB/OL]. www. whitehouse. gov/cea, 2019.6.

[162] TRINES S. The State of Refugee Integration in Germany in 2019[EB/OL]. (2019-08-08)[2020-03-20]. https://wenr.wes.org/2019/08/the-state-of-refugee-integration-in-germany-in-2019.

[163] TUTAN A. Labour market outcome for formal vocational education and training in india：Safety net and beyond[J].Iimb Management Review，2016，28(2)：98-110.

[164] U.S. Department of Labor the Workforce Innovation and Opportunity Act Overview [EB/OL]. http://www.doleta.gov/wioa/pdf/WIOA-Overview.pdf：2014-09-05/2014-12-12.

[165] UUSITALO H R. Signaling or human capital：Evidence from the Finnish Polytechnic School Reform[J]. Scandinavian Joural of Economics，2008，110(4)：755-775.

[166] WALLIS E. Five years of training programs for refugees at Volkswagen[EB/OL]. (2020-01-16)[2020-03-22]. https://www.infomigrants.net/en/post/22145/five-years-of-training-programs-for-refugees-at-volkswagen.

[167] WHITTLE W L，GIBB W，CHALLIS J R. Vocational Secondary Educatio，Trackin，and Social Stratification[M]. Handbook of the Sociology of Education，2000.

[168] WIOA Bill Public Law No：113-128[EB/OL]. https://www.congress.gov/113/bills/hr803/BILLS-113hr803enr.pdf：2014-07-22/2014-12-22.

[169] WIOA Information Session 4 — Performance Accountability System[EB/OL]. http://www2.ed.gov/about/offices/list/ovae/pi/AdultEd/wioa-info-session-4-transcript.pdf：2014-09-11/2014-12-27.

[170] Workforce Innovation and Opportunity Act（WIOA）"Driving Innovation，Collaboration，and Performance"[EB/OL]. http://www.workforcesnohomish.org/inform/wioa/documents/overview.pdf：2014-10-02/2014-12-16.

[171] Workforce Innovation and Opportunity Act Frequently Asked Questions July[EB/OL]. http://www.doleta.gov/wioa/pdf/WIOA_FAQs_Acc.pdf：2014-07-22/2014-12-26.